幻想彼岸的救赎
——弗洛姆人学思想与文学

Salvation beyond Illusion
—— On the Hominology of Erich Fromm and Literature

方幸福◎著

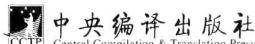

国家社科基金后期资助项目
出版说明

后期资助项目是国家社科基金设立的一类重要项目，旨在鼓励广大社科研究者潜心治学，支持基础研究多出优秀成果。它是经过严格评审，从接近完成的科研成果中遴选立项的。为扩大后期资助项目的影响，更好地推动学术发展，促进成果转化，全国哲学社会科学规划办公室按照"统一设计、统一标识、统一版式、形成系列"的总体要求，组织出版国家社科基金后期资助项目成果。

全国哲学社会科学规划办公室

序

弗洛姆的名字对我国知识界来说并不陌生，这位德裔美籍学者是法兰克福学派的重要成员，其研究领域涉及当代西方哲学、社会学、精神病学、心理学、伦理学、宗教等诸学科。20世纪80年代以来，弗洛姆的著述被陆续译介到我国，并有学人从不同角度对其思想加以研究，但相对其他法兰克福学派的学者而言，关于弗洛姆的研究还不算多，方幸福的这本书可视为弗洛姆研究上的又一新成果。

本书是作者在博士论文的基础上修订而成的。记得当初关于他的选题曾颇费踌躇，由于弗洛姆本人涉猎很广，要对他作学科上的归类或划界是一件困难的事。我一直觉得，学科分类本身是一个时代和人为的产物，学科的界定不是从来就有的，因此也不会永远不变。前几年国内文论界讨论的"文艺学边界"问题就是对这一现象的证明，研究中的跨界也许成为一种必然。并且，我认为跨学科本身就是推动文学理论和批评不断更新的异质力量，哲学、心理学、社会学和宗教学等视阈可以为文学批评开创新的观照角度，提供新的方法和术语。在广泛而深入地研读弗洛姆的著作和研究资料后，作者发现弗洛姆的思想很适合在人学理论范畴内构架，而且他的理论与文学在很多层面相通或者存在密切的相关性。为此，作者从人学的视角建构弗洛姆繁杂的思想理论，并把他的人学理论与文学研究对接起来，进行跨学科研究，是一件很有意义的事。

据了解，国外关于弗洛姆的研究甚多，方幸福作为外国语学院教师恰有得天独厚的条件。作者利用在国外研修和任教的机会，搜集了弗洛姆本人以及研究者的很多资料，这为他的弗洛姆研究提供了坚实的基础。不过，资料搜集回来后的关键是研读，在这方面方幸福是下了苦功的，无论是盛夏还是隆冬，我们都可以在学校那间教师办公室中找到他，白天黑夜地埋头读书，真可谓"为伊消得人憔悴"。一个教外语的老师，啃如此艰涩的理论著作，其中的甘苦非他人所能感受。

该书的鲜明特色是在人学框架内构建弗洛姆的理论体系，这一立足点既有助于从整体上观照弗洛姆的理论，又使其与文学研究联系起来，因为人也恰是文学关注的对象。在书中，作者重点探讨了弗洛姆如何吸收和创造性地整合了马克思主义和弗洛伊德的精神分析学说，在此基础上该书按"病态社会中自我的迷失"、"心理迷宫中自我的找寻"、"幻想彼岸自我的救赎"三个层次，对弗洛姆的人学思想作了比较清晰的梳理，从心理学和社会学的角度对弗洛姆的人学思想作了细致阐发。作者引证了一些外国文学思潮、创作流派及不同的文学体裁，以及一些有代表性的现代外国文学作品来研究弗洛姆人学与文学之间的关系，把弗洛姆的相关人学理论演绎到文学研究的多个层面。作者认为，弗洛姆人学在文学研究活动中富于创造性和生产性，文学研究能促进弗洛姆人学的研究和发展；弗洛姆人学的研究视角从没有脱离心理学这个范畴，弗洛姆的人学如同诸多文学活动一样，都是在心理迷宫中对自我的找寻。

书中关于弗洛姆对人性的解剖、"生存两歧"的观点以及"社会无意识"的理论等等，都写得很有功力，使我们能够深切地了解到弗洛姆的卓识和洞见，同时这些精辟的引述和分析也为当今文学创作和文学批评注入了一些颇有深意的思想和活力，弗洛姆的理论在文学研究领域体现出它潜在的价值，彰显其生命力。

弗洛姆对当代社会中的种种病态作了深刻剖析，特别是对被异化了的个体作了细致探究，因此弗洛姆的理论被认为是最能解决当代社会问题的理论体系之一。为什么社会的发展和科技的进步并没有与幸福感成正比？如何在当代构建健全的社会和培养健康的个人？通过研究弗洛姆，我们获得了一些答案和自我拯救的启示，这也许是研究弗洛姆人学思想的最重要的价值所在。不过，弗洛姆开出的爱的良方是否奏效，还需要实践来证明。

弗洛姆是一个富矿，不是毕其功于一役所能奏效的。尽管作者很刻苦，很努力，但书中仍有一些不尽如人意之处。如对弗洛姆某些理论观点的表述有待更深入准确的理解；有些地方还可以进一步发挥和反思；在弗洛姆的人学理论与文学批评的结合上还可以倾注更多的关注和探索。

古希腊神庙中刻有这样一句话："认识你自己"，这是一个古老而又永恒的话题。人最想了解也最难了解的就是人自身，而这正是整个人文社会科学的根本目的和努力方向。在这个意义上,一种理论只要有助于更好地认识人自身,就有其存在的理由和价值。

最后,希望方幸福在治学的道路上不懈怠,勇登攀,前面还有好风景。我们期待着!

胡亚敏

于 2013 年农历癸巳大年初五

目　录

绪论　人学概述 ………………………………………………… 1
　　一、人学的研究对象 ………………………………………… 4
　　二、人学的研究方法 ………………………………………… 5
　　三、西方人学思想及中国人学思想的历史 ………………… 7

第一章　弗洛姆人学思想的理论资源 …………………………… 12
　　第一节　弗洛姆其人 ………………………………………… 14
　　　　一、坎坷的生活与学术经历 ……………………………… 15
　　　　二、正统的犹太教家庭背景 ……………………………… 22
　　　　三、动荡的社会环境 ……………………………………… 23
　　　　四、弗洛姆人学理论资源概述 …………………………… 26
　　第二节　弗洛姆与弗洛伊德主义 …………………………… 30
　　　　一、弗洛伊德精神分析学概述 …………………………… 30
　　　　二、弗洛姆人学思想对弗洛伊德精神分析学的继承 …… 33
　　第三节　弗洛姆与马克思主义人学思想 …………………… 38
　　　　一、马克思主义人学思想概述 …………………………… 39
　　　　二、弗洛姆人学思想对马克思主义人学思想的继承 …… 45
　　第四节　融合弗洛伊德主义与马克思主义的基本前提 …… 50
　　　　一、对社会现实或既存思想理论的批判 ………………… 55
　　　　二、对自然人性的找寻 …………………………………… 58
　　　　三、对真理的坚信 ………………………………………… 59
　　　　四、对动力学和辩证研究方法的倚重 …………………… 60

第二章　病态社会中自我的迷失 …… 62

第一节　病态的社会 …… 63
一、生产过程中的异化 …… 65
二、消费活动中的占有 …… 70
三、政治生活中的"民主" …… 78
四、社会关系中的疏远 …… 85

第二节　迷失的自我 …… 92
一、贪婪的欲望 …… 94
二、本性的压抑 …… 98
三、变态的情感 …… 103
四、扭曲的人格 …… 107

第三章　心理迷宫中自我的找寻 …… 123

第一节　充满矛盾的生存境遇 …… 124
一、无法根除的生存两歧 …… 125
二、非必然的历史两歧 …… 128

第二节　人的需要 …… 130
一、关联的需要——爱与自恋 …… 131
二、超越的需要——创造与毁灭 …… 132
三、寻根的需要——友爱与乱伦 …… 134
四、自我意识的需要——个体与群体 …… 136
五、目标与献身的需要——理性与非理性 …… 138

第三节　个体性格与社会性格 …… 140
一、个体性格——创发性与非创发性性格 …… 141
二、社会性格——经济基础与意识形态的中介 …… 149

第四节　社会无意识 …… 154
一、社会过滤器 …… 155
二、对自我的压抑与扭曲 …… 159

第五节　生存方式 …… 161
一、具有真实自我的存在的生活方式 …… 161
二、迷失自我的占有的生存方式 …… 162

第四章　幻想彼岸自我的救赎 …… 173
第一节　心理革命：塑造精神健康的自我 …… 176
一、争取自由 …… 176
二、发挥创造力 …… 178
三、追求理性 …… 179
四、掌握爱的艺术 …… 181
五、选择存在的生存方式 …… 189

第二节　社会革命：构建健全的社会 …… 191
一、经济变革——实行人道主义公有制 …… 192
二、政治变革——呼唤全民参与的民主政治 …… 195
三、文化变革——塑造健康个性、传承人类文明 …… 197

第五章　弗洛姆的人学思想与文学 …… 202
第一节　文学即人学 …… 202
第二节　弗洛姆人学理论与文学活动的理论链接 …… 205
一、丰富文学批评理论 …… 206
二、拓展文学创作思路及深度 …… 209
三、扩宽文本解读视域 …… 211

第三节　弗洛姆人学理论在文学文本解读中的具体运用 …… 213
一、不可理喻的人物 …… 214
二、社会性格——被操纵的顺从 …… 216
三、社会无意识——被过滤掉的反抗 …… 220
四、文学中的科技与人学 …… 225

第六章　弗洛姆人学思想述评 …… 227
第一节　辩证法的广泛实践 …… 228
一、积极的自由与消极的自由 …… 229
二、主动的爱与被动的爱 …… 231
三、主动的人格与被动的人格 …… 233
四、个体与社会 …… 234

第二节　悲观现实里的乐观情怀 …… 238
一、人的善的本性 …… 239

二、人的创发性、爱的能力与人的无限潜能 …………… 241
三、自我的拯救和人的全面发展 ……………………… 243

结　语 ………………………………………………… 246
主要参考文献 …………………………………………… 253
附　录　弗洛姆大事年表 ……………………………… 265
后　记 ………………………………………………… 268

绪论　人学概述

人是地球上最特殊、最复杂的生物。有关人的问题是一个古老而又永恒的话题，对人的问题的研究是最棘手的。然而在人类历史的长河中，只要有人的历史，就有关于人自身问题的探讨。这个领域涉及与人有关的各个层面：它既可以是对人自身、人与他人、人与自然、人与世界等的研究；也可以是对人的过去、现在和将来等的研究。于是，关于人的问题的研究科学——"人学"（hominology）产生了。著名的美籍德裔学者埃里希·弗洛姆（Erich Fromm，1900～1980）虽然被他的专业同行看成是地地道道的心理学家，但一些学者又把他分别归入哲学家、社会学家、伦理学家、人类学家、人文主义者的行列，他的理论涉及心理学、精神病学、伦理学、哲学、社会学、宗教等学科和领域。中外学者在各自的学科范畴内对弗洛姆的思想理论进行了深入研究，取得了丰硕的成果。但无论从以上哪个学科范畴对弗洛姆进行研究，都很难从整体上把握弗洛姆这个学术杂家的跨多学科的理论和思想，彰显其理论特色，最大化地挖掘他理论的现实意义和学术价值。整体来看，弗洛姆不同学科的理论和思想都与人的研究密切相关，都蕴含着对人的问题的深切关怀。鉴于弗洛姆对人的问题广泛而深入的研究，本书将围绕人学这个中心，在融合其理论的基础上梳理、建构和评述弗洛姆的思想体系。同时，由于人学与文学之间的密切联系，我们将从跨学科的视角来研究弗洛姆人学思想，深挖他的人学理论与文学研究相通之处，探究其理论对文学研究的实用性，用多种文学现象验证他的人学理论，以深入和扩展弗洛姆研究，丰富文学研究活动，在弗洛姆人学和文学之间架起桥梁，使它们相互关照，相互促进，达到二者共同发展的目的。

对于人学的界定看似简单，其实不然。或曰，顾名思义，人学就是研究人的科学。但这里的"人"指的是谁？是具体的人的个体、群体，还是作为类的人？是研究的主体还是客体，或二者兼而有之？与人相关的研究对象又包括哪些？如人学的研究对象是否包括自然？人学与文学的关系是怎样的？等等，这些都是人学需要回答的问题。诸多哲人、学者关于人的问题和理论有过大量的论述，他们对"人学"这一概念也作过尝试性的定义。有人说，"所谓人学，就是以人这一特殊社会存在物为研究对象，探讨其生存和发展的最一般规律的科学"①，有人将人学定义为"关于整体的人存在、协调、发展和归宿的一般规律的一门综合性科学"②，还有人认为"人学是关于人的存在、本质及其产生、运动、发展、变化规律的新兴科学"③。比较而言，下面这一定义更具体而通俗易懂，科学性更强，"人学是从整体上研究人的存在、人性和人的本质、人的活动和发展的一般规律，以及人生价值、目的、道路等基本原则的学问"④。可见，从理论上界定什么是"人学"，国内外还没有统一的看法，从某种意义上讲，"作为科学的人学却一直没有诞生"⑤。或者说，"作为一门科学的人学可以说正处于方生未生之间"⑥。美国学者卡恩（Theodore C. Kahn）也认为，与人学有关的学科很多，但它们都不是人学本身。⑦"人学不是一门成熟的学科，但西方历史上又有丰富的人学观点，散见于各门学科之中"⑧。因此，有些学者在谈论这一领域时，使用"人学的世界"⑨、"人学观念"⑩、"人学思想"⑪ 等表达形式。可以说，人学是一门正在建设中的学科。

---

① 袁贵仁：《马克思的人学思想》，北京，北京师范大学出版社，1996年，第1版，第1页。
② 郭晓君：《我国人学研究的回顾与前瞻》，见《人学与现代化——全国首届人学研讨会论文集》，南宁，广西人民出版社，1998年，第1版，第100页。
③ 楚光玉：《人学探要》，《渤海大学学报》（哲学社会科学版）2006年第1期，第49页。
④ 陈志尚主编：《人学原理·序一》，北京，北京出版社，2005年，第1版，第3页。
⑤ 李中华主编：《中国人学思想史·总序》，北京，北京出版社，2005年，第1版，第1页。
⑥ 陈志尚主编：《人学原理·总序》，北京，北京出版社，2005年，第1版，第1页。
⑦ Theodore Charles Kahn, *An Introduction to Hominology: The Study of the Whole Man*, Springfield, IL: Charles C. Thomas Publisher, 1969, p. 5.
⑧ 赵敦华主编：《西方人学观念史·前言》，北京，北京出版社，2005年，第1版，第4页。
⑨ 参见〔英〕莱士列·斯蒂文森：《人学的世界》，李燕、赵健译，北京，中国人民大学出版社，1992年，第1版。
⑩ 参见赵敦华主编：《西方人学观念史》，北京，北京出版社，2005年，第1版。
⑪ 参见李中华主编：《中国人学思想史》，北京，北京出版社，2005年，第1版；李中华主编：《中国人学思想史·导论》，北京，北京出版社，2005年，第1版，第3页；杨廷久：《西方传统人学理论的内在发展逻辑及其特征》，《北京师范大学学报》（社会科学版）1993年第5期，第65页；陈志尚主编：《人学原理》，北京，北京出版社，2005年，第1版，第1页。

正如其他一些我们经常都会谈到和听到的概念,如"哲学"、"文化"那样,虽然自它们诞生之日起,人们至今还没有获得对它们统一的看法和定义,"因为对这些问题的回答,是与研究者自身所持的立场、观点、角度、方法及研究者自身的学识、素养等有密切关系",但这并不妨碍人们对它们的研究和探索。相反,这也许正是研究它们的魅力和任务之所在。"人学"这一概念亦如此,人学的诸多问题尚无定论的现状并不意味着关于人的问题不需要作系统的、理论的探讨,"人是哲学的主题。人的问题是西方哲学史的主旋律"。我们把对人的问题的探讨称作"人学",就是因为"关于'人'的理论是可以自成体系并且是有规律可循的系统思想或学说"。"人学是一门正在建设中的综合性的基础学科",这一论断正好说出了该学科建设以及人学研究的必要性和迫切性。

人学的创建"是现代社会发展的必然结果,是科学技术发展的必然要求,是实践的迫切需要,是人类自我认识的必然升华,是解放思想、历史反思和中外文化交流以及广大理论工作者辛勤劳动的必然结果"①。当今,随着科学技术的不断发展,在世界范围内,各种有关人的问题不断凸显,有的是人与自然的问题,有的是人与社会的问题,还有的是人与人的问题。这些问题都对人的生存和发展构成威胁,如环境污染、生态失衡、资源短缺、粮食问题、人口问题、和平问题、宗教矛盾、强权政治、霸权主义、恐怖主义、道德危机、信仰危机、自我价值危机,等等,它们使人陷入物质方面的生存危机与精神上的困惑和迷茫之中,可以说,"现代化同人的异化几乎成正比例发展"②。

在中国,由于历史的原因,人的本性受到压抑,虽然改革开放后很多方面有些改观,但由于片面追求经济增长,上述世界范围内存在的某些问题在中国也逐渐显现。为了世界的和平与安定,为了人民的生存和发展,为了人类的平等和自由,为了能使我国国民的素质不断提高、经济持续合理增长、社会生活环境不断改善,以人为本,和谐发展,研究和解决这些问题成了当务之急。因此,对人的问题的研究变得愈加迫切和重要,人的问题不仅是中国的问题,更是世界的问题。"可以预期,在

---

① 郭晓君:《我国人学研究的回顾与前瞻》,见《人学与现代化——全国首届人学研讨会论文集》,南宁,广西人民出版社,1998年,第1版,第99~100页。
② 陈志尚主编:《人学原理》,北京,北京出版社,2005年,第1版,第15页。

21世纪时代精神的精华中,人学必将占有显要的位置"①,或者说,人学"在人类科学知识系统中占有特殊的、其他科学所不可替代的、十分重要的位置"②。人学正逐渐成为"21世纪的显学"③。

在此,笔者从人学的研究对象、人学的研究方法、人学思想及其研究的发展脉络等方面对人学这一既古老又新兴的学科作一个简单的梳理。

一、人学的研究对象

人学的研究对象是人,但并不是说,有关人的一切问题都是人学研究的对象,"人学作为一门正在建设中的新兴学科,有其独立的特殊的研究对象"④。为此,有人把人学的研究对象按三个层次来划分:广义的人学、狭义的人学和综合性的哲学人学。⑤ 广义的人学就是以人为目的的科学,只要与人相关的科学问题都包括其中;狭义的人学只把人的某一方面或属性作为研究对象;哲学意义上的人学则是关于整体的人及其本质的科学,这是一般意义上的人学研究对象,也正是本书中"人学"的研究对象。人学研究整体的人和人的本质,"人学是关于作为整体的人及其本质的科学"⑥,"人学应研究完整的人,这是建立人学首先要弄清楚的根本问题。这已成为国内学术界的共识"⑦。但对于"整体的人"或者"完整的人"的界定又出现分歧,综合各家观点来看,研究"整体的人"也就是研究人的各个方面,再从整体上作综合性的、深层次的考察、思考和反思,从而"揭示人的存在方式和本质特征,提供人的完整图景,它包括人与自然、人与社会、人与人之间的关系以及人的历史发展、人的社会生活、人的未来前景等各个方面"⑧。研究"整体的人"时,既可以是对完整的个人,即对一定历史和社会中的人进行研究,也可以是对一般人进行研究,还可以把人作为一个类存在,即人类来研究。

---

① 陈志尚主编:《人学原理》,北京,北京出版社,2005年,第1版,第16页。
② 陈志尚主编:《人学原理》,北京,北京出版社,2005年,第1版,第5页。
③ 参见《人学——21世纪的显学》,《21世纪》1996年第5期,第19页。
④ 陈志尚主编:《人学原理·序一》,北京,北京出版社,2005年,第1版,第3页。
⑤ 参见袁洪亮的《中国近代人学思想史》,北京,人民出版社,2006年,第1版,第5页。
⑥ 黄楠森:《人学的对象和基本内容》,《高校社会科学》1990年第5期,第56页。
⑦ 韩庆祥:《关于人学研究中的几个基本问题》,《哲学动态》1995年第12期,第21页。
⑧ 董武清:《人学的对象和性质研究》,《哲学动态》1995年第4期,第5页。

可以说，人学研究人的存在、人的本质、人的发展等问题，如人类生存和发展的条件、人与自然的关系、人与社会的关系、人的生产与物的生产的关系、人性和人的本质等问题，这些正是本书所论述的对象——埃里希·弗洛姆所关注和研究的问题，但弗洛姆的人学更多是对一定历史和社会中的人进行研究，他研究的多是资本主义社会中具体的人，是个体和整体、历史和现实、主体与客体的结合，为此，这些也是本书所涉及的人学范畴的重点，它们亦是文学所要表征的对象和内容。

二、人学的研究方法

人学的研究对象决定了人学的研究方法。首先，要运用历史的方法。这就要求研究时要把对象置于历史的进程中加以研究，而不是作纯粹抽象的、主观主义的思考，要用辩证和历史的眼光去观察、分析和研究对象。其次，要运用联系的方法把研究个体和研究整体结合起来。不仅要全面地研究个体的各个方面，还要研究群体和类，并把三者结合起来，作出整体的、统合的考量，要把普遍性和特殊性结合起来，把共性和个性结合起来，把个体和社会结合起来。再次，要把主客体统一起来研究。研究主体离不开客体，研究客体也离不开主体，同时还要研究主客体之间的关系，如在研究人与自然的关系时，既要研究人，又要研究自然，还要研究自然对人的作用和人对自然的影响，即着重研究人这个主体的能动性、创造性、人的需要、人的自由、人的发展等各个方面的同时，不能忽视对自然这个客体的研究；而且，从另外一个角度来看，主体和客体在一定条件下是可以转化的，如人自身既是研究主体又是研究客体，研究人学者本身是研究者，同时也是被研究的对象。只有用联系的方法去研究，我们看问题才能客观、准确，才不至于片面。最后，由于人学与其他学科相互联系，研究人学时要充分利用其他学科的研究方法和成果，进行交叉性研究，如从哲学、文学、社会学、生物学、心理学、经济学甚至医学[①]等不同角度来研究人学，使人学研究更深入、更具实际

---

① 参见周志彬：《文学、人学与中医学——读金庸小说杂议》，《中医药文化》2006 年第 6 期，第 18 页。

意义和社会价值①。跨界的"多面手"是人学研究所必需的，历史上的大家莫不如是，他们兴趣颇多，涉猎广泛，其作品被长久广泛地阅读和研究，对社会和历史的发展起到了巨大的推动作用，是世界人民所共享的财富：文学界的巨匠、英国文艺复兴时期伟大的戏剧家和诗人威廉·莎士比亚（William Shakespeare，1564～1616）对历史、宗教等领域有较深入的研究；为科学献身的意大利人伽利略·伽利雷（Galileo Galilei，1564～1642）不只是一个为我们所熟知的天文学家，他还是一个数学家、物理学家和哲学家；德国古典哲学的创始人、德国古典美学的奠定者伊曼努尔·康德（Immanuel Kant，1724～1804）不仅仅是一个哲学家，而且是一个不折不扣的天文学家，他还在物理和数学方面造诣颇深；科学社会主义的创始人卡尔·马克思（Karl Heinrich Marx，1818～1883）对历史、经济学、社会学、哲学、文学、宗教等范畴的研究非一般人能及；现代社会学和公共行政学最重要的创始人之一马克斯·韦伯（Max Weber，1864～1920）对社会学、宗教、政治、经济学等领域都作出极大的贡献；20 世纪中期以来曾被誉为"我们时代最有影响的著作之一"② 的《孤独的人群》③ 的作者大卫·里斯曼（David Riseman，1909～2002），起初在哈佛大学攻读生物化学，后就读于哈佛大学法学院，他对文学和历史也很感兴趣，大学期间他自学了经济学、经营管理学和美国历史，为了了解心理学知识，他还曾经跟随弗洛姆学习和工作过一段时间，成为了一位"多面手"的社会科学家，并最终为写作这部分析美国人性格形成和变迁的经典作品打下了坚实的基础。

　　弗洛姆就是这样一个多面手。作为一个哲学家、社会学家、伦理学家、人类学家、人文主义者，他的理论涉及心理学、精神病学、伦理学、哲学、社会学、宗教等多种学科和领域，他的研究范畴和视野正切合了人学研究的需要，这也是他的理论和著作广为流传并对多个领域产生重

---

① 在董武清的《人学的对象和性质研究》一文中（参见《哲学动态》1995 年第 4 期，第 4～6 页），作者提出了人学研究的几个方法论原则：类研究与个体研究的统一；自然属性研究与社会属性研究、物质属性研究与精神属性研究的统一；科学研究与哲学反思的结合。

② 〔美〕大卫·里斯曼等：《孤独的人群·译者序》，刘翔平译，沈阳，辽宁人民出版社，1989 年，第 1 版，第 1 页。

③ 该书的全名为 *The Lonely Crowd—A Study of the Changing American Character*，是 David Riesman 在 Nathan Glazer 和 Reuel Denney 的协助下完成，该书最初于 1950 年由耶鲁大学出版社出版，后被多次重印。

大影响的原因之一。不同领域的研究者，或者在不同领域有所涉猎的业余爱好者，都能从他们自己所需要的角度去阅读和审视弗洛姆的思想，并从中有所收获。

三、西方人学思想及中国人学思想的历史

西方人学思想最初在古希腊神话中表现出来，与宗教、神话密切相关。希腊神话、基督教的兴起，"为近现代的一系列人学观念奠定了一个初步的基础和参照系"①。希腊神话表达了人对自身的认识和一种人生观、世界观，西方神话中的神是自然被拟人化的产物，神话中的神与人同形同性，于是，"宗教人"的形象出现了，"宗教人"是把人的本质投射到神的本质上形成的。公元前 6 世纪，古代西方自然哲学取代了神话，人变成了有着自然本性的人，但此时的人被看作宇宙的一部分，与自然物拥有相同的本原和本性，因此，人成了"自然人"，"自然人"是把人的本质归结为自然本质或合规律的自然过程。随着自然哲学和"自然人"形象的出现，人也慢慢变成了"文化人"，即人被置于人际关系和人与社会的关系中来审视，此时的人成了社会中的人。"文化人"主要是从人的创造性和人的社会特性这个角度来规定人的本质。此后，"智慧人"的形象出现了，这时，人的灵魂被看成了人的本质，人们通过对人的灵魂的认识来认识人的本质。其间的代表人物有毕达哥拉斯（Pythagoras，公元前 572～前 497）、柏拉图（Plato，公元前 427～前 347）等。亚里士多德（Aristotle，公元前 384～前 322）之后开始了调和、折中的哲学倾向，如斯多亚派对宗教人、自然人、文化人和智慧人进行综合，于是，有了人的综合形象，这种人是人性与神性、自然和文化、感性和理性等这些二元对立的概念的有机结合。但同时代的怀疑派提出人是不可理解的观点，出现了怀疑主义。

到了中世纪，基督教的思想和文化构造了一个"宗教人"的观念。这个"宗教人"的观念与古希腊的"宗教人"的形象有明显的区别，后者是人神同形同性的神话人的形象，前者是基督教神学强调人神差别的产物，它宣扬人的堕落、原罪以及上帝的救赎等观点。

从 15 世纪到 19 世纪是西方人学历史中的近代阶段。人们对个人、

---

① 赵敦华主编：《西方人学观念史》，北京，北京出版社，2005 年，第 1 版，第 1 页。

社会、国家、文化、历史等人学领域进行了前所未有的广泛探索。他们在人文学科、社会科学、自然科学等领域分别构建了"文化人"、"自然人"和"理性人"的观念。

从19世纪开始,西方文化进入现代阶段。在此阶段,三位思想家——达尔文(Charles Darwin)、马克思、弗洛伊德从根本上改变了西方近代关于人的观念。"如果说,达尔文改变了人对自身在自然界地位的看法,弗洛伊德改变了人对自身的看法,那么,马克思的学说不只属于西方思想"①。达尔文的进化论促成了"生物人"这个关于人的新观念。"生物人"是从人适应环境的基础上来理解和研究人所产生的一种人学观念。现代"文明人"是与现代"生物人"相对应的、而与"原始人"相对立的一个人学观念,它是在人文学科和文化研究的基础上构建出来的。20世纪英美哲学中流行的科学主义和语言分析的方法造就了"行为人"的观念,人学研究的对象集中在人的行为上,可研究的行为包括生理行为和心理行为。在对人的生命本能的认识中又出现了"心理人"的观念,它把人的本性归结为生命本能的能量。在20世纪西方哲学的"人学转向"中,随着对人的存在意义的新探索,出现了"存在人"的观念,人本主义思潮成了20世纪西方哲学的一大主流。但在后现代解构主义的大潮中,西方近现代所创建的关于人的观念,在"人死了"的口号声中得到了——消解,当代西方人学面临危机。②

在西方,有关人的问题从希腊神话中的"斯芬克司之谜"开始,先后经过早期、中世纪、近代、现代甚至后现代时期,分别出现了不同的人的形象,以及宗教人、文化人、自然人、理性人、生物人、文明人、行为人、心理人、存在人等有关人的观念。总体来看,西方的人学思想及其研究的历史与西方的哲学思想紧密地联系在一起,由于西方哲学相对于中国哲学有较强的理论性和系统性,西方的人学思想也较中国的人学思想具有明显的理论性和系统性。但在20世纪六七十年代开始的解构主义的横扫下,几千年的西方人学出现了危机。不过,正如解构主义所声称的去中心化的目的一样,解构是期待多元意义的出现。对既存事物的消解,只会催生新的生命,只要有了人的存在,西方人学也会迎来新

---

① 赵敦华主编:《西方人学观念史》,北京,北京出版社,2005年,第1版,第282页。
② 以上概述参考了赵敦华主编:《西方人学观念史》,北京,北京出版社,2005年,第1版。

的高潮。

　　中国的人学思想的萌芽，同样与古代的神话和传说有着密切联系：自然崇拜、神灵崇拜、巫术、神话等都蕴含着古人对自身和自然的认识，从殷周时期的天命论到春秋时期的人文思潮等都可看作是中国人学思想的源头。孔子的仁礼思想、孟子的性善论是中国儒家学说中的人学思想的代表；以老庄为代表的道家的人学思想倡导以"道"为核心的自然主义和无为主义的人学观；墨家的兼爱说主张从社会关系中施爱；以法治为核心的法家学说相信从人性自私中透着忧民和爱民之心；两汉时期的多种人学思想在"独尊儒术"中得以融合，并在天命观、目的论及反天命论和目的论的争鸣中获得深化和发展；魏晋时期的人学思想与其动荡不安的社会现实相吻合；南北朝隋唐时期的人学思想则表现在人们在痛苦和沉吟中接纳了佛教和道教思想，并开始了儒佛之争，逐渐形成了以儒家为主的人学思想；汉唐时期的佛教人学思想与本土的道教人学思想从冲突走向融合；两宋时期的人学思想从百家争鸣中得到深入和复兴，最后发展到以朱熹为代表的理学人学思想获得正统地位；明代出现了个性解放的人文主义思潮，它强调人的价值，高扬人的主体思想；明清之际的人学思想则是以反理学为特征的启蒙思潮的开始，它是对宋明理学的人学思想的批判和总结，同时也是向中国近代人学的过渡；到了清代，人学思想呈现凋敝的景象，它从宋明时期的高潮进入低谷，是中国古代人学思想的最后形态，但清代的人学思想具有较明显的批判精神，它为中国近代人学思想的产生奠定了一定基础。[①]

　　纵观中国的人学思想观念，可谓繁星点点，但基本上没有形成比较明确的、系统化的理论。中国近现代的人学思想则在抵抗外国诸强的斗争中艰难前行，到了20世纪初，伴随着西方思潮的大量涌入和"五四"运动的爆发，西方人学思想与西方哲学和文学艺术一起传播到中国大地，对中国的人学思想产生了重要影响。20世纪初，以孙中山为代表的革命派，政治上主张民权思想以取代中国的君主专制制度，文化上主张自由平等的民主思想以取代中国的封建文化观念，这些运动和主张中所包含的人学思想，都是西方文化中的人学思想对中国产生影响的见证。它们极力扬弃传统的中国文化，吸纳西方文化中的人权、平等等人学思想。

[①] 以上概述参考了李中华主编：《中国人学思想史》，北京，北京出版社，2005年，第1版。

新文化运动中的批孔也是追求人文精神的体现,这个时期的批孔从孔学对人性压抑的角度入手,"认为它的核心是三纲五常思想,其统治的后果是对人的个性、自由和尊严的扼杀"①。其实哲学归根结底是研究人的问题,不管是古代哲学所主要探讨的存在问题,还是近代哲学所关注的认识问题,或是现代哲学所转向的语言研究,都是对人的问题的研究,"哲学作为人的认识形式或存在方式只能围绕人来进行"②。新文化运动开启了传播西方哲学和文化思想的大幕,此后许多西方哲学家的思想和学说成了中国学者传播和研究的对象,如中国的"新文化运动的帷幕掀开后,尼采(Friedrich Wilhelm Nietzsche,1844~1900)哲学在中国的传播进展到了一个新的时期"③。这些大家的学说都包含着与人的问题相关的人学思想,如对尼采的"超人"思想的研究就属于人学范畴。可见中国近代人学思想的研究主要是伴随着西方哲学的东渐过程进行的。

在胡为雄的《中国人学研究一瞥》一文中,中国当代人学研究被分成三个阶段:1978~1984年的发轫阶段。在此阶段,中国人学主要讨论的是人道主义、人性、异化等问题。"人们在对'文革'的反思中发现,正是由于对'人'的忽视和误解,才造成了人与人之间的相互对立、批判以及对人的压抑,于是开始正视和面对'人'的问题,并试图去理解'人',肯定人的价值"④。1985~1989年的继起阶段。人学研究开始对人的自主活动、主体性等问题展开讨论和研究,以确立人在社会主义现代化建设中的主体地位。前两个阶段的研究为后来的中国人学研究打下了基础,它"预示着国内广泛展开人的研究时代将要到来"⑤。1990年属于展开阶段。在此阶段,一方面研究如何从马克思主义角度去建构人学,另一方面结合中国社会的实际,探讨中国的改革和建设与人的关系

---

① 黄见德:《西方哲学东渐史》(上册),北京,人民出版社,2006年,第1版,第322页。
② 李文阁:《现代人学的困境与出路》,《社会科学战线》2000年第12期,第42页。
③ 黄见德:《西方哲学东渐史》(上册),北京,人民出版社,2006年,第1版,第366页。
④ 袁洪亮:《中国近代人学思想史》,北京,人民出版社,2006年,第1版,第1~2页。
⑤ 胡为雄:《中国人学研究一瞥》,《哲学动态》1997年第9期,第12页。

问题。① 此后，中国的人学研究在全国范围内举行了多次人学学术研讨会②，一些重要的学术刊物上连续登载人学论文③，许多人学著作及译作出版④，成立了多个人学研究机构⑤。1997 年，中国人学学会（筹）在北京宣告成立，此后，人学逐渐成为当代中国社会科学研究的显学。2002 年 1 月，中国人学学会最终在北京正式成立。"中国人学的这种研究热潮充分反映了我们这个社会乃至整个人类发展的趋势：人愈来愈走向自觉的自我认识和自我把握"⑥。当前，全国各个阶层都提倡"以人为本"、构建和谐社会，在这种大环境下，研究人的问题的又一轮热潮正向我们涌来。

总的来看，在有着悠久历史和深厚人文底蕴的中国，人们很早就开始了对人的问题的研究，也出现了百家争鸣的局面。由于中国古代人学研究大多被当时的统治阶级所利用，所以成了他们统治人民的工具，如中国古代的儒家学说、法家思想、朱熹理学等；另一方面，中国古代人学思想的理论性和系统性与西方相比，还有所欠缺。到了近现代，中国的人学在列强的大炮声中逐渐没落，以致只能完全从西方输入的哲学和文化思想中吸取人学的养分。新中国成立后，本就薄弱的人学研究也曾随着政治运动遭到浩劫，真正的、广泛的人学研究才刚刚走过十几年的时间。但我们有理由相信，在经济持续高速发展的大潮下，对人学的研究也会随着国家的富强、人民的富足而越来越兴盛。纵观中国现代人学研究的背景和发展史我们可以看出，人学真正是"21 世纪的科学"，具有广阔的发展前景。

---

① 参见胡为雄：《中国人学研究一瞥》，《哲学动态》1997 年第 9 期，第 12~15 页。
② 如 1990 年举办的"中国哲学史上人学思想及其演变的学术讨论会"、1995 年举办的"人学理论与实践"研讨会、1997 年由中国人学会筹委会举办的"全国第一次人学学术研讨会"等。
③ 如《江海学刊》、《哲学动态》、《社会科学研究》等。
④ 如黄楠森、夏甄陶、陈志尚等主编的《人学词典》（中国国际广播出版社，1990 年）；孙鼎国、李中华主编的《人学大辞典》（河北人民出版社，1995 年）；韩庆祥著《马克思人学思想研究》（河南人民出版社，1996 年）；陈志尚主编的《人学原理》（北京出版社，2005 年）；李燕、赵健译的《人学的世界》（中国人民大学出版社，1992 年）。
⑤ 如北京大学人学研究中心（1991 年成立）、河北省人学研究会（1995 年成立）、唐山市人学研究会（1996 年成立）等。
⑥ 袁洪亮：《中国近代人学思想史》，北京，人民出版社，2006 年，第 1 版，第 2 页。

第一章　弗洛姆人学思想的理论资源

埃里希·弗洛姆1900年出生于德国，分别在德国多所大学接受过心理学、社会学和哲学等专业的教育。获得博士学位后，他在法兰克福精神分析研究所和社会研究所工作过，1934年因纳粹上台而移居美国，曾在美国多所大学任教，1980年因心脏病死于瑞士洛迦诺。因其理论著作对心理学、精神分析学、哲学、社会学等领域的影响，弗洛姆在20世纪的西方社会名声大振。他的理论体系与人们的生活息息相关，"弗洛姆的著作对于现代资本主义社会问题的讨论，具有极为突出的地位"①。

自20世纪80年代开始，弗洛姆在中国也拥有越来越多的读者，他的作品基本上都能找到汉译本，有些作品甚至还出现了多种不同的汉译本，如弗洛姆的 Escape from Freedom 有三种译本：《逃避自由》（工人出版社1987年版；国际文化出版公司2002年版）和《对自由的恐惧》（国际文化出版公司1988年版）；Man for Himself 有四种译本：《追寻自我》（延边大学出版社1987年版）、《寻找自我》（工人出版社1988年版）、《自为的人》（国际文化出版公司1988年版）、《为自己的人》（三联书店1988年版）等；The Sane Society（《健全的社会》），有两种译本（中国文联出版公司1988年版；贵州人民出版社1994年版）；The Art of Loving（《爱的艺术》），有三种版本（四川人民出版社1986年版；华夏出版社1987年版；光明日报出版社2006年版）；The Heart of Man: Its Genius for Good and Evil 则有《人之心：爱欲的破坏性倾向》（辽宁大学出版社1988年版）、《人心：人的善恶天性》（福建人民出版社1988年版）和《人心》（商务印书馆1989年版）三种版本；To Have or to Be 也有两种版本：《占有还是生存》（三联书店1989年版）、《占有还是存在》

---

① 陈秀容：《弗洛姆的政治思想》，台北，三民书局，1992年，第1版，第1页。

(国际文化出版公司 1989 年版）。弗洛姆"被誉为'给新社会的建立奠定精神基础的先知'"①。可以说，弗洛姆的思想对当代人和社会的影响远远超出了其学术范畴。

细究弗洛姆理论体系的渊源，或许有很多发现：犹太教的家庭背景，所处的特定历史时期，佛教，一些伟大思想家如弗洛伊德、马克思、巴霍芬②（Johann Jakob Bachofen, 1815～1887）等都对其生活和学术产生过影响。弗洛姆曾说："如果一个人要问自己，他是怎样对那些注定要在他一生中占有重要地位的思想领域发生兴趣的话，那么，他就会发现，要回答这样一个简单的问题并非是件容易的事情。或许，他天生对某些问题就有一种爱好；或许，他是受了某些老师的影响，受了当时各种思想或个人经历的影响，才走上他以后所感兴趣的道路——然而，又有谁知道，在这些因素中究竟是哪些因素决定了他的人生道路呢？说实在的，如果有人想要确切地知道在所有这些因素中那些较重要的因素的话，那么，没有一部详细的史料性自传恐怕是不可能找到答案的"③。

在弗洛姆的学术道路上，弗洛伊德和马克思无疑给了他非常重要的影响。正如弗洛姆本人在他的《在幻想锁链的彼岸——我所理解的马克思和弗洛伊德》中一开始所说的那样，"因此，在这本书中，我要选择自己青年时代的一些经历来说明这样一个事实：即正是这些经历才使我以后对弗洛伊德和马克思的学说以及对这两种学说之间的关系发生了兴趣"④，而且，在所有对弗洛姆人学思想产生过影响的对象中，"尤以马克思和弗洛伊德的人本思想，对弗洛姆产生了关键性的启迪和影响"⑤。故此，本书着重探究决定性影响弗洛姆人学思想的研究对象、方向和途径的两个最主要的方面：弗洛伊德主义和马克思主义，阐释弗洛姆如何

---

① 陈学明：《弗洛伊德的马克思主义》，沈阳，辽宁人民出版社，1989 年，第 1 版，第 271 页。
② Johann Jakob Bachofen (1815～1887)，瑞士法学家、人类学家，代表作《母权》(Mother Right, 1861) 被认为是现代资本主义社会人类学的奠基作，他把家庭看作一种社会组织，是第一位发现父系社会之前还存在着母系社会的学者。
③ 〔美〕埃里希·弗洛姆：《在幻想锁链的彼岸——我所理解的马克思和弗洛伊德》，张燕译，长沙，湖南人民出版社，1986 年，第 1 版，第 1 页。
④ 〔美〕埃里希·弗洛姆：《在幻想锁链的彼岸——我所理解的马克思和弗洛伊德》，张燕译，长沙，湖南人民出版社，1986 年，第 1 版，第 1 页。
⑤ 陈秀容：《弗洛姆的人本主义：其渊源内容和影响》，台北，唐山出版社，1992 年，第 1 版，第 2 页。

综合弗洛伊德的生物学、心理学和马克思主义社会学、历史观的理论和思想,从而创立起自己独特的人学思想体系,以揭示其人学思想体系的特征和影响,并把他的人学思想与文学结合作跨学科研究。当然,在本章中还会提及弗洛姆思想理论的其他来源。

弗洛姆曾追随弗洛伊德,把弗洛伊德看作是"一位真正的科学心理学的创始人"①,认为弗洛伊德的发现是"对人的科学的独特贡献,它改变了未来关于人的图景"②。弗洛姆理论体系的基础和出发点就是弗洛伊德的精神分析学说,他的理论深受弗洛伊德主义的影响,换句话说,弗洛伊德主义是其人学思想的重要理论资源之一。但弗洛姆并不满足于弗洛伊德仅从生物学和心理学角度对人所作的解析,他还受到了其他多位弗洛伊德主义学者的影响。除了弗洛伊德主义的直接渊源之外,弗洛姆还试图从宏观上研究社会对人的影响,把精神分析引入社会历史领域。马克思主义是弗洛姆人学思想体系又一重要的理论资源。

第一节 弗洛姆其人

埃里希·弗洛姆1900年3月23日出生于德国法兰克福的一个正统犹太家庭。先后在法兰克福、海德堡、慕尼黑等大学学习心理学、社会学和哲学。1922年他获得海德堡大学博士学位,1925年加入国际精神分析协会,1929~1934年在法兰克福精神分析研究所和社会研究所工作,1933年赴美讲学,1934年因纳粹上台而移居美国,曾在美国多所大学任教,1974年移居瑞士,1980年3月因心脏病死于瑞士洛迦诺。

弗洛姆的一生经历了重大的社会变革,如"一战"、经济大萧条、纳粹统治、"二战"、军备竞赛等,受到多位思想家的影响,他还从不同宗教,如犹太教和佛教等中得到启迪,可以看出弗洛姆的心理、思想和学术历程与其生活背景息息相关。下面我们将从弗洛姆的"坎坷的生活与学术经历"、"正统的犹太教家庭背景"、"动荡的社会环境"、"弗洛姆人学理论资源概述"这四个方面来介绍弗洛姆这位传奇人物,并由此了

---

① 〔美〕埃里希·弗洛姆:《在幻想锁链的彼岸——我所理解的马克思和弗洛伊德》,张燕译,长沙,湖南人民出版社,1986年,第1版,第11页。

② Erich Fromm, *Beyond the Chains of Illusion: My Encounter with Marx and Freud*, New York: Simon & Schuster, 1962, p. 12.

解他人学思想的轮廓和理论资源，为本书后几章对弗洛姆人学思想体系的建构打下基础。

一、坎坷的生活与学术经历

弗洛姆上小学时就显示出聪慧过人，而且也非常勤奋。上中学时，他的语言能力很强，英文、法文、拉丁文都学得很好，在这一点上他与弗洛伊德有非常相似的经历。1918 年，在一所著名的中学毕业后，弗洛姆进入法兰克福大学攻读法律，一年后，他调换了学校和专业，来到海德堡大学学习社会学、心理学及哲学。1922 年，弗洛姆以"犹太人的守则——论散居在外的犹太民族的社会学"（Das jüdische Gesetz. Ein Beitrag zur Soziologie des Diaspora-Judentums）为题的博士论文为他获得该校哲学博士学位①。

此后，弗洛姆回到他的出生地法兰克福，于 1923 年担任一家犹太人报纸的编辑。次年，他结识了精神分析学家弗里达·赖希曼（Frieda Reichman，1889～1957），她在法兰克福开着一家疗养院，弗洛姆便与她合作，进行精神分析方面的临床治疗。1926 年，他俩喜结良缘。

1925 年至 1927 年，弗洛姆在正统的弗洛伊德主义者威廉·维腾贝格（Wilhelm Wittenberg）和卡尔·朗达尔（Karl Landauer）的指导下，学习弗洛伊德的心理学和精神病学，他们两位曾经受过弗洛伊德的亲自教导。1927 年至 1929 年，弗洛姆又到著名的柏林精神分析研究所接受正规训练，学习精神分析的理论和临床实践，并成为一名地道的弗洛伊德主义者。在此期间，弗洛姆与后来成为精神分析社会文化学派创始人的卡伦·霍妮（Karen Horney，1885～1952）结识，并成为好友。当时，霍妮在该研究所任教，后来两人都成为精神分析社会文化学派的代表人物。

完成系统的训练后，弗洛姆开设了私人诊所，担任专业精神病医生，开始了长达四十多年的精神病临床治疗工作。

1929 年，弗洛姆又回到法兰克福，在法兰克福大学社会研究所任教，教授精神分析学，并从事心理治疗工作。1930 年，他成为该研究所心理学研究室主任。在该研究所工作期间，弗洛姆开始尝试把弗洛伊德的精神分析学说与马克思的社会科学相结合，他希望能通过这种独特的

---

① 其博士论文主要是研究住在巴勒斯坦以外的三个市区（the Karaites, the Hasidum, the Reformed Jews）的犹太人的社会心理结构。

结合来消除弗洛伊德理论的局限性,他要"站在弗洛伊德的肩膀上"①,来发展弗洛伊德的精神分析学说。

1932 年,霍妮接受美国芝加哥精神分析研究所所长弗兰兹·亚历山大的邀请任该所副所长。一年之后,弗洛姆经霍妮推荐,赴美讲学。随后,弗洛姆继续担任已从德国迁往美国哥伦比亚大学的法兰克福社会研究所的室主任一职,同时在纽约开设私人诊所。1939 年,由于与研究所所长霍克海默尔(Max Horkheimer, 1895~1973)及其他成员阿多诺(T. W. Adorno, 1903~1969)、马尔库塞(Herbert Marcuse, 1898~1979)等人之间的分歧,弗洛姆辞职并离开了该研究所。

1940 年,弗洛姆受聘于哥伦比亚大学,担任该校精神分析学院助理教授一职。1941 年,他任教于佛蒙特州贝宁顿学院(Bennington),同时也任职于美国精神分析研究所②。就在这一年,弗洛姆的《逃避自由》面世,当时人们狂热追随法西斯主义,该书是弗洛姆为人们的这一疯狂行为所作的心理学研究的成果,可以看出,弗洛姆已经认识到现代社会中人们的自我已经迷失这一严重的社会问题③,并开始把心理学的方法与研究社会问题相结合,这本书的出版标志着弗洛姆人学思想体系的第一个层次——"自我的迷失"已经形成,而且严重的社会现实,迫使弗洛姆开始了其思想体系的第二个层次的工作——"找寻自我"。弗洛姆在《寻找自我》一书中探讨了现代人的性格结构,在《逃避自由》中分析了人们逃避自由的心理机制,该书"对整个西方理论学术界有着广泛深远的影响"④。

1943 年,亨尼·古兰德(Henny Gurland, 1902~1952)成了弗洛姆的第二任妻子。亨尼·古兰德是一位才华横溢的左倾犹太女性,为逃避纳粹迫害而流亡到美国。1946 年至 1950 年,弗洛姆在纽约怀特精神病学、精神分析学和心理学院担任临床培训主任,1947 年,他又任该研究

---

① 陈学明:《弗洛伊德的马克思主义》,沈阳,辽宁人民出版社,1989 年,第 1 版,第 277 页。
② 该研究所 1941 年由霍妮创办。
③ 对这一社会现实的认识,也许在童年弗洛姆的大脑中就已经有了萌芽,而且在他后面的其他著作中,他还在连续不断地揭示这一社会现实。
④ 黄颂杰主编:《弗洛姆著作精选——人性·社会·拯救》,上海,上海人民出版社,1989 年,第 1 版,第 53 页。

所所长①。同年，弗洛姆的《寻找自我》出版，该书正如它的副标题所揭示的那样，是对自我的"伦理学的心理学探究"。可见，弗洛姆运用心理学的方法，从剖析人的性格入手，开始寻找现实社会中现代人迷失自我的根源。

1949年弗洛姆到耶鲁大学任教授。1950年，因亨尼的健康原因，二人迁往墨西哥，1952年，亨尼病逝。1953年，弗洛姆又娶安妮丝·弗里曼（Annis Freeman②，1902~1985）为妻，直到终生。

1951年，弗洛姆任墨西哥国立大学医学院精神分析教授，并创立墨西哥精神分析研究所，1955年至1965年间任该所所长，在此期间，他的另外两部具有重要意义的作品——《健全的社会》和《爱的艺术》也分别于1955年和1956年陆续出版，在这两本书继续揭示迷失自我的现代人现状的同时，弗洛姆人学思想体系的第三个层次——"拯救自我"的思想和理论开始成型。至此，弗洛姆人论思想体系已基本形成。1957年，弗洛姆还任美国密西根州立大学教授。1962年，任纽约大学心理学教授。1965年退休后被聘为墨西哥国立大学荣誉教授。

冷战期间，弗洛姆深切关注人类的和平及生存等问题，开始投身于政治与社会活动，呼吁各国特别是美苏两个超级大国裁减军队和核武，维护世界和平，建立世界新秩序。60年代，弗洛姆还游历东欧国家，并讲学，与东欧国家的一些人道主义马克思主义理论家保持着密切关系。

1974年起，弗洛姆定居瑞士洛迦诺，直到1980年3月18日因心脏病发作去世。这位辗转于德国、美国、墨西哥、瑞士等国，足迹踏遍东欧诸国，享誉全球的精神分析学家、社会学家、思想家停止了其生命历程，但他对世界的影响伴随着他的思想和著作的传播而长久不衰，正是由于他对世界和人类的卓越贡献，在他生前死后，人们通过多种方式去赞誉他、纪念他。

弗洛姆拥有将近一个世纪的丰富而坎坷的经历，思维敏捷而活跃，密切关注社会、人性和人类未来，故而一生著述甚多，有二十多部专著

---

① 该所创办人怀特（W. A. White）是美国著名精神病学家。
② 在不同的英文书籍中，她的名字拼写有所不同，如在 Lawrence Wilde 的 *Erich Fromm and the Quest for Solidarity*（New York：Palgrave Macmillan，2004）中拼写为 Annis（见第 x 页）；在 Burston Daniel 的 *The Legacy of Erich Fromm*（Cambridge, Massachusetts：Harvard University Press, 1991）中拼写为 Anis（见第 27 页）。

及数十篇论文(二十五部专著和论文集,另有一本演讲集)。他的作品涉及面广,包括心理学、哲学、宗教、历史、社会和文化等领域。虽然他作品的学术性很强,但他的语言却通俗易懂,文笔流畅,这也是弗洛姆拥有无数读者的原因之一,"他的书和文章特点突出:思维不落窠臼,充满人道主义精神,语言简洁流畅,示例丰富,引证充分,而且示例和引证都源于古今人们富于创造性的生活,他还始终如一地竭力使人能在社会和世界主宰自己"①。弗洛姆的著作中有好几本是销售过百万的畅销书,有的被译成了多种文字,在全球发行,并多次再版,如《寻找自我》和《健全的社会》在出版后十多年里差不多每年都再版。在美国,很多大中学生都喜欢阅读弗洛姆的著作。弗洛姆的思想、观点和理论也随着他作品通俗的语言,潜移默化到人们的大脑里,产生了广泛的社会影响,西方的学生运动、和平运动乃至生态运动都融入了弗洛姆的思想。下面简要介绍弗洛姆的几部最重要的代表性著作。

《逃避自由》于1941年出版,"曾被西方誉为20世纪最出色的社会学、哲学、心理学著作之一"②。仅至1961年,该书就再版了20多次。《逃避自由》的出版使弗洛姆成为闻名遐迩的人物。"本书的目的就在于分析现代人性格结构中的那些动态因素,这些因素使现代人在法西斯主义国家里放弃自由,并盛行于数百万我们自己的人民之中"③。该书对法西斯主义产生的心理根源作了分析,同时探究了自由的双重意义,揭示了现代人的性格结构。在该书中,弗洛姆认为,自由在给现代人带来独立和理性的同时,又使其陷入了孤独。因此,人们为了消除孤独,便形成了"逃避自由"的心理机制,这种心理机制正是法西斯主义产生的心理根源。

《寻找自我》于1947年出版,"被誉为人本主义伦理学的'最优秀的著作',亦即探索自我问题中写得最好的一部书"④。该书着重从伦理学方面分析了现代人的人性、人格,人的自我和潜能的实现等问题。《寻

---

① Adir Cohen, *Love and Hope: Fromm and Education*, New York: Gordon and Breach, 1990, p. 1.

② 黄颂杰主编:《弗洛姆著作精选——人性·社会·拯救》,上海,上海人民出版社,1989年,第1版,第53页。

③ Erich Fromm, *The Fear of Freedom*, London: Routledge, 1942, p. 3.

④ 〔美〕埃里希·弗洛姆:《寻找自我·译序》,陈学明译,北京,工人出版社,1988年,第1版,第3页。

找自我》被弗洛姆自己称为《逃避自由》的续篇,"在《逃避自由》中,我分析了现代人对自身、对自身自由的逃避;本书则主要讨论伦理学问题,讨论道德规范和实现人的自我及潜能的价值问题"①。弗洛姆认为,心理分析必然涉及伦理规范和价值问题,他还阐发了人格类型,并论述了人的创发性性格和非创发性性格。他认为,四种非创发性性格中的市场型性格是现代人特有的性格定向,现代人不从内心追求真正的自我,而试图把人格当作商品,在交易市场上实现交换价值(exchange value)。因此,弗洛姆主张,现代人应该从人本主义伦理价值观的角度去寻找真正的自我本体,并努力发挥自己的创发性潜能,追寻自己的理想,以实现人的真正价值和幸福。

《健全的社会》出版于1955年,本书被认为是《逃避自由》和《寻找自我》的续篇。在这本书中,弗洛姆"试图指出20世纪民主政治下的生活,在许多方面形成了对自由的另一种逃避"②。弗洛姆重点从异化的角度分析了人们的这种逃避现象。在前两本书中,弗洛姆主要探讨了心理机制问题,在这本书中,主要论述的则是权威、性格问题,如虐待狂、受虐待狂等。与前两本书相比,弗洛姆在《健全的社会》中更系统地提出人本主义精神分析学的基本思想。实际上,在本书中,弗洛姆通过嫁接马克思的社会、历史分析方法与弗洛伊德的精神分析学说,来剖析当代西方社会,批判地发展了弗洛伊德的思想。通过剖析,弗洛姆认为,西方社会是异化的社会,是病态的社会,其根源是人类的生存状态,"人的基本情欲并不是根植于人的本能需要,而是源于人的生存状况,源于人失去史前阶段的原始联系后对新的人际关系和与自然关系的需要"③。弗洛姆还认为,人或社会都是整体,用马克思的历史观看,社会中的单个因素,如政治,或经济,或文化的改革和发展,都不足以达到一个健全的社会,只有进行全方位的改革,才能创建一个健全的社会,即"社会的进步只能出现在经济的、社会—政治的和文化的同时变化之中;仅

---

① 〔美〕埃里希·弗洛姆:《寻找自我·序言》,陈学明译,北京,工人出版社,1988年,第1版,第1页。
② 〔美〕埃里希·弗洛姆:《健全的社会·原序》,北京,中国文联出版公司,1988年,第1版,第1页。
③ Erich Fromm, *The Sane Society*, *London*, New York: Routledge, 1991, Foreword, p. xi.

仅是一个领域的进步,决不可能导致整个社会的发展变化"①。

《爱的艺术》自1956年出版至1970年,已经被译成了28种文字,仅英文版就售出150万册以上,德文版超过40万册。② 弗洛姆在这本书中论述了爱的理论以及爱的实践问题,他把爱分为博爱、母爱、性爱、自爱、神爱等形式。他认为并不是每个人都能轻而易举地得到爱,爱与一个人的人格成熟度相关,因此,一个人只有努力发展自己的整体人格,并使自己的潜能最大限度地获得创造性的人格定向,才有可能实现爱的追求;没有博爱、谦卑、勇气、信心等品格,也不能获得期待的爱,人们应该克服一切困难以达到爱的目标。弗洛姆把爱看作是医治西方病态社会的良方之一。

《马克思关于人的概念》出版于1961年,这是一本在西方流传很广的著作,"自1961年初版,截至1979年就印了27次"③。弗洛姆通过对马克思的《1844年经济学哲学手稿》的研究,阐述了他所理解的马克思的这一概念及其实质,并就马克思关于人的本性、异化、社会主义等问题发表自己的看法。在弗洛姆看来,马克思主义实质上是人道主义,它的目标是实现人道主义的社会主义,"马克思的目的不是仅限于工人阶级的解放,而是通过恢复一切人的未异化的、从而是自由的能动性,使人获得解放,并达到那样一个社会,在那里,目的是人而不是产品,人不再是'畸形的',变成了充分发展的人"④,他认为,社会主义的目的是为了人,社会主义里的人是从他的生产、劳动、他人、自身和自然中克服了异化的人。马克思主义是科学的、系统的和发展的,对人的关注是其思想的一个方面,弗洛姆把马克思主义看成人道主义显示了他理论的片面性和局限性。

《在幻想锁链的彼岸》于1962年出版,这本书是弗洛姆综合弗洛伊德和马克思的学说的纲领性著作,从中可看出弗洛姆对二者的理论作出

---

① 〔美〕埃里希·弗洛姆:《健全的社会·原序》,北京,中国文联出版公司,1988年,第1版,第3页。
② 参见张伟:《弗洛姆思想研究》,重庆,重庆出版社,1996年,第1版,第6页。
③ 黄颂杰主编:《弗洛姆著作精选——人性·社会·拯救》,上海,上海人民出版社,1989年,第1版,第345页。
④ 〔美〕埃里希·弗洛姆:《马克思关于人的概念》,见《西方学者论〈一八四四年经济学—哲学手稿〉》,复旦大学哲学系现代西方哲学研究室编译,上海,复旦大学出版社,1983年,第1版,第62页。

的深刻分析和比较。弗洛姆在该书中首先回忆了自己孩提时的一些个人经历，说明了他接触和研究弗洛伊德和马克思的理论的原因，然后从几个方面评述和比较了这两种理论，论述了综合这两种学说的共同基础，并指出了二者的不足。同时，弗洛姆还认为，马克思主义理论中并未就经济基础如何转化为上层建筑的问题作出回答，因此，在改造弗洛伊德的性格理论和无意识理论的基础上，弗洛姆提出了"社会性格"和"社会无意识"两个概念，以"填补"马克思主义理论中的这一"空白"。

《希望的革命》写于1968年，在该书中，弗洛姆分析了当时美国的社会状况，认为现代社会中的人变成了机器的一部分，表面上看他生活富足，实际上人变成被动的人，缺乏感情，没有活力。因此，各种社会问题不断加剧，传统观念处于崩溃的边缘，人们的思想处于混乱和不安之中，因此，美国正处于一个十字路口，结果之一是，虽然科学技术高度发达，物质财富十分充分，但人却被机械化了，或者说被异化了；其二，社会变得充分人道化，科学技术为人服务，人变成了自然的人。弗洛姆认为，第二条路是美国摆脱困境的希望之路。

《占有还是存在》写于1976年，是弗洛姆晚年的一部重要著作。本书中，弗洛姆首先分析了人类的两种不同的生存方式：占有和存在。以占有的生存方式生存的人试图把一切据为己有，包括人甚至自我，把这些都变成自己的财产，这样，一切关系都变成了物与物的关系。另外一种是存在的生存方式，以这种方式生存的人不为他的拥有或占有而生存，他是独立的，具有创造性、主动性和批判性，充满爱，富于牺牲精神。弗洛姆认为这样生存的人才是人的真实的存在。最后，弗洛姆还用本书三分之一的篇幅继续探讨了在《健全的社会》和《希望的革命》中所提出的问题，即有关当今社会的危机及其解救之路。弗洛姆认为，"社会的变革与社会性格的改变之间有一种交换作用；……一个新社会只有通过人心的彻底转变才能产生"①。

通过以上对弗洛姆的几部代表作的简要介绍，我们能初步了解他融合弗洛伊德的精神分析学说和马克思的社会历史方法，对人进行的剖析，特别是精神方面的剖析；同时弗洛姆非常关注社会问题，把对人的探讨置于社会这个整体之中，分析二者之间的关系，并为拯救人

---

① 〔美〕埃里希·弗洛姆：《占有或存在——一个新型社会的心灵基础》，杨慧译，北京，国际文化出版公司，1989年，第1版，第119页。

类、医治社会病态提出自己独特的处方，试图为人类的生存和发展寻找一条人道主义之路。这些代表性的著作同时也勾勒了弗洛姆的人学思想体系的脉络，在此，可以把它们分为三类：一是对病态社会及生活在病态社会中人的状况的描述，如《逃避自由》及《在幻想锁链的彼岸》等；二是对人作出彻底的分析，找出病根，以便对症下药，如《寻找自我》；三是解决问题的方法或者拯救人的途径，如《健全的社会》、《爱的艺术》、《希望的革命》、《占有还是存在》等。当然，有时，弗洛姆的某些著作并不单纯谈到或涉及以上三个方面中的某一个，这也是可以理解的，正如他自己在《寻找自我》的序言中所表达的那样，有的书可能重复已阐述过的一些观点，这也在所难免。我们仍然可以按照上面三个方面或层次去论述或建构他的人学思想体系，这是本书重要的目标之一。

二、正统的犹太教家庭背景

为了更好地理解弗洛姆的人学思想，我们有必要关注他的家庭背景。弗洛姆父系和母系的祖先有很多是犹太教士，父母也笃信犹太教，作为家中的独子，弗洛姆深受犹太教传统的影响。其父名叫纳夫塔里·弗洛姆（Naphtali Fromm），是一位酒商，渴望犹太教教士的生活，思想保守，但性情急躁、喜怒无常，对待儿子疏远冷淡。其母卢莎·弗洛姆（Rosa Fromm）情绪低落、郁郁寡欢，却非常溺爱儿子。父亲希望儿子长大后成为一个学者或犹太教士，母亲则盼望儿子能成为一名钢琴家或作曲家。在这样的家庭环境中长大的弗洛姆，从小就养成孤僻的性格，"于是我就变成了一个很孤独的孩子。我一直期待着什么东西能把我从这种孤独中拯救出来"①，也正是弗洛姆的这种孤僻性格和对人类的好奇心使他日后对研究和剖析人性产生兴趣，"使我对人类行为的奇特而又神秘的原因发生了兴趣"②，并渴望一个充满爱的、健全的社会。

弗洛姆12岁那年发生的一件事对他影响深刻，他后来熟读弗洛伊德的作品，目的就是想从中找到"能解释我开始成熟为青年时所经历的困

---

① 〔美〕埃里希·弗洛姆：《弗洛姆文集》，冯川等译，北京，改革出版社，1997年，第1版，第563页。

② Erich Fromm, *Beyond the Chains of Illusion: My Encounter with Marx and Freud*, New York: Simon & Schuster, 1962, pp. 3–4.

惑和恐惧的答案"①。事情是这样的：弗洛姆认识一位年轻漂亮的女子，她是弗洛姆家的朋友，年龄 25 岁左右，这位女子是个画家，她不仅美貌，且充满魅力。令童年的弗洛姆迷惑不解的是，这位女子订婚后不久就解除了婚约，却一直陪伴着她那位丧偶的父亲。在弗洛姆眼里，这位父亲其貌不扬，毫无吸引人的地方。更令弗洛姆不可思议的是，这位父亲去世不久，这位女子也自杀了，并留下遗嘱，希望把她和父亲合葬在一起。弗洛姆亲身经历的这个事件一直萦绕在他的心头，当时他并不知道恋父/母情结一说，直到上大学后接触到弗洛伊德的理论，才逐渐解开了他心中的谜团。生活中的这一特殊经历把弗洛姆引向了弗洛伊德及其精神分析学说。

在弗洛姆的童年时代，犹太教的《旧约全书》里的故事给他以深刻的影响。"生长在一个笃信基督教的家庭，旧约故事叩响了我的心弦，它比我所接触到的任何事物都更使我激动"②。但并不是《旧约全书》上所有的故事都吸引童年的弗洛姆。事实上，作为一个犹太人的儿子，弗洛姆知晓一些反犹主义（anti-semitism）的事件，同时，一个性情孤僻的孩子极力想克服心中的孤独感，而宗派斗争和种族冲突阻碍了人与人之间的情感交流，会使孤僻的人感觉愈加孤独，童年的他就渴望一个没有战争、各族人民和平相处的美好世界，因此，弗洛姆希望生活在一个像《旧约全书》里的预言家所预言的那个"世界末日"——各族人民都放下武器，不再相互残杀，没有战争。从弗洛姆的理论体系中我们可以看到这个试图解救异化了的现代人的影子，那就是弗洛姆本人。

三、动荡的社会环境

弗洛姆人学思想体系的产生与他所生活的那个时代有着必然的联系。第一次世界大战爆发时，弗洛姆正处于青少年时期。战争使弗洛姆的思想更加成熟，战争促使他不断思索，不断探索人性和社会，"这种探索使他后来接受马克思的学说并成长为一位研究现代人与现代资本主义社会

---

① Erich Fromm, *Beyond the Chains of Illusion: My Encounter with Marx and Freud*, New York: Simon & Schuster, 1962, p. 4.
② 〔美〕埃里希·弗洛姆：《在幻想锁链的彼岸——我所理解的马克思和弗洛伊德》，张燕译，长沙，湖南人民出版社，1986 年，第 1 版，第 3 页。

的思想家"①。弗洛姆说过,"如果没有发生第一次世界大战,也许以前所有人生经历都不会如此深刻而持久地影响我,正是第一次世界大战,而不是其他事情决定了我的成长道路"②。

  1914年夏,弗洛姆14岁,他正在上中学,"一战"爆发。战争初期,弗洛姆与其他许许多多德国人一样,对战争不太关心,不为战争的残酷无情而感到震动,相反,把战争看成只是一阵骚动,德军的胜利带给他们喜悦,他们甚至认为只有战争才能结束所有的战争,战争给人类带来和平。但不久,弗洛姆开始思索有关战争的问题,这是因为一些人对战争格外期待,战争爆发后,他们非常兴奋,其中就有弗洛姆的一位拉丁文老师。弗洛姆想,"一个似乎一向如此真诚地关心维持和平的人怎么可能现在一遇到战争就如此欣喜若狂呢?"③ 弗洛姆很难相信战争能维持和平,他开始困惑。随着战争的深入,整个德国都变得疯狂起来,他们仇视英国,在德国人眼里英国士兵残酷无耻,而德国士兵则是无辜的、值得信赖的英雄。但在那个歇斯底里的德国,还是有人理智地观察全局,弗洛姆的一位英文老师就坚信英国最终会取得这次战争的胜利,他说:"别自欺欺人了;英国从来都不会打败仗的!"④ 那位老师对战争的态度和预测与绝大多数头脑膨胀的德国人决然相反,这又使年少的弗洛姆陷入了思索:举国上下的德国人的疯狂是如何形成的呢?慢慢地,弗洛姆的困惑越来越多,但他也渐渐明白了一些问题,德国政府和新闻界把这场战争说成是邻国强加给德国人民的,是一场为争取自由的战争,弗洛姆开始怀疑这样的宣传,他逐渐认识到这并不是事实。战争不断扩大,各国士兵相互残杀,越来越多的人在战争中死去,但战争的挑起者却声明自己的清白和无辜,他们装腔作势地主张和平。这一切使弗洛姆越加迫切地去解开这样一个谜团:战争是恐怖无情的,战争中士兵们杀害了对方和大量无辜的人,或者他们自己被杀,其家人、朋友为此感到无比

---

  ① 郭永玉:《孤立无援的现代人——弗洛姆的人本精神分析》,武汉,湖北教育出版社,1999年,第1版,第5页。
  ② Erich Fromm, *Beyond the Chains of Illusion: My Encounter with Marx and Freud*, New York: Simon & Schuster, 1962, pp. 5-6.
  ③ 〔美〕埃里希·弗洛姆:《在幻想锁链的彼岸——我所理解的马克思和弗洛伊德》,张燕译,长沙,湖南人民出版社,1986年,第1版,第4页。
  ④ Erich Fromm, *Beyond the Chains of Illusion: My Encounter with Marx and Freud*, New York: Simon & Schuster, 1962, p. 7.

痛苦，他们到底怀着什么样的目的去参加战争？人人都不希望战争，都渴望和平，战争是如何开始和持续的呢？

第一次世界大战持续四年后结束，战争在弗洛姆的生活经历中烙下了深深的印记，弗洛姆渴望世界从此和平，但他还是想弄清楚热爱和平的人们却去参加战争的那些非理性因素，同时，他也从此怀疑一切，特别是"一切官方的意识形态和声明"①。怀疑一切是弗洛姆现实批判理论的特质之一。

"一战"刚刚结束后，共产国际（第三国际）于 1919 年在莫斯科成立，那时俄国无产阶级革命已经成功，建立了苏维埃政府。世界人民又开始了美好的幻想，人们相信和平与理性的新时代即将到来，资本主义国家的人们也深信资本主义社会将更加繁荣。但 20 世纪 20 年代末 30 年代初，席卷整个资本主义社会的经济危机及随后的经济大萧条，粉碎了人们的梦想，纳粹的残酷、非理性的恐怖统治也在德国开始，接着第二次世界大战爆发。"二战"中，更多的无辜生命消亡了，更多的人陷入深深的痛苦之中，成熟的弗洛姆也从中更清楚地看到了人性中的某些阴暗面，如一些人为了达到其政治目的，不惜耗费大量的人力物力展开军备竞赛，发动战争，甚至使用核武器，去毁灭无数生命，因此，世界和平的梦想乃至人类的存在始终只能处于各种威胁之中。为此，弗洛姆极力呼吁世界和平，还提出了自己的和平计划②，他还系统性地研究人的破坏性③。于是，关注人性、关注社会、关注人类和世界的未来成了弗洛姆日后的研究方向，"我对这些有关个人和社会现象的问题深感困惑，我渴望获得这些问题的答案"④。

正是弗洛姆的家庭背景和他青少年时代的亲身经历把他引向弗洛伊德和马克思的学说，也正是他一生所经历的战争、世界的经济、人类的现实生存等问题促使渐渐成熟的弗洛姆去思考和探索，并在不断

---

① 〔美〕埃里希·弗洛姆：《在幻想锁链的彼岸——我所理解的马克思和弗洛伊德》，张燕译，长沙，湖南人民出版社，1986 年，第 1 版，第 7 页。
② 参见弗洛姆的 *May Man Prevail? An Inquiry into the Facts and Fictions of Foreign Policy*, New York: Doubleday & Co., 1961。
③ 参见弗洛姆的 *The Anatomy of Human Destructiveness*, New York: Holt, Rinehart and Winston, 1973。
④ Erich Fromm, *Beyond the Chains of Illusion: My Encounter with Marx and Freud*, New York: Simon & Schuster, 1962, p. 9.

的研究和思索中创建了自己关于人的学说——弗洛姆的人学理论，从而为我们从一个新的角度了解人开辟了道路，也为我们更好地解读人性，如解读文学艺术作品中人物的人性、解读作家的人性点亮了又一盏灯。

四、弗洛姆人学理论资源概述①

纵观弗洛姆人学理论的来源，我们从他的生活及学术经历、家庭背景、社会环境中，可以追溯到如同他复杂而多变的一生那样的多元的理论资源。

第一，犹太教的家庭背景。犹太教的教义以及深受其影响的家庭传统在幼年的弗洛姆心里烙下了永久的印迹，这些对弗洛姆的成长和其思想体系的形成具有较大影响。幼时的孤单和那时养成的孤独性格、犹太先知的故事等，都与弗洛姆后来对人要极力摆脱孤独和恐惧的观点和他对世界和平的追求有着千丝万缕的联系，从弗洛姆幼年开始，这些对他的思想起着潜移默化的作用。

第二，弗洛伊德主义学说。毋庸置疑，弗洛伊德的精神分析学说以及他的后继者的一些理论，对弗洛姆富于浓厚心理学色彩的人学思想的形成有着直接关系，弗洛姆的理论也是从认识弗洛伊德的精神分析学说开始的。关于这一点我们在后面详细论述。

第三，马克思的理论。马克思在弗洛姆心目中的地位极其重要。弗洛姆认为马克思是一位"具有世界历史意义的人物"②，弗洛伊德无法与其相提并论。马克思当然也对弗洛姆的思想产生了巨大影响，如弗洛姆对资本主义社会及生活在其中的人的异化的分析，就是很大程度上运用了马克思的异化思想。同时，他在设想社会变革中的经济变革时，推崇一种公有制的经济模式，这与马克思的消灭私有制理论有着不可分割的联系，只是弗洛姆宣扬的是一种人道主义的公有制。马克思的理论对弗洛姆的影响还有很多，我们在后面的论述中还会提及。

第四，巴霍芬的母权制思想。巴霍芬的母权论同样对弗洛姆产生过

---

① 参见 Bernard Landis and Edward S. Tauber, eds., *In the Name of Life—Essays in Honor of Erich Fromm*, New York: Holt, Rinehart and Winston, 1971, pp. x – xii.

② 〔美〕埃里希·弗洛姆：《在幻想锁链的彼岸——我所理解的马克思和弗洛伊德》，张燕译，长沙，湖南人民出版社，1986年，第1版，第10页。

影响，弗洛姆还为此写过几篇文章，介绍巴霍芬的母权理论①，还论及巴霍芬的母权理论当今的现代意义②。弗洛姆从巴霍芬的母权，谈到两性区别、性别与性格，以及爱等问题。谈到父权、母权问题时，在一次接受意大利的一家杂志采访时，他说，"一个社会阶级、民族或性别对另一方的统治不可能不导致被压迫和剥削的一方不自觉的反叛、愤怒、憎恨和复仇的愿望"③。弗洛姆认为，人的生命过程中对母亲的依恋，在弗洛伊德那里是一种消极的、病态的表现，是一种乱伦的欲望的表现，然而，从巴霍芬的《母权》（Mother Right）中，弗洛姆看到了其中积极的一面，并在他的母爱、以及母爱与父爱区别等理论中得到阐释和运用，"母爱并不仅仅是更温柔，它也更广泛、更普遍……母爱的原则是普遍共存的，而父权制的原则却是有局限性的……"④ 这些思考和想法在他的《爱的艺术》中得到了系统的理论体现。

第五，佛教禅宗。1926 年，弗洛姆开始接触佛学思想，并与日本禅学大师铃木大拙（Daisetz Suzuki，1870~1966）及其学生马蒂诺合著了《禅宗与精神分析》。禅宗是来自东方（中国）的宗教，精神分析是源自西方的理论，禅宗的"明心见性"的宗旨与弗洛伊德的性恶论相碰撞，在弗洛姆这里激起智慧的火花，弗洛姆把禅宗里面的"顿悟"思想用来超越弗洛伊德的精神分析学说中的性恶思想。禅的本质是"洞察人生命本性的艺术，它指出从奴役到自由的道路……可以说，禅把蓄积于我们每个人身上的所有能量完全而自然地释放出来，这些能量在通常环境中受到压抑和扭曲，以致找不到适当的活动渠道……因此，禅的目标乃是使我们免于疯狂或畸形。这就是我所说的自由，即把所有蕴藏在我们心

---

① 该论文名为"The Theory of Mother Right and Its Relevance for Social Psychology"，在 Rainer Funk 编辑的 Love, Sexuality and Matriarchy: About Gender（见该书第 19~45 页，Fromm International Publishing Corporation1997 出版）及 Holt, Rinehart and Winston, Inc 1970 年出版的 The Crisis of Psychoanalysis: Essays on Freud, Marx and Social Psychology（见该书第 109~135 页）中均有收录。

② 见弗洛姆论文集 The Crisis of Psychoanalysis: Essays on Freud, Marx and Social Psychology，Holt, Rinehart and Winston, Inc., 1970, pp. 101-107。

③ Erich Fromm, Love, Sexuality and Matriarchy: About Gender, ed. by Rainer Funk, New York: Fromm International Publishing Corporation, 1997, p. v.

④ 〔美〕埃里希·弗洛姆：《被遗忘的语言——梦、童话和神话分析导论》，郭乙瑶、宋晓萍译，北京，国际文化出版公司，2001 年，第 1 版，第 151 页。

中的创造性的与仁慈的冲动都自由发挥出来"①。弗洛姆从禅宗里面看到释放人被压抑的创造性的途径，通过禅宗思想，让人平静下来，消除人的自私、贪婪、冷漠、焦虑和恐惧，避免人的疯狂或畸形，使人在解压和发挥创造性的同时，更客观地认识自我，从而享受一种"开悟"的心理体验，得到快乐和爱。可以说，禅宗对弗洛姆的革命构想起到了重要的启迪作用。

第六，存在主义哲学。弗洛姆早年学过哲学，师从著名的存在主义哲学家雅斯贝尔斯（Karl Jaspers，1883~1969）。存在主义的中心问题是人的存在，强调个体存在的偶然性，弗洛姆的理论中对人的孤独感、无能为力感的阐释与存在主义的思想有着极大的相关性；弗洛姆在《人心》一书中还给"自由"作出了一个存在主义哲学意义上的定义。可见，弗洛姆的人学思想中还留有存在主义哲学的痕迹，"鉴于弗洛姆思想中有着深刻的存在主义烙印，难怪国外有的学者也称他为'存在主义者'"②。

第七，剧烈多变的社会。弗洛姆的一生是经过大风大浪的一生，复杂而突变的世界让他不得不目睹和亲历这些剧烈变化，并在内心泛起种种忧虑和渴望。第一次世界大战爆发时弗洛姆才14岁，战争给这个勤于思考的心灵以许多关于人的疑虑和反思，"对1914年以后出生的人来说，要体会这次世界大战把西方文明的基础摧毁到了何种程度是很困难的"③。20世纪20年代末开始的经济大萧条使弗洛姆认识到资本主义的无能和资本主义体制的不可靠性，也激发了他后来对资本主义社会的深刻批判。他从随后的以法西斯主义和纳粹统治为代表的极权主义中看到了人性的不健全。第二次世界大战所带来的数千万生命的陨灭，让弗洛姆感到生命在政治面前显得多么苍白无力，人道在一些人的眼里是多么廉价，相反，野蛮和凶残代替了人的理性，"对人的生命无差别的毁灭成了达到政治目的的一种合法手段。野蛮化的进程起着一定的作用，每一方都使另一方更野蛮，其遵循的逻辑是：'如果他不人道，我也必须

---

① 〔美〕埃里希·弗洛姆、〔日〕铃木大拙、〔美〕马蒂诺：《禅宗与精神分析》，王雷泉、冯川译，贵阳，贵州人民出版社，1998年，第1版，第137页。
② 张伟：《弗洛姆思想研究》，重庆，重庆出版社，1996年，第1版，第15~16页。
③ Erich Fromm, *Beyond the Chains of Illusion: My Encounter with Marx and Freud*, New York: Simon & Schuster, 1962, p. 163.

（而且也能做到）没有人道'"①。战争还使他认识到自己对建立世界新秩序与保持和平的渴望。冷战时期的军备竞赛和巨额军费的开支，一方面使弗洛姆对人类的未来产生忧虑，另一方面也促成他对社会变革中的经济改革的设想，他奢望这些巨额军费能用于普及人们的生活保障，从而使人拥有选择工作和生活的自由。

第八，当时的学术氛围，特别是社会科学方面的突飞猛进。比如在法国，被称为"社会学之父"的奥古斯特·孔德（Auguste François Comte，1798~1857）开创了社会学这一学科领域；在英国，被称为"社会达尔文主义之父"的赫伯特·斯宾塞（Herbert Spencer，1820~1903）提出把达尔文的适者生存进化理论应用于社会学上的理论；在德国，有上文提到的马克思等，他们在当时都声名显赫、影响深远，这些人所提出的理论都有一个共同的特征，那就是不同学科之间理论和方法上的融合，弗洛姆也许从中受到了某种启迪，从而把弗洛伊德与马克思的这两种看似相去甚远的理论结合在一起，把心理学与社会学融合起来。"也许要想了解弗洛姆在那个年代学到了什么，最好的办法是把20世纪20年代初期学术领域的突破作一个简单的梳理，尤其要看看社会科学方面的发展对他的强烈冲击"②。

最后，法兰克福学派的社会批判的精神和霍妮所开创的精神分析的社会文化学派在理论定位和目标定位上对弗洛姆的社会批判理论有着不可否认的影响。

复杂的理论资源也导致了弗洛姆的理论体系的庞杂性，但对人的关注始终是他理论走向的主线，无论是生活与学术经历，还是家庭背景，抑或社会环境，都对弗洛姆的人学思想产生了积极影响，都促成了他的人学思想体系的建立。虽然弗洛姆的理论资源非常广泛，但鉴于他的人学思想体系的特点和写作本书的初衷，我们重点论述弗洛伊德主义（重点是弗洛伊德）和马克思主义（尤其是马克思）对弗洛姆人学思想的重要影响，并把他人学理论的多个点和面演绎到义学研究的不同层面上。

---

① 〔美〕埃里希·弗洛姆：《在幻想锁链的彼岸——我所理解的马克思和弗洛伊德》，张燕译，长沙，湖南人民出版社，1986年，第1版，第173页。
② Don Hausdorff, *Twayne's United States Authors Series: Erich Fromm*, ed. by Sylvia E. Bowman, New York: Twayne Publishers, Inc, 1972, p. 14.

第二节　弗洛姆与弗洛伊德主义

由奥地利著名精神病医生、心理学家西格蒙德·弗洛伊德创立的精神分析学与一般的心理学大不相同，通常的心理学讨论一般人的心理、意识等认识过程，而弗洛伊德的精神分析学探讨的却是人的无意识。无意识这一概念在弗洛伊德所创立的精神分析学中占有绝对重要的地位，它是精神分析学说的理论基石，因此弗洛伊德创立的精神分析学说是西方现代心理学中一个非常独特的心理学学派。"在一百多年的历史演变之中，其他学派思想各有兴衰沉浮，唯独弗洛伊德的思想屹立不动。究其原因首在……在理论观念上不断修正发展，使弗洛伊德精神分析在学理上更加完善，在影响上更加深入人心；其二在于这种心理学思想对人性本质做了深入探究，提出了以情欲为核心的无意识控制人的行为的基本看法，使人类自诩为理性动物的形象遭受重大冲击。此精神分析理论影响到人类文化各个领域……无论科学、医学、文学、艺术、哲学、宗教与文化教育等方面都有无限蕴涵有待探究、挖掘，且难于穷尽"①。在说明弗洛姆的理论与弗洛伊德主义的关系之前，我们把弗洛伊德精神分析学说作一个简短的梳理。

一、弗洛伊德精神分析学概述

过人的聪慧、敏锐的观察、大胆的猜测、勤奋的思考、实践的佐证以及理论的不断总结，使弗洛伊德在自己多年医学临床实践的基础上，逐渐形成了自己的心理学理论，进而扩展到各个领域，成为影响整个西方文化思想的一种精神分析学说，亦称古典精神分析（classical psychoanalysis）或正统精神分析（orthodox psychoanalysis）。

弗洛伊德的古典精神分析学说主要由三大部分组成：第一，心理结构说。弗洛伊德认为，人的心理结构由意识（conscious）、前意识（preconscious）、无意识（unconscious）（亦译作潜意识）构成。意识是人的心理过程中认识自己和其他人及事物的心理部分；无意识是隐藏较深、不能被人意识到的心理部分，它是人的精神活动的深层基础，主要包括

---

① 沈德灿：《精神分析心理学·自序》，杭州，浙江教育出版社，2005年，第1版，第xiii页。

人的原始本能冲动（其中最根本的是性欲冲动，即性力，又称力比多——libido）及成长过程中被压抑的原始欲望，因不被社会规范、法律、道德等因素允许而压抑在心理深处的无意识，总想寻找发泄的方式，使之得到满足，无意识对人的整个精神活动乃至人的全部行为起决定作用；处于意识和无意识之间的心理部分属于前意识，在适当的条件下，它可能成为意识或无意识的一部分。第二，人格结构说。基于心理结构理论，弗洛伊德认为人格由本我（id）、自我（ego）和超我（superego）三部分构成。本我处于人格结构中的最深层，由人的本能和欲望组成。本我遵循快乐原则（pleasure principle）；自我处于本我和外部世界之间，它遵循现实原则（reality principle），它代表理性和判断，旨在根据现实来调节本我和自我之间的矛盾，一方面，自我要满足本我的要求，使其愿望得到实现和满足，另一方面，这种实现必须符合现实和社会理性、道德、法律等方面的原则、要求和规范；超我是社会规范等在人的成长过程中内化到人格中的部分，如良心、道德、理想等，超我遵循完美原则（perfection principle）。本我、自我、超我之间的关系是：超我力图阻止或延迟本我得到满足，自我在接受超我监督的同时尽力使本我得到满足。第三，心理动力说。弗洛伊德认为，人的行为的动机是无意识的本能。一旦本能紧张了，它就迫使人去行动，去消除这种紧张。弗洛伊德后来把本能分为生本能（eros或life instinct）和死本能（thanatos或death instinct）两种。生本能包括饥饿、性欲等表现，它的目的是保存自我及种族的繁衍；死本能包括憎恨、破坏、攻击等力量，"它的任务是把有机的生命带回到无机物状态"①。弗洛伊德还认为，在生本能中，最重要的是性本能（erotic instinct），性本能的表现包括性行为及各种追求快乐的行为，其行为背后的驱使力就是力比多，它为各种本能冲动和欲望提供力量，因此，是人的整个精神活动的基础和源泉。人从出生就可以发现力比多的存在，并慢慢发展，直至成熟，弗洛伊德把这个发展过程分为五个阶段：口唇期（oral stage）、肛门期（anal stage）、性器期（phallic stage）、潜伏期（latency stage）、两性期／生殖期（genital stage）。② 在力

---

① 〔奥〕西格蒙德·弗洛伊德：《弗洛伊德心理哲学》，杨韶刚等译，北京，九州出版社，2007年，第1版，第31页。

② 弗洛伊德还依据力比多的不同发展时期建构了他的性格理论，这一理论在后面有所阐释。

比多的发展过程中会出现恋母情结（Oedipus complex）、恋父情结（Electra complex）、自恋（narcissism）、移情（transference）、升华（sublimation）等现象，它们是由于力比多的不同指向造成的：其指向分别为母亲、父亲、自己、医生、科学和艺术。

弗洛伊德最大的贡献在于他的无意识理论，他的无意识理论对研究个体认知和社会的形成与发展具有重要意义；在无意识理论基础上提出的人格结构理论第一次系统地论述了人格的构成；他强调人格发展的内部因素（他认为来自人本身的力比多是人格发展的决定因素）和儿童期的经历对人格发展的作用，这也为我们从人本身去理解人格的发展开辟了一条新思路。弗洛伊德的精神分析理论是心理学界的一次革命，它对其他许多领域的理论和实践起着广泛影响，"凡是用弗洛伊德所提供的理论对某一既定领域进行考察和研究时，必然会形成新的见解和观点，而这种新的见解和观点，就可能使这一领域的发展出现新的希望"①。

弗洛伊德的经典精神分析学说影响和吸引着无数读者和学者，其中一些人在各自理解弗洛伊德经典精神分析理论的基础上，结合自己的兴趣和研究领域，使之向不同方向延伸和发展，构成了弗洛伊德主义。

1939年，精神分析的创始人弗洛伊德去世后，他的追随者开始纷纷对他的古典精神分析学说进行更为大胆的拓展和修订，新精神分析学派（neo-psychoanalytic school）自此应运而生，该派又被称为新弗洛伊德学派（neo-Freudianism）。"广义而言，凡是在一些基本概念、原则和方法方面并没有脱离弗洛伊德的体系，而同时又对古典（正统）弗洛伊德主义有所变通、修正和扩充的理论，均属于新弗洛伊德主义的范畴"②。继阿德勒和荣格之后，在欧洲一些人也修正弗洛伊德的观点和学说。1930年之后，由于法西斯统治的开始，他们被迫纷纷离开欧洲，来到美国，成立新精神分析学派。他们继续沿用弗洛伊德精神分析的一些概念、术语等，但他们的理论开始向社会文化因素转化，"主张改用社会学的观点去探索精神现象，注重文化、社会条件、人际关系、个人与社会的关系等因素对心理的形成及发展的影响"③，故又称社会文化学派（sociocultural school）。狭义而言，美国的社会文化学派才是新弗洛伊德主义的特有范

---

① 沈德灿：《精神分析心理学》，杭州，浙江教育出版社，2005年，第1版，第144页。
② 沈德灿：《精神分析心理学》，杭州，浙江教育出版社，2005年，第1版，第325页。
③ 沈德灿：《精神分析心理学》，杭州，浙江教育出版社，2005年，第1版，第328页。

畴。因此，以上所谈到的阿德勒的个体心理学和荣格的分析心理学只是古典弗洛伊德主义向新弗洛伊德主义的过渡和中介，它们既不属于古典弗洛伊德主义，也不属于新弗洛伊德主义。

新弗洛伊德学派成员所注重的领域或接受的影响各不相同，因此，他们的弗洛伊德主义理论也各有特点。如霍妮融合社会学的思想成分较多，赖希（(Wilhelm Reich, 1897~1957) 受马克思主义的影响，马尔库塞是哲学科班出身，弗洛姆则受多种人文学科的影响。可见，精神分析这一流派研究的重点，从弗洛伊德的古典精神分析所强调的人自身的内部因素，逐渐转向新弗洛伊德主义强调的社会、文化等多种外部因素对人格的形成和发展的影响，出现"内转外"的趋势，这种转变与当时的社会、经济、政治等背景密切相关。新弗洛伊德主义的特点有：第一，重视自我，把自我看成是人格中更为独立的部分。第二，强调社会和文化因素对心理和行为的影响，如对人格的形成和发展的影响。第三，重视个体早期经验，如家庭环境和童年经历对人格发展的影响。第四，主张性善论。弗洛伊德的理论与此相反，他主张性恶论，认为无意识或本能中充斥着各种罪恶的欲望。第五，吸收其他各种领域的理论或研究方法。

新弗洛伊德主义的代表人物众多，除弗洛姆之外，还有霍妮、沙利文 (Harry Stack Sullivan, 1892~1949)、卡丁纳（Abram Kardiner, 1891~1981)、埃里克森（Erik H. Erikson, 1902~1994)、赖希、马尔库塞等。他们都不同程度地继承和修正了弗洛伊德的理论，但"在法兰克福学派中，对弗洛伊德的学说进行重新解释和修正作出突出贡献的是弗洛姆"①，他是集各家学派理论的大成者，特别是在综合弗洛伊德主义和马克思主义方面有其独到之处。

二、弗洛姆人学思想对弗洛伊德精神分析学的继承

弗洛伊德的精神分析理论对弗洛姆人学思想的影响最为深刻，弗洛姆是弗洛伊德精神分析学说的忠实追随者，虽然有的观点与弗洛伊德的观点相去甚远，"然而我的观点还是从他的主要发现发展而来，并且还受到弗洛伊德的追随者们的观点和经验上的影响"②。所以，马尔库塞"把

---

① 欧力同、张伟：《法兰克福学派研究》，重庆，重庆出版社，1990年，第1版，第190页。

② Erich Fromm, *The Sane Society*, London: New York: Routledge, 1991, Foreword, p. xi.

弗洛姆置于'新弗洛伊德修正主义'这一范畴的中心"①，还有人说，"可以在弗洛姆把社会心理学与心理分析相联系的努力中找到他方法论的源头"②。在这里，我们还需梳理一下，弗洛姆的人学思想主要从哪些方面继承了弗洛伊德主义观点和理论，以便更清楚地了解弗洛姆思想的渊源及其思想理论的特征和本质。

  弗洛姆人学思想整体上呈现弗洛伊德精神分析学说的心理学和生物学色彩。弗洛伊德的精神分析学说具有强烈的心理学和生物学倾向。在弗洛伊德看来，性的本能冲动，是个体心理的原动力，是一切行动的内在原因，本能的性冲动贯穿于弗洛伊德精神分析学。虽然弗洛伊德也研究个体之外的因素对人的心理影响，如家庭、社会、文化、伦理道德、宗教，以及人的童年经验的作用，但他对这些因素的研究都是围绕人的本能欲望，特别是性的欲望进行的，他研究这些因素的最终目的是对个体进行生物学层面的心理分析，因此他只是关注这些因素对本能产生的压抑作用，并没有强调这些因素对人的心理活动的真正作用，没有更多地从社会、历史、文化、意识形态等层面研究人格的形成机制和过程。弗洛姆把弗洛伊德的精神分析学说对人的心理活动的研究，扩展到社会对个人产生影响的层面，他强调经济、政治、文化等社会因素对个体的心理作用，从而突出了精神病学的社会因素。即使弗洛姆把马克思的社会学和历史观引入到精神分析学中来，我们还是可以清楚地认识到，他从弗洛伊德那里继承的心理学和生物学这一研究范畴和方法。弗洛姆通过研究人的性格、人的无意识、人的本能、移情、自恋等心理学和生物学范畴来构建他自己的思想体系，他只是在弗洛伊德的心理学和生物学的基础上，引入了社会和历史的因素，把作为充满本能欲望的生物个体的人，置于社会和历史背景中进行研究，在研究社会的同时研究人的心理，或者说，在研究作为生物个体的人的同时关注社会，尤其是研究一定社会和历史条件对人心理的影响。可见，弗洛姆研究这些因素的最终目标还是研究人的心理。因此，从某种程度上来说，弗洛姆的理论本质是心理学。没有弗洛伊德的心理学和生物学层面的精神分析学理论，就

---

  ① Guyton B. Hammond, *Man in Estrangement: A Comparison of the Thought of Paul Tillich and Erich Fromm*, Nashville: Vanderbilt University Press, 1965, p. 24.
  ② Guyton B. Hammond, *Man in Estrangement: A Comparison of the Thought of Paul Tillich and Erich Fromm*, Nashville: Vanderbilt University Press, 1965, p. 25.

没有弗洛姆的人学思想。

弗洛姆对弗洛伊德精神分析学理论的继承当推"无意识"理论。弗洛姆认为,弗洛伊德的学说中最伟大的发现是无意识,"在弗洛伊德的所有发现中,无意识的发现最为根本"①。为此,在他的心目中,弗洛伊德是一门真正的科学心理学的创始人,他的无意识理论是对人的科学的独特贡献。弗洛姆在构建自己的人学思想过程中,继承了弗洛伊德的无意识理论,他的人学体系渗透着弗洛伊德的这一理论。如弗洛姆的社会无意识理论与弗洛伊德的无意识理论联系紧密,可以说,弗洛姆的社会无意识理论是对弗洛伊德的无意识理论的继承和发展。"弗洛伊德所说的'个人的无意识'乃是指由个人的生活状况所特有的处境而造成的对人压抑的内容。当弗洛伊德谈到对乱伦的欲望的压抑是一切文明特点的时候,弗洛伊德在某种程度上也论述了'社会的无意识'"②。弗洛伊德开创性地研究了无意识,其后荣格提出了"集体无意识"的概念,弗洛姆则在二者的基础上提出"社会无意识"这一理论。弗洛伊德的个体无意识是指被压抑在个人心理中的没有意识到的内容;荣格的集体无意识是指人类在种族演化进程中来自遗传的普遍存在的原始意象(原型);弗洛姆则认为,在一些规则或标准的衡量和约束下,一定社会的大多数成员共同拥有一个被压抑的领域,这就是社会无意识。弗洛伊德从个体心理被压抑的角度阐释无意识这一领域,荣格从种族演化和遗传的角度更深入地研究无意识,而弗洛姆的研究则融入了社会和历史因素,具有社会文化和意识形态特征,甚至带有政治色彩,弗洛姆的这一概念大大提升了无意识这一概念的理论高度,是弗洛姆理论特色的最好表征之一。在研究文学作品时,我们可以运用弗洛伊德的理论来解读作品,"当我们用心理分析的理论阅读时……我们可以重点看看恋母情结或者家庭动力学大体上在作品中是如何表征的,关于人与死亡或性的心理关系在作品中是如何体现的……"③我们还可以运用心理学的一些重要概念,比如压抑、防御等来解读文学作品。可以看出,所有这些解读都指向生物或心

---

① Erich Fromm, *Beyond the Chains of Illusion: My Encounter with Marx and Freud*, New York: Simon & Schuster, 1962, p. 89.
② 〔美〕埃里希·弗洛姆:《在幻想锁链的彼岸——我所理解的马克思和弗洛伊德》,张燕译,长沙,湖南人民出版社,1986年,第1版,第93页。
③ Lois Tyson, *Critical Theory Today—A User-Friendly Guide*, New York and London: Gafland Publishing. Inc, 1999, p. 29.

理机制，它们都是生物学或心理学层面的阅读。由于弗洛姆的理论综合了弗洛伊德的心理分析和马克思的社会学学说，融入了社会和历史因素，并带有政治色彩，运用弗洛姆人学中的概念，比如"社会无意识"来解读文学作品，会极大地丰富我们的阅读视角，生产出更富创造性的意义，使文学阅读更具批判性，强化和提升文学创作和文学作品的社会功能。

弗洛姆的性格分析理论也是对弗洛伊德性格理论的发展和应用。"弗洛伊德奠定了性格学说的基础，引起了对其他性格取向形式的发现"①。弗洛伊德把人的性格分成四类：口唇—容纳性格（the oral-receptive character）②、口唇—虐待性格（the oral-sadistic character）、肛门—虐待性格（the anal-sadistic character）③ 以及生殖器性格（the genital character）。弗洛伊德把前三种性格类型看成是性器官成熟前的性格类型，即一个成年人如果还呈现出这些性格特征，就是一种性格固着，是不成熟的，甚至"病态的"，第四种性格类型才是成熟的、充分发展的性格。弗洛姆认为，个人性格是个人经验的产物，是个人在同化④与社会化过程中形成的。弗洛姆把人的性格分成接受型、剥削型、囤积型、市场型和创造型等五类，他还进一步把这五种性格分成创发性和非创发性两大类。同弗洛伊德的性格理论一样，只有最后一种性格类型才是被肯定的，弗洛姆称之为创发性的，其余的都是非创发性的。而且，弗洛姆对性格类型的分类，有的是对弗洛伊德相关概念的借用，如接受型类似弗洛伊德的嘴巴—接受型，囤积型与弗洛伊德的肛门—虐待性格有本质联系，剥削型也与弗洛伊德的口唇—虐待性格密切相关。可见，弗洛姆的性格理论在很大程度上是对弗洛伊德性格理论的借用和改造。

除了上面我们提到的几个方面之外，弗洛姆人学思想还有很多方面都是对弗洛伊德精神分析学的继承，如弗洛姆的释梦理论，以及对恋母情结、移情、自恋等的论述中都可以看到弗洛伊德相关理论的影子。

同样，弗洛姆从其他弗洛伊德主义者的理论中也有所继承和发展。

---

① 〔美〕埃里希·弗洛姆：《弗洛伊德的贡献与局限》，申荷永译，长沙，湖南人民出版社，1986年，第1版，第66页。
② 又称"嘴巴—接受型性格"。
③ 又称"肛门—囤积型性格"。
④ 弗洛姆认为，生活过程中人靠获取和同化事物来与世界发生关系的过程就是同化过程。参见〔美〕埃里希·弗洛姆：《寻找自我》，陈学明译，北京，工人出版社，1988年，第1版，第75页。

对比弗洛姆的"社会无意识"理论与荣格的"集体无意识"理论，我们似乎可以发现，弗洛姆的"社会无意识"理论是在弗洛伊德的无意识理论的基础上，受到荣格的"集体无意识"理论的启发而形成的。弗洛姆的"社会性格"理论，与荣格的人格面具理论和赖希的性格结构理论有几分神似，是对赖希的性格结构理论的功能性发展，因为他们都是为了"填补"马克思主义的理论空白，找到从经济基础到意识形态转变的中介，或者说"生成器"、"转换器"。另外，弗洛姆的《逃避自由》中分析法西斯主义的心理机制与赖希的《法西斯主义的大众心理学》也有着千丝万缕的联系，他们讨论的是同一个话题，运用的都是精神分析的方法，只是赖希通过运用他的"性格盔甲"理论来分析，认为一种"独裁主义性格"的性格盔甲就是法西斯主义的心理基础；而弗洛姆通过运用他的"逃避自由"理论进行分析，认为法西斯主义的猖獗是纳粹利用人的施虐和受虐倾向/冲动和对消极自由的恐惧的结果。赖希的性革命理论，以及马尔库塞的爱欲解放与革命新理论是弗洛姆爱的理论的先驱，它们都是在对现实社会进行批判的基础上提出的拯救之道，都是从精神或心理层面对人进行救赎。霍妮开创的用精神分析理论来研究和分析现实社会的视角也为弗洛姆所沿用，弗洛姆本人就是霍妮开创的精神分析的社会文化学派中的一员。

　　总的来说，弗洛姆是一个杂家，他的人学思想在弗洛伊德的古典精神分析学说的基础上，采众家之"长"，集百家思想和灵感于一身。从弗洛伊德的"无意识"到荣格的"集体无意识"，再到弗洛姆的"社会无意识"；从荣格的"人格面具"到赖希的"性格盔甲"，再到弗洛姆的"社会性格"；从赖希的"性欲论"到马尔库塞的"爱欲论"，再到弗洛姆的"爱的理论"；从赖希开综合弗洛伊德主义和马克思主义之先河，到马尔库塞再到弗洛姆试图"修正"或"发展"这两家学说，并在此基础上形成自己的理论；从弗洛伊德的心理学研究，到阿德勒和荣格注重心理因素研究的同时，添加社会文化因素，最后到霍妮、赖希、马尔库塞、弗洛姆等新弗洛伊德主义者运用精神分析理论对社会现实的研究，我们可以比较清楚地把握弗洛伊德精神分析学的发展趋势，也能初步认识弗洛姆人学思想的理论资源及其特色。当然，弗洛姆对弗洛伊德精神分析学的继承并非是盲目地全盘接受，他很清楚地看到了弗洛伊德的理论中的"不可思议"的地方，"我认为，他关于人类的一半（女性）在生物、解剖以及心理学上是劣于另一半（男性）的观念，除了暴露出他的父权社会大男子主义的态度外，似乎是他思想中唯一的不可救药的念头"①。弗洛姆有着他自己的学术原则，因此其理论也具有自身的鲜明特色，这其中除了弗洛姆的人生阅历和生活经验的结晶之外，比如受到巴霍芬的母权思想的影响，还离不开马克思主义理论，特别是马克思的人学思想，"他年轻时所获得的关于世界和平的预言性想法使他对马克思所弹奏出的相似音符深表赞赏，为此，虽然他仍然信奉弗洛伊德的许多概念，但他开始偏离弗洛伊德思想中不太积极的地方"②。

第三节　弗洛姆与马克思主义人学思想

说弗洛姆与马克思主义人学的关系，其实就是弗洛姆的人学与马克思的人学理论的联系。马克思是一位伟大的思想家、社会学家和革命家，他同样关注人的科学，因为要研究社会和历史就必然会涉及人。社会是由人的相互作用和相互关系构成的，社会是人的社会，历史是人的历史，人是这个社会历史中的主体，历史是人的劳动史和人的自我发展史。对自由、平等、发展和幸福的追求是马克思研究社会和历史的目标，这些也是人学的范畴。马克思的思想理论中包含着人学思想，而且马克思主义人学更关注人的发展问题，"马克思主义人学关注人的生存、存在与本质的关系，但是马克思主义人学与一般人学不同的是，它更关注人的发展"③。在弗洛姆眼里，马克思是一位人道主义者，"对弗洛姆来说，马克思全部著作都包含着人道主义方法"④，他的理论是关于人的问题的学说，他的思想充满了人道主义精神，他的学说是人学，"马克思关于全面阐明完整的、尚未异化的人的理想也正是这一传统的人道主义思想的一部分"⑤。正是在认真阅读和研究马克思著作的过程中，弗洛姆认识到马

---

① 〔美〕埃里希·弗洛姆：《弗洛伊德的贡献与局限》，申荷永译，长沙，湖南人民出版社，1986年，第1版，第10页。

② Martin Jay, *The Dialectical Imagination—A History of the Frankfurt School and the Institute of Social Research 1923 – 1950*, London: Heinemann Educational Books Ltd., 1976, p.90.

③ 谭培文：《马克思主义人学在中国》，北京，人民出版社，2011年，第1版，第32页。

④ Rainer Funk, *Erich Fromm: The Courage to be Human*, New York: The Continuum Publishing Company, 1982, p.206.

⑤ 〔美〕埃里希·弗洛姆：《在幻想锁链的彼岸——我所理解的马克思和弗洛伊德》，张燕译，长沙，湖南人民出版社，1986年，第1版，第26页。

克思对人的本质、人的需要、人的异化、人的自由、人的发展等问题的全面而科学的论述,并受到马克思理论的深刻影响,弗洛姆坚信人的未来是精神健康、社会健全、全面发展的未来。在比较弗洛伊德和马克思关于人的历史这一问题中,弗洛姆看到了马克思对人的未来所持有的坚定的信念。

一、马克思主义人学思想概述

马克思在他的人学思想体系里,对人的本质、人的需要、人的自由、人的发展等问题作了深入分析。马克思关于异化的理论虽然是建立在对劳动异化的分析之上的,但这一理论始终围绕着人的问题进行,对人的异化的分析,其最终目的是要达到人的真正自由、全面的发展。因此,马克思的异化理论是马克思人学思想中不可分割的一部分,也是弗洛姆从马克思的人学思想中继承得最多、最直接的方面之一。弗洛姆的人学理论是将弗洛伊德的精神分析学和马克思主义的综合,特别是他运用马克思的历史和社会学的方法于他的理论体系之中,同时他的人学思想也是从人的本质、人的需要、人的异化、人的自由、人的发展等方面来分析人的问题。为此,我们有必要对马克思关于人的问题的理论和思想作一简述。

(一)人的本质

关于什么是人的本质问题,有很多种看法。马克思对人的本质的认识也有个发展过程。马克思最初认为自由是人的类的本质。他还把人本身看作是人的最高本质。马克思在《〈黑格尔法哲学批判〉导言》中写道:"德国唯一实际可能的解放是以宣布人是人的最高本质这个理论为立足点的解放。在德国,只有同时从对中世纪的部分胜利解放出来,才能从中世纪得到解放。在德国,不摧毁一切奴役制,任何一种奴役制都不可能被摧毁。彻底的德国不从根本上进行革命,就不可能完成革命。德国人的解放就是人的解放。"① 如前所述,马克思认为人的最高本质就是人本身,世界、国家、社会是由人构成的,"人不是抽象的蛰居于世界之外的存在物。人就是人的世界,就是国家,社会"②。在《1844年经济

---

① 《马克思恩格斯选集》第1卷,北京,人民出版社,1995年,第2版,第16页。
② 《马克思恩格斯选集》第1卷,北京,人民出版社,1995年,第2版,第1页。

学哲学手稿》中，马克思认识到自由自觉的劳动是人的"类特性"，因此劳动被看作人的类存在的本质，"一个种的全部特性、种的类特性就在于生命活动的性质，而人的类特性恰恰就是自由的自觉的活动"①。人的历史被看作是劳动的历史，"整个所谓世界历史不外是人通过人的劳动而诞生的过程，是自然界对人来说的生成过程，所以关于他通过自身而诞生、关于他的形成过程，他有直观的、无可辩驳的证明"②。后来，马克思还从人和人的社会关系中揭示出人的本质是"一切社会关系的总和"，"人的本质并不是单个人所固有的抽象物，在其现实性上，它是一切社会关系的总和"③。人总是社会的人，人始终是处于一定的社会形态和社会结构中的人，他是受一定的历史时期的经济关系、政治关系和思想关系制约的"具体的人"，因此，人的本质不可能同社会的本质割裂开来。

从马克思对人的本质的认识过程来看，他的"人的本质"概念是不断发展的。从人的类本质角度到一定社会中具体的人的角度来界定人的本质的过程，实际上是一个从把人看作区别于自然界其他动物的类，逐渐向把人看作一个真正的具体的社会人的转变，前者更接近人的生物性，后者则远离了人的生物性，而更接近人的社会性和历史性。

（二）人的需要

人有不同层次的需要。人作为自然界的一种活的存在物，他有对最基本的生存和繁衍的需要，还有满足人的精神层面的需要；有个人需要，还有社会需要等。在马克思看来，人的需要是人的本性，"他们的需要即他们的本性"④。不能满足人的本性的需要就是压抑人的本性，违背人性。例如，在资本主义条件下，工人被看作一种没有需要、但可以劳动的物，这样的存在就是违背了人的本性的存在。

马克思根据人的自然属性、社会属性和精神属性，把人的需要划分为人的自然需要、社会需要和精神需要，这些都是属于人性的需要。人的自然需要主要是指人的肉体、生理的需要，满足人的自然需要是人存在的前提。但人又是一种社会的存在物，所以，在社会生产和交换中产生了社会需要，如平等、尊重、社交等。人的精神需要是人对求真、向

---

① 《马克思恩格斯全集》第42卷，北京，人民出版社，1979年，第1版，第96页。
② 〔德〕马克思：《1844年经济学哲学手稿》，北京，人民出版社，2000年，第3版，第92页。
③ 《马克思恩格斯选集》第1卷，北京，人民出版社，1995年，第2版，第56页。
④ 《马克思恩格斯全集》第3卷，北京，人民出版社，1960年，第1版，第514页。

善、爱美等层次的需要。"劳动力的价值由两种要素构成：一种是纯生理的要素，另一种是历史的或社会的要素"①。

马克思还从需要的主体角度把人的需要划分为个人需要和社会需要。发展个人的需要就是要全面充分地满足人的需要。个人需要包括对物质、精神和社会的需要。社会需要是维护社会的存在、发挥和发展社会功能的需要，它包括扩大生产的需要、公共消费的需要和社会管理的需要。"社会需要即从社会生产和交换中产生的需要"②。

马克思从不同角度对人的需要作了细致、深入的划分和论述，但每一种划分并不是绝对的，它们有相互交叉和融合的地方，比如，人的物质需要和精神需要有时是很难区分得非常清楚的。在实际运用中，可以根据自己的需要从某一角度划分人的需要。弗洛姆就把人的需要分为生理需要和社会需要，前者属于本能需要，后者被看作是由人类的生存状况所产生的需要，这些需要是人在社会化过程中产生的。

（三）劳动的异化

马克思的劳动异化学说，"是他人学主体辩证法和价值哲学发展的顶峰"③。马克思在青年时代从黑格尔和费尔巴哈那里引来异化这一概念，去分析资本主义社会的劳动。马克思认为异化劳动表现为四个方面：劳动产品的异化、劳动本身即劳动活动的异化、人类的本质同人相异化、人与人的异化。它们之间的逻辑关系是：劳动活动的异化造就了产品的异化，产品和劳动的异化又造成了人的本质同人相异化。

"劳动所生产的对象，即劳动的产品，作为一种异己的存在物，作为不依赖于生产者的力量，同劳动相对立"④，所以，"工人生产的对象越多，他能够占有的对象就越少，而且越受自己的产品即资本的统治"⑤。因此，在马克思看来，资本主义社会里的工人创造了财富，然而这些财富却被资本家所占有并使工人受其支配，财富和劳动都异化为统治阶级用来统治工人和支配工人、与工人敌对的异己力量，工人在生产中所制

---

① 《马克思恩格斯选集》第2卷，北京，人民出版社，1995年，第2版，第93页。
② 《马克思恩格斯全集》第46卷（下），北京，人民出版社，1980年，第1版，第19页。
③ 张一兵：《马克思历史辩证法的主体向度》，南京，南京大学出版社，2002年，第1版，第52页。
④〔德〕马克思：《1844年经济学哲学手稿》，北京，人民出版社，2000年，第3版，第52页。
⑤〔德〕马克思：《1844年经济学哲学手稿》，北京，人民出版社，2000年，第3版，第52页。

造的财富越多，他就越贫穷，工人创造的商品越多，他就越变成廉价的商品。因此，工人生产的劳动产品越多，这种异化越严重，这就是马克思揭示的异化劳动的第一个方面，即劳动产品的异化。

马克思认为，劳动是人的本质，在劳动中，人的精神力量和肉体力量都体现在劳动产品中。同时，通过劳动这种活动，人从智力和体力两方面得到发展，而且还在劳动实践中体验到一种幸福和愉悦，这是自然的、非异化的劳动。但现实状况是，由于劳动产品的异化，人们在劳动中根本体现不了自己的价值，也体验不到劳动的幸福和愉悦。相反，劳动者"在自己的劳动中不是肯定自己，而是否定自己，不是感到幸福，而是感到不幸，不是自由地发挥自己的体力和智力，而是使自己的肉体受折磨、精神遭摧残"[1]。因此，劳动者的劳动"不是自愿的劳动，而是被迫的强制劳动"，所以，"只要肉体的强制或其他强制一停止，人们会像逃避瘟疫那样逃避劳动"[2]。可见，劳动对人来说，只不过是为了满足一种需要，即维持肉体生存需要的一种手段，劳动已经失去了它作为人的类活动本质，劳动本身也变成了异化的活动。

根据马克思的理论，劳动是人的类特性，也就是说，人作为一种类的、有意识的存在物，劳动是其类的实践活动。但由于劳动本身的异化，人这种有意识的存在物"才把自己的生命活动，自己的本质变成仅仅维持自己生存的手段"[3]。这样，本来应该是自主、自由的劳动变成了手段，人的类本质也就发生了异化，人的能力成了异己的本质，从而人的类本质同人发生了异化，这种异化是由劳动本身的异化造成的。

人们生产的劳动产品与人异化了，作为人的类本质的生产劳动本身，以及它与人的关系也异化了，这样的结果当然是人与人的关系一并被异化了。"人同自己的劳动产品、自己的生命活动、自己的类本质相异化的直接结果就是人同人相异化"[4]。因此，劳动异化是根源，它像传染病的

---

[1]〔德〕马克思：《1844年经济学哲学手稿》，北京，人民出版社，2000年，第3版，第54页。

[2]〔德〕马克思：《1844年经济学哲学手稿》，北京，人民出版社，2000年，第3版，第54~55页。

[3]〔德〕马克思：《1844年经济学哲学手稿》，北京，人民出版社，2000年，第3版，第57页。

[4]〔德〕马克思：《1844年经济学哲学手稿》，北京，人民出版社，2000年，第3版，第59页。

病源，向四处扩散：它使人与劳动异化，也使劳动者同他人、他人与其自己的生产和产品相异化。"通过异化劳动，人不仅生产出他对作为异己的、敌对的力量的生产对象和生产行为的关系，而且还生产出他人对他的生产和他的产品的关系，以及他对这些他人的关系"①。异化就这样充斥着整个资本主义社会的每一个角落，它使一切都改变了自己本来的模样。

马克思认为，异化劳动的直接结果是工资，异化劳动导致私有财产的产生，因此，要使社会从私有财产中解放出来，就要解放工人，工人的解放也是普遍的人的解放，"社会从私有财产等等解放出来、从奴役制解放出来，是通过工人解放这种政治形式来表现的，这并不是因为这里涉及的仅仅是工人的解放，而是因为工人的解放还包含普遍的人的解放"②。马克思从工人的劳动异化看到有关人及与人相关的多方面的异化，还看到异化劳动是私有财产的直接原因。因此，解放工人就能使社会从私有财产中解放出来，消灭普遍的人的异化就是根本改变资本主义社会制度。

（四）人的自由

"人的自由问题是哲学史上一个古老而常新的问题"③。马克思在《德法年鉴》、《1844年经济学哲学手稿》、《德意志意识形态》、《资本论》等著作中都对自由问题有所论述。马克思的自由观也像他对人的本质的看法一样，经历了几个不同的时期。马克思在《德法年鉴》中主要从人的精神出发，认为精神是人的最主要特征，精神的本质是自由。因此，马克思把自由看成是精神的本性，"自由是全部精神存在的类的本质"④，其著作中表现出反封建统治和宗教神学对个人自由的限制和为人类争取民主和自由的政治倾向，此时马克思眼中的自由基本上是政治自由和理性自由。在《1844年经济学哲学手稿》中，马克思强调对人的本性的认识，把自由看成是人劳动的本质特征，认为人的自由必须通过劳动才能得以实现。马克思发现，资本主义社会中的自由只属于资产阶级，它是有产者的自由，因为它是以私有制为基础的自由。因此，马克思开

---

① 〔德〕马克思：《1844年经济学哲学手稿》，北京，人民出版社，2000年，第3版，第60~61页。

② 〔德〕马克思：《1844年经济学哲学手稿》，北京，人民出版社，2000年，第3版，第62页。

③ 袁贵仁：《马克思的人学思想》，北京，北京师范大学出版社，1996年，第1版，第209页。

④ 《马克思恩格斯全集》第1卷，北京，人民出版社，1956年，第1版，第67页。

始提出"劳动自由"的观点,也正因为如此,弗洛姆看到了这一时期马克思的著作中所反映的人道主义。在《德意志意识形态》前后,马克思在其理论思想中融入了唯物史观,指出人的本质在现实性上是一切社会关系的总和,深刻揭示了生产力与生产关系矛盾运动这一社会发展的基本规律,强调了人的自由的社会历史性。在《资本论》中,把人的本质引向社会历史范畴,在提出人的本质是社会关系的总和这一观点的同时,马克思把自由与劳动、与社会实践紧密联系起来,运用劳动价值理论和剩余价值学说,从个人与社会的关系中论证人的自由,建立科学的自由观,认为人的自由就是人的劳动的自由,"我的劳动是自由的生命表现,因此是生活的乐趣"①。

马克思主义的自由是具体的,但又是相对的和历史的,没有绝对的和永恒的自由,人类的历史就是一个不断从必然王国向自由王国发展的历史。自由是人的劳动的自由,劳动是人实现自由的手段,"自由见之于活动恰恰就是劳动"②,因此,马克思主义的自由观是具体的,它摆脱了旧哲学中人的自由的抽象性。人是社会的,又是历史的,自由是现实的人对必然的认识和对客观世界的改造,人们通过认识活动和实践活动来获得自由,人的自由活动是人的认识和实践活动过程中的自觉、自主和自为的活动,其间表现出人的主体性和创造性,人的自由是一个随着社会的发展和进步而逐渐实现的历史过程。马克思主义的自由观是完整的、科学的自由观。

马克思对人的问题看得非常透彻,也认识得非常深刻,表现在他的著作中则是全面的、多层次的论述。因此,人们在生活实践中,可以根据具体情况,用他的理论来指导自己的理论研究或者实践活动。弗洛姆就是这样做的,他把马克思的人学理论运用到自己的人学思想体系中,从深刻分析社会中人的境遇和状况出发,探究了人区别于动物的那些社会需要,从人的多种需要与家庭、社会现实的互动中追溯到人的性格,并对人的性格作了创造性的区分,他把人的性格分成个体性格和社会性格,把个体性格又分成创发性和非创发性两类,这些构成他的性格理论。弗洛姆通过他的性格理论,不仅深刻批判了资本主义社会,还为他提出

---

① 〔德〕马克思:《1844年经济学哲学手稿》,北京,人民出版社,2000年,第3版,第184页。

② 《马克思恩格斯全集》第46卷(下),北京,人民出版社,1980年,第1版,第112页。

拯救人的具体措施和方案给出了理论依据，弗洛姆的这一思想过程就是对马克思主义人学思想的继承和发展。

二、弗洛姆人学思想对马克思主义人学思想的继承

弗洛姆人学思想继承了弗洛伊德从心理学角度对人的分析的方法和一些理论，同时对弗洛伊德的理论加以改造和修正，保留了弗洛伊德理论中"那些仍然闪烁着真理光辉"的部分，同时扬弃了"那些需要修正的论断"。这是弗洛姆的人学思想的基础，更重要的是，他借鉴了马克思的历史观和社会学的方法，弗洛姆人学思想对马克思主义人学思想的继承主要表现在两个方面：一是社会和历史的研究方法；二是在理论的具体内容上。

第一，在理论方法上的继承。

理论方法上的继承具体表现在对社会学视角和历史观方面。我们知道，弗洛伊德的精神分析学说是对个体的生物学的心理分析，其对象是作为人的个体，其内容主要是个体的无意识、人格、性格等。无意识是弗洛伊德全部理论体系的基石，而无意识最主要的组成部分是人的性欲。由此可见，弗洛伊德的性格理论是他的无意识理论或力比多理论的派生物，是他深入分析作为生物体的人的原始本能欲望而挖掘出来的。弗洛伊德的性格理论同他的其他理论一样，具有明显的生物学和心理学色彩。弗洛姆继承了弗洛伊德精神分析学说的精髓，注重对个体的无意识、人格、性格的分析，但他的理论体系又是对弗洛伊德主义的大力改造和扬弃，这种改造和扬弃是在吸收马克思主义的社会学视角和历史观的基础上进行的。弗洛姆清楚看到弗洛伊德思想的局限，同时充分认识到马克思主义理论方法的科学性，认识到它是一门有关人和社会的科学，"马克思将启蒙运动时期的人道主义和德国唯心主义的精神遗产同经济的、社会的实际状况联系起来，从而为一门有关人和社会的新型科学奠定了基础"[①]。这正是弗洛姆所需要的，他要运用这种方法来改造弗洛伊德精神分析学说对人类唯情欲的单一分析，弗洛伊德没有把这种分析置于一定的社会现实和历史中来，所以在弗洛姆看来，"作为思想家的马克思在深

---

① 〔美〕埃里希·弗洛姆：《在幻想锁链的彼岸——我所理解的马克思和弗洛伊德》，张燕译，长沙，湖南人民出版社，1986年，第1版，第10~11页。

度和广度上都大大超过了弗洛伊德"①。为此,弗洛姆的人学思想体现了对个体人的心理分析,但这种分析强调了社会的影响和作用,他在一定历史中对人进行更为科学的分析,以构建他的人学思想。如弗洛姆人学理论中的创举之一——性格理论中的社会性格理论就是明证。弗洛姆提出社会性格这一理论,从他对社会性格的产生和功能的描述中,我们可以清楚地认识到这一理论的社会性和历史性。显而易见,弗洛姆的性格理论是他继承马克思主义理论方法的结晶。弗洛姆的其他理论,如社会无意识等也同样表现出这一特征。

弗洛姆的人学理论对马克思的理论方法上的继承还表现在理论的社会批判性方面。早期的马克思主义具有人道主义特征,"马克思关于社会主义的概念是从他关于人的概念中推导出来的……显然,社会主义的目的是人"②。但马克思主义人学思想是建立在对社会批判的基础上的。如马克思对异化的论述,其实就是对资本主义的控诉;马克思的政治经济学深刻揭示了资本主义的剥削机制,是对资本主义生存方式、私有制的批判。弗洛姆的人学思想同样建立在对社会批判的基础上,"弗罗姆从一开始创建他的社会心理学理论并从事对资本主义的批判,就已经接受了马克思的影响"③。从马克思的异化理论中,弗洛姆看到了现代资本主义社会中人的全面异化,并导致人格的扭曲,自我的迷失;从马克思对资本主义私有制的批判中,弗洛姆认识到了现代资本主义社会的根本弊端,并对现代资本主义社会进行了深刻剖析和批判。在此基础上,弗洛姆又从"马克思关于社会主义的概念"中看到了人类的未来和希望,并最终选择"公有社会主义"作为其人学思想中对未来社会的构想。可见,从理论的社会批判性角度来看,弗洛姆人学思想同样是对马克思主义的继承。

第二,在理论内容上的继承,即对人的本质、人的需要、人的异化、人的自由等有关人的问题的理论的继承。

首先,关于人的本质。弗洛姆在多本著作中提及马克思的人学理论,

---

① Erich Fromm, *Beyond the Chains of Illusion: My Encounter with Marx and Freud*, New York: Simon & Schuster, 1962, p.12.

② 〔美〕埃里希·弗洛姆:《马克思关于人的概念》,见复旦大学哲学系现代西方哲学研究室编译:《西方学者论〈一八四四年经济学—哲学手稿〉》,上海,复旦大学出版社,1983年,第1版,第69页。

③ 薛蓉:《弗罗姆与马克思的批判理论》(博士学位论文),中山大学,2005年,第156页。

如在《在幻想锁链的彼岸——我所理解的马克思和弗洛伊德》一书中，论及"人及其本质的概念"时，弗洛姆历史性地回顾了各种对人及其本质的论断，认为马克思之前的阐释，由于概念的抽象性和形而上学性，"有关人的本质方面的思想已经声名狼藉了"①，但马克思对人的本质的规定改变了这一现象，"与当代这些思潮相反，马克思和弗洛伊德认为，人的行为之所以是可以认识的，恰恰是因为这就是一个大写人的行为，是一个物种的行为，这个物种是可以用其心理和精神特征来规定的"②，这是因为，"马克思肯定人的本质的存在，但他并不认同将人的本质与这一本质的具体表现混同起来这个普通错误的观点"③。他还直接引用马克思在《资本论》中的论述，认为马克思区分了"总体的人的本质"和"受到历史时代影响的人的本质"④。通过对马克思关于人的本质的解读，弗洛姆认为，"一个单独的人代表着整个人类，他是人种的一个范例。他既是'他'，又是一切；他既具有他所特有的个性，并在这一意义上是独立的个体，又具有人类所普遍具有的共性"⑤。因此，虽然我们所观察到的是具体历史时期、具体文化体系中的人，但"我们可以从这些不同表现中，揭示出'总体的人的本质'，揭示出支配这一本质的规律，揭示出人之所以成其为人的那些需求"⑥。可以看出，弗洛姆非常认同马克思从实践活动和社会关系角度来考察人的本质而得出的论断，并在他自己的理论体系中表现出来。在《马克思关于人的概念》一书中，我们也可以认识到弗洛姆对马克思关于人的这一问题的解读。

其次，人的需要的理论。从弗洛姆人学思想中关于人的需要理论可以看出，他对人的需要问题的回答更倾向于马克思的社会学观点，认为

---

① Erich Fromm, *Beyond the Chains of Illusion: My Encounter with Marx and Freud*, New York: Simon & Schuster, 1962, p. 29.

② 〔美〕埃里希·弗洛姆：《在幻想锁链的彼岸——我所理解的马克思和弗洛伊德》，张燕译，长沙，湖南人民出版社，1986年，第1版，第30页。

③ Erich Fromm, *Beyond the Chains of Illusion: My Encounter with Marx and Freud*, New York: Simon & Schuster, 1962, p. 29.

④ Erich Fromm, *Beyond the Chains of Illusion: My Encounter with Marx and Freud*, New York: Simon & Schuster, 1962, p. 29.

⑤ 〔美〕埃里希·弗洛姆：《寻找自我》，陈学明译，北京，工人出版社，1988年，第1版，第50页。

⑥ Erich Fromm, *Beyond the Chains of Illusion: My Encounter with Marx and Freud*, New York: Simon & Schuster, 1962, pp. 29–30.

人的需要与个体在社会中的生存境遇相关。弗洛姆在这一点上抛弃了弗洛伊德的相关思想——人的性欲是构成行为的最有力的动机，摆脱了弗洛伊德只局限于人低层次的生物需要的论述，而是把人的需要与社会、历史、环境紧密地联系起来。弗洛姆还对人的需要进行了二元对立式的论述，把人的社会需要分成关联的需求——爱与自恋，超越的需求——创造与毁灭，寻根的需要——友爱与乱伦，自我意识的需要——个体与群体，目标与献身的需要——理性与非理性。可见，弗洛姆关于人的需要的理论，不仅是对马克思相关理论的继承，而且是一种实际运用，是对弗洛伊德相关理论的修正和发展。

再次，人的异化理论。"在早期马克思的思想发展中，处于核心地位的是《1844年经济学哲学手稿》中的异化劳动概念"①，弗洛姆从研究马克思的相关著作中，尤其是对《手稿》的研究中，吸收了马克思有关异化的思想。有人断言，《手稿》"是马克思文献中最难解读、被引用最多的文本之一"②。为此，不同的研究者从《手稿》中读出不同的青年马克思，"人本主义马克思主义者如弗洛姆、马尔库塞等更重视《手稿》中的异化、人道主义等主体性思想"③。马克思的异化理论从劳动的异化，延伸到人与自身、人与他人的异化。弗洛姆认为，马克思的异化思想"一直具有重要的意义，并贯穿在马克思以后的所有主要著作中"④。为此，在马克思异化理论的基础上，弗洛姆发展了自己的异化理论，把异化引入心理学范畴，认为异化是一种心理体验，是一种病态的心理现象。在他看来，异化在现代资本主义社会已深入到各个角落，资本主义社会的日常生活中无处不在，如消费、民主、自由等都异化了。弗洛姆还探讨了异化的根源和克服异化的途径。

另外，马克思关于人的自由问题的思想，在弗洛姆的人学思想中也有所反映。弗洛姆继承了马克思主义的自由观，认为只有在劳动过程中

---

① 孙伯鍨、张一兵主编：《走进马克思》，南京，江苏人民出版社，2001年，第1版，第123页。

② 张一兵：《回到马克思——经济学语境中的哲学话语》，南京，江苏人民出版社，1999年，第1版，第209页。

③ 陈士部：《法兰克福学派批判理论的历史演进》，合肥，安徽大学出版社，2010年，第1版，第34页。

④ 〔美〕埃里希·弗洛姆：《在幻想锁链的彼岸——我所理解的马克思和弗洛伊德》，张燕译，长沙，湖南人民出版社，1986年，第1版，第48页。

人才有可能成为一个独立的和自由的人,"人类,作为一个物种,在劳动过程中慢慢地从大自然中解放出来,在这一解放的过程中,人类发展了自己的理智和情感,并且成熟起来,成为了一个独立而自由的人"①。弗洛姆还把自由分成消极的自由和积极的自由,其中积极的自由是指个体在保存自我完整的前提下与社会保持着联系的状态,个体需要与他人、社会和世界的联系。可见,弗洛姆的自由观也离不开社会,离不开社会中人的劳动,但弗洛姆的自由观在继承马克思主义的自由观的同时,更多地强调人道性。

  弗洛姆的发展观抛弃了弗洛伊德的悲观倾向,是在继承马克思发展观的基础上,融入了自己的人道主义精神,来拯救现代人的人本主义发展观,"弗洛姆的社会理论最特殊之处就是为实现人类潜能所作出的道义上的付出。他确信,为了打开实现人类团结的希望之门,人类需要伦理转向。他的人道主义是彻底的,因为它反对所有导致剥削和压迫的对抗性的社会结构"②。弗洛姆的人的发展观主要表现为对现代资本主义社会中人的拯救,他的设想是使人们能够精神健康地生活在健全的社会中,使人的创造性在自发、自由的劳动中得到充分发展,在人的理智不断发展的同时,人的理性也得到发展,人的生活中处处充满爱。弗洛姆深入研究马克思关于人的发展理论后认为,"马克思始终坚信人类的进步和完善"③。在弗洛姆看来,在人的发展问题上,与马克思相比较而言,弗洛伊德是一个怀疑论者,"他认为人类的进化问题本质上是一场悲剧"④。在人的发展问题上,弗洛姆的观点明显倾向于马克思,他对人的发展和未来充满信心,"社会总是人的自我创造和发展的条件。一个'善的社会'也就是善者们的社会,即全面发展的、健全的并富有创造性的个人的社会"⑤。弗洛姆对人类未来社会的设想就是构建在他对人的发展的乐

---

① Erich Fromm, *Beyond the Chains of Illusion: My Encounter with Marx and Freud*, New York: Simon & Schuster, 1962, p.36.
② Lawrence Wilde, *Erich Fromm and the Quest for Solidarity*, New York: Palgrave Macmillan, 2004, p.145.
③ 〔美〕埃里希·弗洛姆:《在幻想锁链的彼岸——我所理解的马克思和弗洛伊德》,张燕译,长沙,湖南人民出版社,1986年,第1版,第38页。
④ Erich Fromm, *Beyond the Chains of Illusion: My Encounter with Marx and Freud*, New York: Simon & Schuster, 1962, p.37.
⑤ 〔美〕埃里希·弗洛姆:《在幻想锁链的彼岸——我所理解的马克思和弗洛伊德》,张燕译,长沙,湖南人民出版社,1986年,第1版,第38页。

观态度之上,而这种乐观主义态度与马克思主义对他的影响密切相关。

弗洛姆从马克思的理论中看到了"支配个人生活的规律和社会的规律,也就是人在其社会生存中的规律"①。马克思关于人的本质、人的异化等方面的论述,给弗洛姆以很大的启示,弗洛姆对病态社会及生活在其间的孤独自我的描述,就是对马克思异化理论的继承和实际运用。弗洛姆说:"从马克思关于人的概念中,我们可以注意到马克思关于病态的人和健康的人的思想。马克思所说的'被扭曲了的人'和'异化了的人'便是精神病理学上的主要表现;马克思所说的能动的、富有创造性的和独立的人,则是精神健康的主要表现"②。弗洛姆从人的生存境遇、人的需要等方面对自我的找寻,也与马克思的相关思想理论有着密切联系。弗洛姆对人的自由、人的发展、社会变革等问题的论述,同样是对马克思主义的继承和发展。弗洛姆人学思想体系的每个层次都显示出对马克思主义人学思想不同程度的继承。

马克思主义思想具有实践性、历史性、整体性和批判性,"马克思学说的最本质的内容是以人的实践的超越本性为核心的,自觉的历史性、实践性和批判性文化精神"③。弗洛姆的人学理论是研究人生活在资本主义社会中的方方面面,是对现代资本主义社会即人的生存境遇的揭示,是对人的深层次的心理剖析,是对现代资本主义社会制度的批判,是对人的未来和解放之道的总体设计。在吸收马克思思想的基础上建构起来的弗洛姆人学思想,总体上具有批判性、现实性、实践性和人道性。

第四节 融合弗洛伊德主义与马克思主义的基本前提

弗洛姆的人学思想体系中还始终流淌着他所崇拜的另一位伟人——弗洛伊德的理论的血液。弗洛姆非常崇拜马克思和弗洛伊德这两位伟大的人物。表面上看,弗洛伊德的心理分析学说与马克思主义是对立的:一个研究个体心理,尤其是个体的无意识;另一个历史地研究社会及其规律。

---

① 〔美〕埃里希·弗洛姆:《在幻想锁链的彼岸——我所理解的马克思和弗洛伊德》,张燕译,长沙,湖南人民出版社,1986年,第1版,第8页。
② 〔美〕埃里希·弗洛姆:《在幻想锁链的彼岸——我所理解的马克思和弗洛伊德》,张燕译,长沙,湖南人民出版社,1986年,第1版,第32页。
③ 衣俊卿、尹树广、王国友等:《20世纪的文化批判——西方马克思主义的深层解读》,北京,中央编译出版社,2003年,第1版,第48页。

比较而言，前者可以说是微观研究，后者则是宏观研究，但二者之间存在许多共同点，"弗洛伊德是一门真正的科学心理学的创始人，他所发现的无意识过程以及性格特征的动力学本质，都是对人的科学的独特贡献，因为它业已改变了未来关于人的图景"①。而马克思则是"一位具有世界历史意义的人物"②。在弗洛姆看来，马克思和弗洛伊德都是现时代的设计师，"他们以自己独特的方式进行研究，他们的著作不仅具有科学性，而且具有极高的艺术性，最清楚地表达了人类渴求理解和对知识的需求"③。

著名美国女权主义者斯皮瓦克（Gayatri Chakkrakvorty Spivak）也非常推崇马克思和弗洛伊德，并从二者关于人的互文性中获得丰富的理论素材，形成自己的理论特色，"左右着人们关于世界观和自我观的背景和基础的是马克思主义和弗洛伊德学说"④，认为二者的共同基础是"人的文本性"（human textuality），这与弗洛姆把二者融合在一起的做法有共通之处。但斯皮瓦克综合二者后得到的是关于妇女问题的思想，而弗洛姆则从人学这个更广阔的范畴来融合马克思和弗洛伊德的理论，并建构了独具特色的弗洛姆人学思想。弗洛姆的著作如此受欢迎，原因之一就是他对二者的综合，"弗洛姆社会心理学方面的思想非常独特，它试图融合19世纪人文科学中多种思想的精神和它们的精妙之处，实证性地研究了当时现实中顺从性和同一性的具有决定意义的社会和历史因素，把过去和当时的社会心理学与卡尔·马克思和西格蒙德·弗洛伊德的理论综合在一起了"⑤。弗洛姆要把马克思主义与弗洛伊德主义综合起来的原因之一，是他看到了马克思主义的"局限"。他认为，马克思和恩格斯看到了经济发展和文化发展之间的关系，但是，

马克思低估了人的情欲的复杂性，他没有充分认识到人性本身

---

① 〔美〕埃里希·弗洛姆：《在幻想锁链的彼岸——我所理解的马克思和弗洛伊德》，张燕译，长沙，湖南人民出版社，1986年，第1版，第11页。
② 〔美〕埃里希·弗洛姆：《在幻想锁链的彼岸——我所理解的马克思和弗洛伊德》，张燕译，长沙，湖南人民出版社，1986年，第1版，第10页。
③ Erich Fromm, *Beyond the Chains of Illusion: My Encounter with Marx and Freud*, New York: Simon & Schuster, 1962, pp. 11–12.
④ 转引自盛宁：《人文困惑与反思——西方后现代主义思潮批判》，北京，三联书店，1997年，第1版，第136页。
⑤ Daniel Burston, *The Legacy of Erich Fromm*, Cambridge, Massachusetts, London, England: Harvard University Press, 1991, p. 1.

也有其需要和规律，它们与决定历史发展的经济条件总是在不断的相互作用之中；由于缺乏对心理学的深入了解，马克思没有完整的人的性格概念，也没有意识到这一事实：人是由社会和经济组织结构决定的，但反过来，人也决定社会和经济组织结构。马克思没有清楚地看到，源于人性及人的生存环境的情欲和追求本身才是人的发展的最强大的驱动力。①

弗洛姆认为马克思主义中的这一局限性是局部的，这样的问题，任何创造性的科学思想都避免不了。弗洛姆还认为马克思没有看到人的非理性力量的作用，忽视了心理因素的作用。在《在幻想锁链的彼岸——我所理解的马克思和弗洛伊德》中，弗洛姆谈到，根据马克思的学说，社会的经济基础决定作为上层建筑的意识形态，"但是，马克思和恩格斯并没有说明经济基础是怎样变成为意识形态这种上层建筑的"②。为此，他要用弗洛伊德主义来弥合马克思主义中的这一"缺陷"。

弗洛姆如饥似渴地学习弗洛伊德的精神分析学说，成为一名弗洛伊德主义的追随者。又因为他对弗洛伊德学说的理解程度之深，致使他看出他所深信的理论"局限"，并对其提出了质疑。弗洛姆先后写过几部著作，如《在幻想锁链的彼岸——我所理解的马克思和弗洛伊德》、《精神分析的危机》、《弗洛伊德思想的贡献与局限》等，表达他的质疑，"我们真正能找到的唯一解释是弗洛伊德有个'盲点'。他对资产阶级社会采取了宽容主义的态度，而不是激进的批判的态度"③，并指出弗洛伊德的精神分析学说需要"修正"或者发展。在《在幻想锁链的彼岸——我所理解的马克思和弗洛伊德》中，弗洛姆认为弗洛伊德的精神分析学说能够通过运用俄底浦斯情结、阉割恐惧等概念治疗人们的心理问题，来解开生活之谜，但这一理论却不能解决整个世界存在的问题。"如果整个世界也能用精神分析法来治疗的话，或者说，至少是全世界所有的领导人都能用精神分析法来治疗的话，那么就不存在任何严肃的政治问题

---

① Erich Fromm, *The Sane Society*, London, New York: Routledge, 1991, pp. 262 - 263.
② 〔美〕埃里希·弗洛姆：《在幻想锁链的彼岸——我所理解的马克思和弗洛伊德》，张燕译，长沙，湖南人民出版社，1986 年，第 1 版，第 75 页。
③ 〔美〕埃里希·弗洛姆：《精神分析的危机——论弗洛伊德、马克思和社会心理学》，许俊达、许俊农译，北京，国际文化出版公司，1988 年，第 1 版，第 79 页。

需要人们去解决的了"①。这也暗示着在弗洛姆这里，精神分析理论将得到发展，会给它注入新鲜血液，让它重现生机。在《弗洛伊德思想的贡献与局限》中，弗洛姆认为，弗洛伊德的学说只着眼于个体而忽视了历史，"弗洛伊德以为历史是人造的；弗洛姆以为人是历史创造的"②，即在弗洛姆看来，人是社会历史文化的产物。正因为如此，弗洛姆的理论逻辑是从个体转向历史和社会的，而不是像弗洛伊德那样只关注和研究个体，忽视历史和社会。弗洛伊德的研究范围通常是人这个个体，再大的范围也只是家庭，"只有家庭这个最狭小的圈子最中弗洛伊德之意，以致他大大低估了一个人所涉足的其他范围"③。而且，"弗洛伊德认为所有的情欲都是性的本质、资产阶级家庭是一切家庭的范型，在这一前提下，他很难看到主要的现象不是家庭，而是社会结构……"④ 因此，弗洛姆认为在剖析人时离不开社会和历史，只有结合社会，历史地分析人这个个体，才不至于片面地看问题。在这本书中，弗洛姆还批判了弗洛伊德的有关性的理论，"弗洛伊德把对母亲的依恋理解为完全是一种性的本质，这是其谬误所在……"⑤ 在《健全的社会》的序言中，弗洛姆也曾表达过同样的意思，"人的基本情欲并非起源于人的本能需要，而是起源于人的生存状况，起源于人失去史前阶段的原始联系后而对于新的人际关系和自然关系的需要。在这一方面，我与弗洛伊德的观点大相径庭……"⑥

为此，弗洛姆极力寻找另一种理论，并吸收其中的真理，来"修正"弗洛伊德的精神分析学说。他求助于另一位更伟大得多的人物——马克思，因为"在我看来，马克思所思考的深度和广度都远远超过了弗

---

① 〔美〕埃里希·弗洛姆：《在幻想锁链的彼岸——我所理解的马克思和弗洛伊德》，张燕译，长沙，湖南人民出版社，1986 年，第 1 版，第 144 页。
② 〔美〕埃里希·弗洛姆：《弗洛伊德的贡献与局限·译序》，申荷永译，长沙，湖南人民出版社，1986 年，第 1 版，第 2 页。
③ 〔美〕埃里希·弗洛姆：《弗洛伊德的贡献与局限》，申荷永译，长沙，湖南人民出版社，1986 年，第 1 版，第 70 页。
④ 〔美〕埃里希·弗洛姆：《弗洛伊德的贡献与局限》，申荷永译，长沙，湖南人民出版社，1986 年，第 1 版，第 71 页。
⑤ 〔美〕埃里希·弗洛姆：《弗洛伊德的贡献与局限》，申荷永译，长沙，湖南人民出版社，1986 年，第 1 版，第 34 页。
⑥ 〔美〕埃里希·弗洛姆：《健全的社会·原序》，欧阳谦译，北京，中国文联出版公司，1988 年，第 1 版，第 2 页。

洛伊德"①。

通过不断的研究和思考，弗洛姆越来越感觉到要取这两家学说之长来综合这两家学说的必要性，"随着年龄的增长，我获得的知识越来越多，我就愈加怀疑这两个体系中的某些论断"②，"我也试图找出弗洛伊德学说中那些仍然闪烁着真理光辉的思想和那些需要修正的论断。对于马克思的理论，我也是这么做的"③。因此，弗洛姆认为，综合弗洛伊德的精神分析学说和马克思的思想是非常必要的。

> 马克思认为人是由社会形成的；而弗洛伊德的人是由家庭的遭遇而形成的，他没有认识到家庭只是社会的缩影和代理人。马克思从社会组织结构、社会特征对社会成员的思想感情的影响来看社会；弗洛伊德则主要从社会各种需要的压抑来看社会。因此，马克思的思想比弗洛伊德要更科学、更宽广、更深刻，弗洛姆正是用马克思的思想改造修正弗洛伊德的精神分析学说，并在此基础上提出了完整的关于人的思想④。

正如他的《在幻想锁链的彼岸——我所理解的马克思和弗洛伊德》第十章的标题那样，"两家学说的命运"将在他那里有所改变。为此，弗洛姆还找到了综合这两家学说的基本前提，"弗洛姆确实发现弗洛伊德和马克思在许多方面有着'共同前提'"⑤，以此说明自己理论的科学性和现实性。弗洛姆认识到的这些共同基础，也不可避免地融入到他自己的理论之中，成为其理论的生存土壤，并蜕变为他自己理论的特色。从弗洛姆的思想在西方世界广泛流传这一点上，我们就不得不承认其理论的学术价值和实用价值。在《在幻想锁链的彼岸——我所理解的马克思

---

① 〔美〕埃里希·弗洛姆：《在幻想锁链的彼岸——我所理解的马克思和弗洛伊德》，张燕译，长沙，湖南人民出版社，1986年，第1版，第10页。

② 〔美〕埃里希·弗洛姆：《在幻想锁链的彼岸——我所理解的马克思和弗洛伊德》，张燕译，长沙，湖南人民出版社，1986年，第1版，第7页。

③ 〔美〕埃里希·弗洛姆：《在幻想锁链的彼岸——我所理解的马克思和弗洛伊德》，张燕译，长沙，湖南人民出版社，1986年，第1版，第8页。

④ 朱立元主编：《法兰克福学派美学思想论稿》，上海，复旦大学出版社，1997年，第1版，第259~260页。

⑤ Don Hausdorff, *Twayne's United States Authors Series: Erich Fromm*, ed., Sylvia E. Bowman, New York: Twayne Publishers, Inc, 1972, p. 132.

和弗洛伊德》中，弗洛姆用三句话表达出了综合这两家学说的基本前提：（1）我们必须怀疑一切（Of all one must doubt）；（2）人所具有的我都具有（I believe nothing human to be alien to me）；（3）真理会使你活动自由（The Truth shall make you free）①。下面我们从四个方面梳理一下弗洛姆所提到的综合两家学说的前提②，以及他自己对这些共同前提的继承。

一、对社会现实或既存思想理论的批判

弗洛姆所说的"我们必须怀疑一切"，是指具有现代科学特点的"批判精神"（critical mood）。"自然科学主要怀疑对感觉、传闻和传统看法的证明，而马克思和弗洛伊德的思想则怀疑人对自身及他人所作的思考"③。马克思怀疑人的意识形态的虚假性，弗洛伊德怀疑人的意识是被深藏在它后面的无意识所操纵。有"怀疑"才有发现，才有可能创新或创造。

在弗洛姆看来，马克思的学说是怀疑一切的，因而是批判性的，因为"对一切思想体系、观念和理想持一种谨慎的、怀疑的态度正是马克思的特点"④。马克思认为人的思想取决于一定社会的特定结构和作用方式，因此，它们掩盖了经济和社会的利益。为此，马克思一向怀疑这些思想。"马克思的怀疑主义是如此之强烈，以至于他几乎不用诸如自由、真理、正义这些字眼——这倒并不是因为自由、真理、正义对于马克思来说不是最高的价值，而恰恰是由于这些字眼本身全都遭到了滥用这一个事实"⑤。在资本主义社会里，自由、真理、正义这些字眼被统治阶级所滥用，它们掩盖了统治阶级榨取工人阶级的劳动，使工人的劳动产品、

---

① 〔美〕埃里希·弗洛姆：《在幻想锁链的彼岸——我所理解的马克思和弗洛伊德》，张燕译，长沙，湖南人民出版社，1986年，第1版，第12页。英文部分参见 Erich Fromm, *Beyond the Chains of Illusion: My Encounter with Marx and Freud*, New York: Simon & Schuster, 1962, p. 13。

② 参见 Don Hausdorff, *Twayne's United States Authors Series: Erich Fromm*, ed., Sylvia E. Bowman, New York: Twayne Publishers, Inc., 1972, p. 132。张伟：《弗洛姆思想研究》，重庆，重庆出版社，1996年，第1版，第28~31页，以及陈学明：《弗洛伊德的马克思主义》，沈阳，辽宁人民出版社，1989年，第1版，第292~298页。

③ Erich Fromm, *Beyond the Chains of Illusion: My Encounter with Marx and Freud*, New York: Simon & Schuster, 1962, p. 13.

④ 〔美〕埃里希·弗洛姆：《在幻想锁链的彼岸——我所理解的马克思和弗洛伊德》，张燕译，长沙，湖南人民出版社，1986年，第1版，第13页。

⑤ 〔美〕埃里希·弗洛姆：《在幻想锁链的彼岸——我所理解的马克思和弗洛伊德》，张燕译，长沙，湖南人民出版社，1986年，第1版，第13页。

劳动本身等方面都异化了的事实，统治阶级把这些现象冠以"正义"、"真理"等字眼。马克思的学说正好揭穿了这些被蒙蔽的事实，"我们且从当前的经济事实出发。工人生产的财富越多，他的产品的力量和数量越大，他就越贫穷。工人创造的商品越多，他就越变成廉价的商品。物的世界的增值同人的世界的贬值成正比"①。

弗洛姆认为，弗洛伊德的学说也是一种批判的思想。首先，它是对现存的精神病学理论的批判，因为现存的精神病学都把意识作为精神病的基本论据，而弗洛伊德提出无意识理论，并在此基础上构建他的精神分析学说。弗洛姆认为，无意识的发现具有重大的历史意义，它开启了对于人的诚实的研究的新维度，"他通过实证打破了机体与思想同一这一理想论断。几百年来，这种观点在哲学领域被人们毋庸置疑地接受，弗洛伊德使人的思想与机体相关，但质疑二者的同一。思想是一种人工制品，它或许与隐藏于一个人内心的真相相符，也许不一致。这样来看，弗洛伊德的理论是一种深刻的批判理论，一种批判意识、批判意识形态、批判个体与社会思想的理论"②。其次，弗洛伊德学说的批判性表现在它向维多利亚时代的许多价值观和意识形态发起了挑战。根据维多利亚时代的价值观，性欲不是理性和科学研究的主体，而在弗洛伊德这里，力比多正是一切心理行为的动力，没有它就没有弗洛伊德的精神分析学说。根据弗洛伊德的理论，幼儿从出生之日起，就不可避免地拥有力比多。因此，在维多利亚时代那种认为儿童是纯洁的、完全无辜的思想是站不住脚的，维多利亚时代的那种把性当作忌讳的话题的道德观也是虚假的。再次，由于弗洛伊德的学说揭示了这样的事实：在人这个曾经被认为是上帝的创造物、这个优于地球上其他一切生物的精灵的头脑里，绝大部分只不过是与其他动物无异的性欲，与动物所不同的是性欲在人这里被有意识地压抑了。可以说，弗洛伊德的整个精神分析学说是"怀疑的艺术"，"他怀疑在催眠状态下的病人能否与现实相符合，因为在他看来，大部分现实是不能为人们所意识到的，只有个体的无意识的组织才是人们思想行为的唯一基础"③。如此看来，怎能说弗洛伊德的精神分析学说

---

① 〔德〕马克思：《1844年经济学哲学手稿》，北京，人民出版社，2000年，第3版，第51页。
② Erich Fromm, *Beyond Freud: From Individual to Social Psychoanalysis*, ed., Rainer Funk, New York: American Mental Health Foundation Inc., 2010, p.133.
③ 都本伟：《论弗洛姆的社会哲学思想》，《国外社会科学》1995年第7期，第67页。

不是对现存思想和偏见的一种挑战呢?"它开创了思想领域内的一个新时代,它与自然科学和艺术的新发展是一致的。从这个意义上来说,它可被称之为一场革命的运动……"①

所以,弗洛姆认为马克思和弗洛伊德的学说都是怀疑的学说,是批判的理论。"两人对充满人们头脑的、并且被人们误以为是构成现实基础的那些陈旧思想、合理化和思想体系均持同样坚定的怀疑态度。"所不同的是"在马克思看来,基本的实在(reality)是社会的社会经济结构,弗洛伊德则认为,个体的力比多组织才是基本的实在"②。但二者都是对现实社会或既存思想理论的批判,具有强烈的批判性。

前面已经提过,狭义而言的美国社会文化学派才是新弗洛伊德主义,这一学派强调社会、文化等多种外部因素对人格的形成和发展的影响。作为新弗洛伊德主义的领导者,弗洛姆的理论无可避免地继承了这一特色,如弗洛姆对病态社会和病态人的深刻剖析,他独创的社会性格和社会无意识等理论对现代人和社会的解读,都呈现出其理论的批判性。法兰克福学派以批判理论著称,作为法兰克福学派重要成员的弗洛姆的思想具有批判性也理所当然,而且他的理论是对马克思主义和弗洛伊德主义两种批判性思想和理论的融合,鲜明地继承了二者的批判性这一特色。有学者专门撰写博士论文来论述弗洛姆思想的批判性。③ 但我们也必须清楚地认识到,虽然弗洛姆看到了马克思的理论和弗洛伊德的学说的共同点——批判性,并把二者融入自己的批判理论体系之中,但马克思的批判理论与弗洛姆的批判理论之间既有联系又有相当大的区别:马克思的批判理论是实践唯物主义意义上的批判理论,具有更强的历史性、实践性和革命性,而分属法兰克福学派的弗洛姆的批判理论虽然立足于对西方现代社会的批判,充满着社会现实意义,但更多是哲学意义和文化层面上的批判理论。在谈到法兰克福学派的批判理论与马克思的批判理论的关系时,有人说法兰克福学派的批判理论是对青年马克思作人道主义解读,它"剔除了马克思理论中

---

① Erich Fromm, *Beyond the Chains of Illusion: My Encounter with Marx and Freud*, New York: Simon & Schuster, 1962, p. 136.
② 〔美〕埃里希·弗洛姆:《在幻想锁链的彼岸——我所理解的马克思和弗洛伊德》,张燕译,长沙,湖南人民出版社,1986年,第1版,第13页。
③ 见薛蓉:《弗罗姆与马克思的批判理论》(博士学位论文),中山大学,2005年。

的革命性的内核"①，这一论断很有道理。

二、对自然人性的找寻

弗洛姆所概括的第二句"人所具有的我都具有"是德伦西②的一句名言。意思是人所具有的，每个人都拥有，每个人都体现了全部人性，因而每个人都有可能成为完整的人。弗洛姆认为马克思和弗洛伊德的学说都体现了这个特点，即两者都具有人道主义思想。马克思探讨人性时从社会关系入手，把人置于社会背景之中，认为人是社会的、历史的，他从社会关系中去寻找恢复人性的道路，使人摆脱受经济的束缚、因经济因素而被异化、因经济的原因而被摧残的现状，努力使人成为自由、全面发展的人。"马克思的哲学也代表一种抗议，抗议人的异化，抗议人失去他自身，抗议人变成为物"③。在《马克思关于人的概念》中，弗洛姆还说过，"必须再一次强调指出，马克思的目的不是仅限于工人阶级的解放，而是通过恢复一切人的未异化的、从而是自由的能动性，使人获得解放，并达到那样一个社会，在那里，目的是人而不是产品，人不再是'畸形的'，变成了充分发展的人"④。

弗洛姆认为弗洛伊德学说的人道主义主要体现在他的无意识这个概念中。所有的人都具有相同的无意识冲动，通过探究无意识这个隐蔽的世界，就能认识人性。无意识主要由力比多构成，那是被压抑的人的自然欲望。因此，"人们一旦敢于深掘无意识这个隐蔽的世界，人们就会相互理解"⑤。了解了无意识中的压抑机制，人们就找到了捍卫人自然欲望的权利的钥匙。弗洛伊德把"那些构成梦的材料"都作为了他的研究对

---

① 陈士部：《法兰克福学派批判理论的历史演进》，合肥，安徽大学出版社，2010年，第1版，第202页。

② 拉丁名 Publius Terentius Afer，英译 Terence 泰伦斯，公元前186？—前161，古罗马喜剧作家。

③ 〔美〕埃里希·弗洛姆：《马克思关于人的概念》，见复旦大学哲学系现代西方哲学研究室编译：《西方学者论〈一八四四年经济学—哲学手稿〉》，上海，复旦大学出版社，1983年，第1版，第15页。

④ 〔美〕埃里希·弗洛姆：《马克思关于人的概念》，复旦大学哲学系现代西方哲学研究室编译：《西方学者论〈一八四四年经济学—哲学手稿〉》，上海，复旦大学出版社，1983年，第1版，第63页。

⑤ 〔美〕埃里希·弗洛姆：《在幻想锁链的彼岸——我所理解的马克思和弗洛伊德》，张燕译，长沙，湖南人民出版社，1986年，第1版，第16页。

象,这是因为弗洛伊德已经深深认识到其中包含着所有人的普遍本质和自然人性。

从这一角度上来说,马克思和弗洛伊德的学说都探究人的本性,都把使人性得到自然发展、解放人类作为自己的使命和目标,只是二者的途径不同罢了。弗洛姆正是循着这条寻找自然人性的道路铸就了自己的思想体系——弗洛姆人学。弗洛姆运用马克思主义视角透视现代社会和现代人,继承和发展弗洛伊德的心理学理论,并用它来剖析人,他用毕生精力来为现代人寻找迷失的自我,为他们找回自然的人性。弗洛姆的所作所为是为每个人着想,是为全人类的发展和未来着想。

三、对真理的坚信

在弗洛姆看来,马克思和弗洛伊德的学说都是批判性的,都是人道主义的。那么,什么是他们实现人道主义目标的方法呢?弗洛姆指出,这个方法就是真理。弗洛姆非常崇尚真理,"他明确地表示,对真理的寻觅,不只是学者和专家的专利,而是每个人的分内之事"①。他认为,马克思和弗洛伊德都坚信真理的解放力量。弗洛姆总结的第三句"真理会使你活动自由"就是此意。弗洛姆认为马克思和弗洛伊德都坚定地相信真理是解放人的最重要的武器。

弗洛姆认为,马克思希望人类从异化和奴役的锁链中解放出来,但他并不崇尚暴力,使用暴力只会违背大多数人的意愿,不能赢得大多数人的心;马克思也不采取其他政治家们所运用的煽动性的游说来赢得人心;马克思依靠的是通过正确地、科学地分析社会和历史这个现实而获得的真理。在马克思看来,人靠幻想活着,幻想使人得以忍受现实生活的痛苦,但是,如果人们能恢复理智,用理智来改变现实,幻想就没有立足之地,"因此,马克思相信,他的最重要的武器是真理,亦即揭示种种幻想和意识形态掩盖下的现实"②。弗洛姆认为,马克思激动人心的号召,例如《共产党宣言》,就是通过科学地分析社会和历史现象后提出的,《共产党宣言》体现了对历史、经济以及阶级关系的"一次卓越的

---

① Bernard Landis and Edward S. Tauber, *In the Name of Life—Essays in Honor of Erich Fromm*, New York, Chicago, San Francisco: Holt, Rinehart and Winston, 1971, p. 1.
② 〔美〕埃里希·弗洛姆:《在幻想锁链的彼岸——我所理解的马克思和弗洛伊德》,张燕译,长沙,湖南人民出版社,1986年,第1版,第14页。

透亮的分析"。因此,《共产党宣言》的号召是能获得大多数人心的真理,它揭示了种种幻想以及歪曲地描述现实的虚假意识。

弗洛姆认为,"构成马克思所说的'真理的武器'的思想基础与弗洛伊德是相同的"①,只是"马克思认为,真理乃是引起社会变革的一种武器,弗洛伊德则认为,真理是引起个人变革的一种武器"②。弗洛伊德发现,如果病人感知到他自己的有意识的思想具有虚假性质的话,只要正确地把握掩盖在思想后面的力比多,变无意识为有意识,那么他就能获得改造自己、摆脱自己的非理性的力量,然后依靠理性去揭穿假象,获得对现实的正确认识,这样,病人就能摆脱困境。弗洛伊德的精神分析法就是这样,通过对无意识的认识来寻得真理,达到治疗病人的目的。

在马克思和弗洛伊德那里,"真理既是改造社会的基本手段,又是改造个人的基本手段"③。马克思和弗洛伊德都希望人类从他的幻想的锁链中解放出来,使人类不被幻想或假象所蒙蔽,不为非理性的盲目力量所驱使,让他们能像自由人一样行动,他们都坚信真理的解放力量。从弗洛姆的人学体系中,我们看到,他同样坚信真理的力量,他运用社会学视角,历史地剖析和解读现代社会中现代人的心理,让人们看清自己,认清社会现实。弗洛姆竭力运用真理的力量来变革社会,寻找治疗病态社会和病态个体的途径,来拯救自我。

四、对动力学和辩证研究方法的倚重

弗洛姆还认为,"马克思和弗洛伊德都是运用动力学和辩证的方法来研究现实"④。所谓动力学的方法,是指透过过去或现在行为的表面,去发现隐藏在行为者背后、促使行为发生的力量,然后依据这些力量的存在或发生变化与否来判断或预测未来。

人们可以用动力学的方法去分析个人问题,也可以用这种方法来分

---

① 〔美〕埃里希·弗洛姆:《在幻想锁链的彼岸——我所理解的马克思和弗洛伊德》,张燕译,长沙,湖南人民出版社,1986年,第1版,第14页。
② 〔美〕埃里希·弗洛姆:《在幻想锁链的彼岸——我所理解的马克思和弗洛伊德》,张燕译,长沙,湖南人民出版社,1986年,第1版,第15页。
③ 〔美〕埃里希·弗洛姆:《在幻想锁链的彼岸——我所理解的马克思和弗洛伊德》,张燕译,长沙,湖南人民出版社,1986年,第1版,第16页。
④ 〔美〕埃里希·弗洛姆:《在幻想锁链的彼岸——我所理解的马克思和弗洛伊德》,张燕译,长沙,湖南人民出版社,1986年,第1版,第17页。

析社会问题。弗洛伊德是前者,马克思则是后者。弗洛伊德在他的精神分析学说里,运用"无意识"、"力比多"、"压抑"、"恋母情结"、"自恋"、"依赖性"、"自我怀疑"等概念,通过多种方式,如对梦的分析、自由联想等,来分析这些隐藏在人们行为背后的、没有被意识到的力量,从而做出推断。"马克思社会学中的问题正是如此"①,马克思运用动力学的方法分析社会学和经济学中的问题,他从工人的生产中看到了被分发到工人手中的工资所遮蔽的剩余价值的存在,看到了劳资关系背后资本家对工人的剥削。

辩证的方法是指矛盾分析法。马克思认为,社会是一个错综复杂的结构,里面充满着各种矛盾,如生产力与生产关系、经济基础与上层建筑等;弗洛伊德则发现,人作为一个精神实体,是由许多矛盾的、充满着能量的心理力量组合起来的一种结构,如意识与无意识、生本能与死本能等。

因此,在弗洛姆看来,马克思和弗洛伊德的学说都是运用动力学和辩证的方法来研究问题。对隐没在社会这个大机器背后的个体的深刻分析,对异化个体表象下面迷失的自我的找寻,正是弗洛姆毕生的梦想。从后面的分析和评述中,我们还可以清楚地认识到,他的理论具有极强的辩证性,是对动力学和辩证的研究方法的娴熟运用。

从上面四个方面可以看出,弗洛姆找到了他综合马克思和弗洛伊德的学说的必要性和可能性。弗洛姆就是通过自己的独立思考,结合自己的亲身经历,在当时的历史、社会背景下,综合马克思和弗洛伊德的学说而形成了他独特的人学思想体系。后面三章按三个层次,但始终围绕人的问题,对弗洛姆的人学思想体系进行完整建构和述评,同时力图把弗洛姆的人学思想与文学活动链接起来,使弗洛姆的人学理论体系跨界到文学这一反映社会现象、刻画人类心灵的实践领域,让理论与实践结合在一起,使二者相互阐发、相互促进。

---

① Erich Fromm, *Beyond the Chains of Illusion: My Encounter with Marx and Freud*, New York: Simon & Schuster, 1962, p. 20.

第二章 病态社会中自我的迷失

弗洛姆的一生都表现出对人的问题的深切关怀。他感觉到自己和每一个人都肩负着改变这个不健全和非人性化灾难世界的历史使命,他用毕生精力关注现实、关注社会、关注人,他借助弗洛伊德的精神分析学说和马克思的社会学来剖析人,探讨人的本质、人的处境、人的需要、人的情感、人的自由、人的性格、人的解放等重大问题,其最终的目的是人的发展、人的未来、人的前途。"我的责任不是被动地置身于这样一个似乎正在走向自我选择的灾难世界。……我们的世界变得越来越不健全和非人性化,每个人就越感到需要团结起来,需要和共同肩负着人类使命的男女战斗在一起"①。

弗洛姆的人学思想体系不是把人作为长期发展的历史产物的类存在而研究人这一特殊的物种,而是把人与具体的社会形态相联系,并在剖析具体社会形态过程中来阐释人的本质、生存处境和生存方式、人的需要、人的性格、人的解放等问题。在弗洛姆的人学思想中,人是具体历史阶段、具体社会形态中具有同样遭遇和心理特征的个体存在,是跟我们每个人一样的活生生的生物个体。这样,弗洛姆的理论体系更能为我们所接受和理解,更能激起我们内心的共鸣,这也正是弗洛姆人学思想的魅力之所在。

本章主要解读和评述弗洛姆人学思想的第一个部分——"自我的迷失",这是弗洛姆思想体系的起点。弗洛姆认为处于全面异化社会中的人,由于情感的缺乏、虚假和病态的爱、真实自我的压抑,他们的人性扭曲了,因此作为自我的人也是异化的、孤独的、迷失的。通过"综合"弗洛伊德主义和马克思主义,弗洛姆从"宏观"和"微观"上描述

---

① 〔美〕埃里希·弗洛姆:《在幻想锁链的彼岸——我所理解的马克思和弗洛伊德》,张燕译,长沙,湖南人民出版社,1986年,第1版,第9页。

资本主义社会以及处于社会中个体的处境和现状。弗洛姆的人学思想是从剖析资本主义社会开始的，进而分析身处这种病态社会中人的自我。为此，本章分为两节：第一节再现弗洛姆理论体系中"宏观"描述的资本主义社会，第二节评述弗洛姆如何"微观"地论及异化社会中的个体——生活在异化社会中孤独以至迷失的自我。

第一节 病态的社会[①]

对于社会现实及社会现实中的人，马克思和弗洛伊德有不同的认识。马克思认为，在资本主义社会中，劳动和劳动产品都改变了它们的本质，人与人的关系也变得不自然、对立起来了。就是说，整个社会变得不正常，改变了它的本来面目，丧失了它的本质，因为劳动异化导致社会心理、道德、个性价值、法律、国家政策、宗教等各个领域的异化，这些都是资本主义社会不可避免的现象。在弗洛伊德眼里，每个人的心理都被无意识中邪恶的、肮脏的、不道德的性驱力，即力比多所控制。而且，从他对个体心理的分析中可以看出，弗洛伊德对这个社会的态度是悲观的、消极的。那么在弗洛姆眼里，这个社会是什么样的，生活在其中的每个人的境况如何呢？

先看看弗洛姆如何理解异化这个概念。"异化概念植基于存在和本质的区别之上，植基于这样一个事实之上：人的存在与他的本质疏远，人在事实上不是他潜在地是的那个样子，或者，换句话说，人不是他应当成为的那个样子，而他应当成为他可能成为的那个样子"[②]。在此基础上，弗洛姆还进一步说明异化是一种体验方式，"在这种体验中，每个人感觉到自己是外来者"[③]。对于谁来说是外来者呢？对自己、对自己行动的结果或生产的产品、对他人、对外部世界。就是说，如果一个人感觉到自己不是个人世界的中心，其行动的结果或创造出来的东西不属于自己；相反，行动的结果或产品成了自己的中心或崇拜的对象，个体感觉

[①] 这一部分的主要内容曾以论文形式发表，见论文《浅析弗洛姆眼中的现代资本主义社会里的生产和消费》，《海南师范大学学报》2008年第2期，第85～89页。

[②] 〔美〕埃里希·弗洛姆：《马克思关于人的概念》，见复旦大学哲学系现代西方哲学研究室编译：《西方学者论〈一八四四年经济学—哲学手稿〉》，上海，复旦大学出版社，1983年，第1版，第59页。

[③] Erich Fromm, *The Sane Society*, London: New York: Routledge, 1991, p.120.

不到自己与自己及外部世界的联系,那么这种体验就是异化,或者说,体验者被异化了。因此在弗洛姆看来,异化是一种心理层面的东西,是一种非正常的心理活动。所以,在弗洛姆眼里,现代社会充满了焦虑、孤独与疏离,"本世纪是一个充满焦虑的时代,孤独、疏离与日俱增"[1]。在《健全的社会》一书中,弗洛姆追溯了在法语和西班牙语中"异化"这个词的含义,来论证这一点:法语中的"aliéné"和西班牙语中的"alienado"都是指精神错乱的人或者精神病患者,而且,英语中的"alienist"仍然用来指那些治疗精神病的医生。[2]

弗洛姆在综合马克思和弗洛伊德的理论和研究方法后,通过研究,他得出的结论是,现代资本主义社会是一个异化的社会,而异化是任何历史时期、任何领域、任何人都有可能发生的普遍现象,异化是人类的永恒现象,"人类的历史就是人不断发展同时又不断异化的历史"[3]。在弗洛姆看来,异化即是人的病态,而且这种病态自劳动分工以来就存在了,只是在资本主义社会,这种病态更严重,异化的程度更高,范围更广,"在现代社会中我们看到的异化几乎是无孔不入,它渗透到人与自己的劳动、消费品、国家、同胞以及自身等各种关系之中"[4]。如此看来,整个社会就是病态的,因此,这种病到了非治不可的地步了。"每个人都患着这一疾病,只有等到这一病情恶化的时候,才能医治这一疾病;只有全面异化的人才能克服异化——因为一个全面异化的人不可能健全地活着,所以,他就不得不克服异化"[5]。可见,在弗洛姆眼里,现代资本主义社会、现代人已病入膏肓,但与弗洛伊德的消极和悲观完全不同的是,尽管弗洛姆看出了这个社会的种种问题,但他仍然对人类的前途充满信心,他要把这个病态的社会和病态的人看得透彻,以便对症下药。在《逃避自由》、《健全的社会》、《马克思关于人的概念》、《在幻想锁

---

[1] Erich Fromm, *The Crisis of Psychoanalysis: Essays on Freud, Marx and Social Psychology*, New York: Holt, Rinehart and Winston, Inc. 1970, p. 13.

[2] 参见〔美〕埃里希·弗洛姆:《健全的社会》,欧阳谦译,北京,中国文联出版公司,1988年,第1版,第120页。

[3] 〔美〕埃里希·弗洛姆:《马克思关于人的概念》,见复旦大学哲学系现代西方哲学研究室编译:《西方学者论〈一八四四年经济学—哲学手稿〉》,上海,复旦大学出版社,1983年,第1版,第56页。

[4] Erich Fromm, *The Sane Society*, London: New York: Routledge, 1991, p. 124.

[5] 〔美〕埃里希·弗洛姆:《在幻想锁链的彼岸——我所理解的马克思和弗洛伊德》,张燕译,长沙,湖南人民出版社,1986年,第1版,第49页。

链的彼岸——我所理解的马克思和弗洛伊德》等书中，弗洛姆都谈论到异化问题，我们从下面几个层面来厘清弗洛姆对现代资本主义社会异化状况的剖析，以说明为何弗洛姆把现代资本主义社会看作病态的社会。

一、生产过程中的异化

弗洛姆的异化思想深受马克思异化理论的影响，特别是在论述他的异化理论中的劳动异化时，他多次引用马克思对异化的分析。弗洛姆认为，在资本主义社会，生产过程中各个环节和诸多因素都发生了异化，还导致其他方面的异化。生产过程是一个复杂的过程，存在多个因素，要看清资本主义社会里的生产可不是一件容易的事情。

生产过程中最重要的因素，首当其冲的是生产者——工人。弗洛姆认为，资本主义社会中的生产者成了一个任人摆布的经济原子，整天与机器为伴，甚至成了机器的奴仆，按要求和指令重复着单调的工作，按制定好的计划和毫厘不差的标准受人管理，他们没有活动的空间和自由，被泯灭了好奇心和控制了自己的能力，没有思想，没有创造力，只为金钱和生活而奔波，是一个活动的机器，或者说是行走的僵尸，他们的命运不是反抗就是灭亡。弗洛姆在描述生产中工人的境况时借用了 J. 吉利斯皮的一番表述：

> 在工业生产中，人变成了一个经济原子，它随着原子式管理的调子来行动。你的位置就在这里，你将按这种方式去干，你的胳膊在以 Y 为半径的范围内只能移动 X 寸，并且移动的时间只能是千分之几秒。由于生产计划者、微观行为研究者和科学管理者进一步剥夺了工人自由思想和行动的权力，劳动正变得愈发单调机械。生命正在被否定，人的控制能力、创造性、好奇心以及独立思考都受到阻碍，其不可避免的结局就是工人的逃避或反抗，就是人的冷漠或毁灭直至精神上的退化。①

可见，"人在机器生产中的劳动异化比在手工制造业和手工业中的异

---

① 〔美〕埃里希·弗洛姆：《健全的社会》，欧阳谦译，北京，中国文联出版公司，1988年，第1版，第125页。

化强烈得多"①。这是因为，在资本主义社会之前的手工业社会中，手工业者是生产活动的中心，他们决定如何生产，生产多少等，一切决定都由具有创造力的人做出，人是生产活动的出发点。而在资本主义社会的机器化生产中，不是机器围着人转。相反，工厂里的工人，整天围在作为资本的一种形式的机器旁边转，他们不用思想，不用创造，一切计划和安排已经由管理者制定好了，产品的大小、花色、样式等本该属于生产者来决定的个性化东西，也早已在机器的生产流程中安装好了，生产者只需机械地动动手就够了，因为他们身体里只剩下手还有一定的自由，能被自己支配，"在手工制造业和手工业，是劳动者利用工具；在工厂，则是劳动者服侍机器"②。进一步看，劳动者变形成为了物，"在工厂，则有一个死机构独立于劳动者之外，把劳动者当作活的附属物来合并"③。这是因为"工人没有参与指挥劳动，而是作为他所使用的机器的一部分被雇用，从而变成了依附于资本的物"④。

  本应是生产过程中最主动的因素的人，已经被管理者和不断发展的科技限定和控制成为了机器，人成了活动着的机器或者机器人，或者进化成了不断改进的机器的附庸，即使有那么一点主动性也无用武之地，他们变得毫无思想和创造力，现代生产者差不多成了行尸走肉。作为生产者的工人成了这一副模样，那么管理者又如何呢？

  在弗洛姆看来，管理者同样被异化。他们要面对庞大的市场，应付激烈的竞争，操纵工人，哄骗消费者，管理者要支配和对付这一切，同时也被市场所支配和控制。管理者也被异化，成为官僚主义者。首先，大企业和政府机构都受到官僚政治的操纵，管理者无论管理人还是管理物都很有一套。在他们眼里，被管理的大众只是客观物体，这些参与管

---

① 〔美〕埃里希·弗洛姆：《马克思关于人的概念》，见复旦大学哲学系现代西方哲学研究室编译：《西方学者论〈一八四四年经济学—哲学手稿〉》，上海，复旦大学出版社，1983年，第1版，第62页。
② 〔美〕埃里希·弗洛姆：《马克思关于人的概念》，见复旦大学哲学系现代西方哲学研究室编译：《西方学者论〈一八四四年经济学—哲学手稿〉》，上海，复旦大学出版社，1983年，第1版，第62~63页。
③ 〔美〕埃里希·弗洛姆：《马克思关于人的概念》，见复旦大学哲学系现代西方哲学研究室编译：《西方学者论〈一八四四年经济学—哲学手稿〉》，上海，复旦大学出版社，1983年，第1版，第63页。
④ Erich Fromm, *Marx's Concept of Man*, New York: Frederick Ungar Publishing Co., 1961, p. 50.

理的官僚对大众无爱无恨,丝毫没有人的感情,只有冷漠,他们把大众当作数字和物品来进行管理。其次,由于企业或组织机构的庞大,分工的细化,普通人都不可能看到生产的整个过程,人和人之间、人和组织、组织和组织之间都缺乏有机的或自发的合作,大众不可能知晓企业运作的奥秘。因此,起管理作用的官僚大有市场,企业离不开这些官僚,每个人也都觉得没有这些官僚他们将一事无成,甚至挨饿,"正因为每个人感到无能为力,他们才感觉到官僚的关键作用,官僚因此被这些人给予上帝般的尊敬"①。

可见,管理者支配、管理和操纵生产者,他们自己也被市场操控,他们由于社会的分工、科技的发展、不断兼并和壮大的组织和企业而与实际生产者疏离。一方面,管理者身不由己,他们只得去支配、控制和应付身外的世界,而自身又深陷其中,不得自拔,被身外的世界所支配和控制;另一方面,随着社会分工的深化,企业或组织机构日益庞大,身处其中的个体根本没有能力去相互联系和合作,人们越来越依赖专业的管理机构。因此,这些专业的管理机构逐渐被"官僚化",他们逐渐远离单个的生产者和具体的生产过程。所以管理者同样被异化。

弗洛姆指出,企业所有者或者资本家和股东同样被异化。"大公司的'拥有者'对'他'的财产持一种完全异化的态度"②。因为企业所有者与企业经营者是分离的,能证明所有者对企业的所有权的只不过是一张代表一定数量货币的纸,除此之外,企业的所有者与企业没有任何具体的联系,他们不参与管理,不过问生产,个人的财富的价值受外在力量(企业经营者)的摆布,而且还要受反复无常的市场的制约。可见,企业并不是所有者所能控制的。股份拥有者也不能左右自己的财产,因为每个股东所占的股份很少,他们没有多大的支配权,同时,股东对企业的决策和生产过程并不感兴趣,唯一让他们感兴趣的是利润。于是形成了一个怪现象:企业所有者和股东不管理企业,他们与自己的企业相分离,与之疏远;而企业管理者又不是它的所有者,这本身就是一种联系的割裂,是一种分离和疏远。在科技突飞猛进的今天,在互联网成为人们生活中不可或缺的一分子的现代社会,这种疏离愈发广泛和严重。人

---

① Erich Fromm, *The Sane Society*, London: New York: Routledge, 1991, p. 127.
② 〔美〕埃里希·弗洛姆:《健全的社会》,欧阳谦译,北京,中国文联出版公司,1988年,第1版,第128页。

们的财富也许只是电脑显示屏上的一个阿拉伯数字,他们与自己财富唯一的联系就是指尖与电脑鼠标之间轻轻的一碰。

因此,在弗洛姆看来,所有权对企业所有者和股东来说,已经失去了它过去的那种神圣意义,所有权从过去的那种积极的作用变成了现在的消极作用。企业所有者或股东的所有权在资本主义社会中已与他们分离。故此,企业所有者或股东如同生产过程中的另外两种重要因素——生产者和管理者一样被异化。

由于生产者、管理者、企业所有者或股东这些最重要的因素——人被异化了,不可避免的是,生产过程中创造出来的产品,从它们诞生的那一刻起,就已被烙上"异化"的标记。弗洛姆在对劳动产品的异化方面直接引用马克思的表述,"劳动所生产的对象,即劳动产品,作为异己的东西,作为不依赖于生产者的独立力量,是同劳动对立的"①。劳动产品与劳动者发生分离之后,劳动者就被他自己亲手制造出来的产品——"手的产物"所支配,"资本主义生产把人的关系变形为物自身的性质,这种变形构成了资本主义生产中商品的性质。……像人在宗教上是受他自己的头的产物支配一样,在资本主义生产内,他是受他自己的手的产物支配"②。

对于劳动产品的异化问题,马克思已经谈得非常深刻,从弗洛姆对马克思观点的不断引用上,可以很清楚地看到,弗洛姆非常赞同马克思的异化理论。弗洛姆的异化思想是对马克思的观点和理论的直接继承和运用,他把马克思的劳动异化理论延伸到人和社会的各个层面,特别是人的心理和人性、社会的文化和意识形态等非物质层面。

总之,劳动(生产)过程中的人(包括生产者、管理者、企业所有者或股东)和物(资本)以及生产出来的产品都被异化了。劳动不再是劳动者本性的一部分,而是"一种获得金钱的手段,本质上它不是一种有意义的人的活动"③,劳动者在劳动中只能否定自己,并感到不幸,他

---

① 〔美〕埃里希·弗洛姆:《马克思关于人的概念》,见复旦大学哲学系现代西方哲学研究室编译:《西方学者论〈一八四四年经济学—哲学手稿〉》,上海,复旦大学出版社,1983年,第1版,第60页。

② 〔美〕埃里希·弗洛姆:《马克思关于人的概念》,见复旦大学哲学系现代西方哲学研究室编译:《西方学者论〈一八四四年经济学—哲学手稿〉》,上海,复旦大学出版社,1983年,第1版,第62页。

③ Erich Fromm, *The Sane Society*, London: New York: Routledge, 1991, p. 180.

们的肉体受到损伤，精神遭到摧残，对于劳动者来说，劳动就是地狱，生产活动与生产者的关系变成了异己的、受动的关系，从而作为人的类活动的劳动成了维持人的肉体生存的手段；人与自己的创造力相疏远，人变成了毫无创造力的机器；劳动所生产的对象，即劳动产品，同样变成了异己的东西，异化劳动从人那里剥夺了他所生产的对象，最终，人变成了生产过程的附庸。"人自己的劳动对象变成了异化的存在，最后对他实行统治，变成不以他自己为转移的力量。'在那里，是劳动者为生产过程，不是生产过程为劳动者'"①。在异化的劳动中，资本作为一种物，它成了一种统治力量。相反，人变成物，变成了被资本雇用的机器，不得不为之效劳，不停地生产。一句话，资本与劳动者相异化，劳动者被资本所奴役。

对于劳动生产的异化研究有很多，但研究的侧重点不尽相同。早期西方马克思主义代表之一的卢卡奇（Georg Lukacs, 1885 ~ 1971）提出物化的概念；马尔库塞和高兹（Andre Gorz, 1923 ~ 2007）② 在研究异化时，都把劳动分工看作是资本主义社会一切异化的根源；马克思从劳动异化追溯到资本主义社会制度的根本弊端，认为私有制与异化紧密相连；在这里，弗洛姆主要是在解读马克思的《1844年经济学哲学手稿》时对异化这一概念进行的阐发。弗洛姆把马克思的劳动异化作为自己理论的出发点，他把异化重点转移到人的异化上。他的理论逻辑是，资本的存在使劳动过程异化，劳动过程的异化使人所生产出来的产品、产品与消费者的关系、产品的流通等都异化了，在此过程中所涉及的人与物的关系、人与人的关系也随之异化。为此，整个社会都异化了，社会的异化又导致人的更深层次的异化，那就是人的心理异化。社会和人的各层次的异化又造就了资本主义社会的异化文化，并被一些学者们上升到哲学层面来进行研究。弗洛姆的这一理论逻辑和特征，我们将在下文作进一

---

① 〔美〕埃里希·弗洛姆：《马克思关于人的概念》，见复旦大学哲学系现代西方哲学研究室编译：《西方学者论〈一八四四年经济学—哲学手稿〉》，上海，复旦大学出版社，1983年，第1版，第60页。

② 安德烈·高兹是法国左翼思想家，主要代表作有《历史的道德》、《劳工战略》、《艰难的社会主义》、《改良和革命》、《向工人阶级告别》等。上世纪70年代后，高兹把生态学和"政治生态学"理论纳入自己的研究领域，成为生态学马克思主义理论家，是当代生态哲学和生态社会学的代表人物之一，其时的主要著作有《作为政治学的生态学》（*Ecology as Politics*）和《经济理性批判》（*Critique of Economic Reason*）。

步的阐释和研究。

二、消费活动中的占有

在资本主义社会,"消费过程如同生产过程一样被异化了"①,因为消费活动中的双方——消费者、营销者都异化了。

消费本来应该是作为满足人们日常需要的一种途径,是物与物的交换过程,人们生活中购买物品,是因为生活中需要用到那个物品。但在异化了的社会里,人们的消费目的并非如此,"人们在消费上永远感到饥饿,想购买市场上所有最新式的东西,而真正的'用'倒是次要的了。这种消费方式就与消费的物品、消费的欢乐相异化"②。弗洛姆认为,在现代资本主义社会,钱作为交换活动的中介物,是消费活动的前提,购买者必须拥有消费时所需要的金钱。人们占有金钱,就可以占有一切,"就有权力用占有的金钱去得到、去实现我所喜欢的一切"③,有了钱,就可以同任何东西进行交换,有了钱,人们就可以随心所欲地购买所想要的东西,不管它有多贵,不管购买回来的物品有没有用处,不管自己有没有那种能力或才能去使用它。"不用努力就可以得到我想要的东西","如果我有钱,即使我没有一点艺术鉴赏力,我也能买到珍贵的画;即使我没有欣赏音乐的情趣,我也可以买到最好的留声机;即使我为了卖弄才使用图书馆,我也可以买下一个图书馆;即使我把教育看作一种附加的社会财富而用不着它,我也可以花钱受教育"④。消费者甚至可以随意毁掉自己买来的东西,不管它是多么珍贵,而不觉得有什么损失。异化社会中的消费者是为了消费而消费,他们成了物品的奴仆,被物品和需要所异化。

可见,在现代资本主义社会中,人们的消费目的不完全是实用性,而是为了炫耀,为了占有。首先是金钱的占有,然后通过金钱这个媒介,占有一切物品,更重要的是对获得物品中的象征身份的占有。为此,在病态的资本主义社会里,人们的消费目的被异化,占有成了消费的主要

---

① Erich Fromm, *The Sane Society*, London: New York: Routledge, 1991, p. 131.
② 王元明:《论弗洛姆对现代西方社会的批判》,《天津师范大学学报》(社会科学版) 2006 年第 3 期,第 8 页。
③ Erich Fromm, *The Sane Society*, London: New York: Routledge, 1991, p. 131.
④ 〔美〕埃里希·弗洛姆:《健全的社会》,欧阳谦译,北京,中国文联出版公司,1988 年,第 1 版,第 131 页。

目的，同时也是他们所选择的消费方式和生活方式。所以弗洛姆认为，"我们获取事物的方法同我们使用事物的方法是脱离的"①。通常说来，人们获得物品的方式应该与所获得的东西在性质上一致，就是说，一般情况下，人们通过交换这种方式来消费，同时，消费过程中交换来的东西应该能满足消费者的要求。比如，我需要粮食充饥，我就用物去与人交换，或者用钱去购买食品，自然的消费方式就是这种根据自己的需要，去与人换取某物，而交换来的东西具有能满足个人需要的功能或性质。但在现代资本主义社会中，人们的交换方式往往不是以满足自身需要的方式进行，而是异化成了以占有的方式进行，其最终的目的也是占有，其原因之一就是"社会控制所强求的正是对于过度的生产和消费的压倒一切的需要"②。

异化的人从多个方面被疏远，失去与他自己、与别人、与世界的联系。弗洛姆认为，异化了的人的消费心理是人服从于他的异化的需要，通过占有和消费的方式来使自己同外界发生关系。"这个商品化了的人认识到，通过占有和消费（使用）才是他同外在世界发生关系的唯一方式"③。于是，人越异化，他就越把占有和消费看成是他同外在世界发生关系的纽带。在消费者看来，消费是一种享乐。"现代人的快乐主要在于消费和'吸收'的满足；商品、名胜、食品、饮料、香烟、人群、讲演、书籍、电影——这些全都被消费和吞食。世界是我们欲求的对象，是一个大苹果、一个大瓶子、一个大乳房"④。在消费者眼里，只要消费就是快乐，而且消费的欲望永无止境，世界上所有的东西都可以成为消费的对象。弗洛姆在《占有或存在》中列举了人们购买小汽车的例子，人们经常更换他们的汽车，车主到底怀着什么样的心理这样做呢？弗洛姆认为有下面几个原因：其一，车主设法用旧车换辆新车，希望这最好是一笔有利可图的"好买卖"，这整个买卖游戏过程中，可能存在不光

---

① 〔美〕埃里希·弗洛姆：《健全的社会》，欧阳谦译，北京，中国文联出版公司，1988年，第1版，第132页。
② 〔美〕赫伯特·马尔库塞：《单向度的人——发达工业社会意识形态研究》，刘继译，上海，上海译文出版社，2006年，第1版，第8页。
③ Erich Fromm, *Beyond the Chains of Illusion: My Encounter with Marx and Freud*, New York: Simon & Schuster, 1962, p. 51.
④ 〔美〕埃里希·弗洛姆：《健全的社会》，欧阳谦译，北京，中国文联出版公司，1988年，第1版，第167页。

彩的手段。其二，如果人们不停地更换汽车，汽车不再是他们所依赖的具体对象，在他们心里，汽车变成了地位、自我、权力的象征。其三，汽车不断更换，车主的情趣也在不断升级，同时，他们心中对物的占有欲和统治欲也随之升级。① 所以，弗洛姆认为，现代人具有贪婪地占有和使用新物品的欲望，他们还"理智地"认为，"这种贪婪乃是自己所向往的一种更美好的生活体现"②。

因此，在消费者看来，消费是使自己同外界发生关系的方式，是做有利可图的买卖，是一种享乐；消费能够显示地位和权力，能够"重拾自我"，能够满足不断升级的占有欲和统治欲，这是一种异化了的消费心理。在物欲横流的现代资本主义社会里，这成了人们普遍的消费心理。

与消费者相对的是产品的销售者或营销者，包括专门从事交易以获得利润的商人，以及产品的生产者。消费过程中，产品的营销者扮演着什么样的角色？他们的营销目的是什么？他们的营销心理如何？他们以什么样的营销策略来达到他们的营销目的呢？从下面的分析中，我们可以很清楚地找到这些问题的答案。

就营销目的而言，资本主义制度中的"一切经济活动的目标就是利润"③，专门从事交易以获取利润的商人，推销他们商品的目的很明显是为了获得最大限度的利润，占有最大量货币（财富），他们唯利是图，只要能达到目的。为此，他们怀着卑劣心理，使用任何下流的手段，尽可能地多向消费者兜售他们的产品，甚至全然不顾消费者花光了所有的钱，陷入经济上的破产，以达到他们的目的——获取更多的货币量。所以，在弗洛姆看来，"对货币的需要是现代经济所产生的真正需要，而且是它所产生的唯一需要。货币量越来越成为它唯一强有力的属性"④。可见，营销者也被金钱（货币）所异化。作为商品的生产者来说，他们同样用狡猾的手段来骗取金钱，他们把每一个产品都作为诱饵，用来把别人（包括邻里或朋友）口袋里的金钱诱骗到自己的口袋里。弗洛姆引用

---

① 参见〔美〕埃里希·弗洛姆：《占有或存在——一个新型社会的心灵基础》，杨慧译，北京，国际文化出版公司，1989年，第1版，第63~64页。
② 〔美〕埃里希·弗洛姆：《在幻想锁链的彼岸——我所理解的马克思和弗洛伊德》，张燕译，长沙，湖南人民出版社，1986年，第1版，第174页。
③ Erich Fromm, *The Sane Society*, London: New York: Routledge, 1991, p. 89.
④ Erich Fromm, *Beyond the Chains of Illusion: My Encounter with Marx and Freud*, New York: Simon & Schuster, 1962, p. 50.

马克思的话来表述他所看到的营销目的,"没有一个宦官像工业的宦官即生产者那样低声下气地向自己的君主献媚,并且像他们那样用卑鄙的手段来刺激君主的麻痹了的享乐能力,以便赢得君主的恩宠"①。所以只要消费者能从产品中或者生产者的迎合中感受到了某种幻想中的需要或享乐,生产者就受到了恩宠,恩宠就意味着消费者会掏钱购买生产者的产品,生产者就能获得好处或利益,就意味着对某种东西的占有。"工业的宦官即生产者力图用狡猾的手段来骗取银币,从自己的按基督教教义来说应受敬爱的邻人的口袋里诱取黄金鸟(每一个产品都是人们想用来从别人那里诱骗他的命根子即金钱的诱饵……)"②。

　　从以上分析中我们可以认识到,在弗洛姆看来,消费过程中的营销策略或手段不外乎或欺骗、或诱骗、或迎合、或麻痹消费者,这些手段都是狡猾的、下流的、卑鄙的。他们绞尽脑汁,以投合消费者占有和炫耀的意念,"充当消费者和他的需要之间的皮条匠,以激起他的病态的欲望,窥视他的每一个弱点,以便然后为这种亲切的服务要求报酬"③。他们尽力唤起消费者心理上的某种虚幻的需要,如利用新产品以及消费者喜新厌旧的心理,让消费者觉得自己有新的需要,从新产品中可以获得新的享乐,然后掏出钱来消费。其实,消费者作出了又一次牺牲,有时这种牺牲甚至是破产。运用这些策略,营销者就能支配消费者,欺骗消费者,掠夺消费者,以满足自己的利己需要。"每个人都千方百计在别人身上唤起某种新的需要,以便迫使他作出新的牺牲,把他置于一种新的依赖地位,促使他进行新花样的享乐,从而使他陷于经济上的破产。每个人都力图创造出一种支配其他人的、异己的本质力量,以便从这里面找到自己本身的利己需要的满足……每一个新的产品都是产生相互欺骗和相互掠夺的新的潜在力量"④。现代社会里,厂家都想方设法,把自己的产品不停地更新换代,而且这种更新的周期越来越短,药品、汽车、

---

① 〔美〕埃里希·弗洛姆:《在幻想锁链的彼岸——我所理解的马克思和弗洛伊德》,张燕译,长沙,湖南人民出版社,1986年,第1版,第52页。
② 〔美〕埃里希·弗洛姆:《在幻想锁链的彼岸——我所理解的马克思和弗洛伊德》,张燕译,长沙,湖南人民出版社,1986年,第1版,第52页。
③ 〔美〕埃里希·弗洛姆:《在幻想锁链的彼岸——我所理解的马克思和弗洛伊德》,张燕译,长沙,湖南人民出版社,1986年,第1版,第52页。
④ 〔美〕埃里希·弗洛姆:《在幻想锁链的彼岸——我所理解的马克思和弗洛伊德》,张燕译,长沙,湖南人民出版社,1986年,第1版,第51页。

手机及其他"高科技"电子产品莫不如此。有些产品名曰新产品,其实只不过是表面的包装换了一下而已,其构造、功能并无多大差别,但这些都是"研发"的成果,这些研发成本自然包括在所谓的"新"产品里面,为此,"新"产品的价格比原来高多了,消费者掏更多的钱,占有"新"产品。这样,一方面满足消费者异化的消费心理,另一方面厂家也乐得赚取更丰厚的利润。

总之,从消费过程中的双方——消费者和营销者来看,他们都被商品、被金钱、被占有欲所异化,物成了人的主人,人成了物的仆人,人因物而被动地存在。其结果是,"在工业化的国家里,人本身越来越成为一个贪婪的、被动的消费者。物品不是用来为人服务,相反,人却成了物品的奴隶,成了一个生产者和消费者"①。消费过程中的双方——消费者和营销者,都怀着各自异化了的目的,利用对方病态的心理,相互欺骗,相互掠夺,相互占有,他们成了商品、金钱、需求的奴仆;买卖中,双方谁也没有占到便宜,都成了物的牺牲品。

弗洛姆出生的年代大致是美国从生产社会向消费社会转变的初期,特别是"二战"以后的福特主义时代,大规模生产使疯狂消费变为现实,"伴随着大规模生产和大规模消费的推广,广告业的兴起,中产阶级的价值观念成为这个社会的文化导向"②。消费已经成了现代西方社会的一种文化,并上升到政治和哲学层面,

> 资本主义社会中的文化阶级逻辑常常根植于普遍性的民主借口之中。宗教曾经是普遍性的。人文主义的自由与平等的观念也是普遍性的。今天,普遍性具有了一种绝对的具体的显现:今天,普遍性成了人类需要,这种普遍性渗透到了所有文化的和物质的商品之中。它成为了消费的普遍性。③

20 世纪 70 年代以来的后福特主义时期,即所谓的后工业时代、后

---

① 〔美〕埃里希·弗洛姆:《在幻想锁链的彼岸——我所理解的马克思和弗洛伊德》,张燕译,长沙,湖南人民出版社,1986 年,第 1 版,第 174 页。
② 陆扬主编:《文化研究概论》,上海,复旦大学出版社,2008 年,第 1 版,第 66~67 页。
③ 〔法〕让·鲍德里亚:《符号政治经济学批判》,夏莹译,南京,南京大学出版社,第 1 版,2009 年,第 37 页。

现代、全球化时代,消费方面的一个突出特点就是消费者主权论。由于广告、媒体等的影响,人们的消费思维模式也发生了变化,人们消费的不再是物质商品,而仅仅是符号,是身份的象征。"在消费社会中,消费已经取代了生产的地位,成为支配整个社会结构的决定性因素,消费社会就是以'消费'来进行'社会驯化'的社会。消费被赋予符号学的意义,因为我们消费的并不是物的有用性,而是通过消费显示自己的社会地位与身份"①。我们日常生活中的用品貌似只有使用价值(use value),但很多都蜕变成了符号—交换价值(sign-exchange value),"在这里,作为含义要素的洗衣机可以用任何其他物品来替代。无论是在符号逻辑里还是在象征逻辑里,物品都彻底地与某种明确的需求或功能失去了联系"②。表面上,人们的消费是自由的,是由他们自己的意识来控制的,实际上并非如此。人们无时无刻不是在做着消费活动,即使在所谓的休闲娱乐时,电视节目里角色的消费品味和理念、各种艳丽诱人的广告总在观众眼前晃悠,在听众耳际回响,在消费者心里激荡,此时,观众、听众都变成了消费者,他们都在自己的业余和休闲时刻工作着——为下一步的消费做好准备,什么是流行色、什么是品味、什么是身份等理念和知识,在不知不觉中被灌输到每个作为潜在消费者的受众的大脑里面,他们随时准备消费,以体现自己的价值,彰显自己的身份。而且这个过程永远在进行着,并不断发展和升级,因为现代科技产品特别是电子产品层出不穷,并不断更新和升级。苹果手机几乎每年一次的更新换代以及它所负载的个人价值和身份象征让众多消费者趋之若鹜。现实的确如鲍德里亚(Jean Baudrillard,1929~2007)所言,"我们现在到了消费控制着整个生活的程度"③。消费已经成了全社会生活风尚,成了每个人生活中的精神支柱,一切活动的最终目标是消费,消费俨然是新的部落神话。现代资本主义社会的消费是人们虚假自由的需要,也是资产阶级的政治需要,因为他们用高消费的手段来缓解社会矛盾,"异化消费的产生是当代资本主义社会的消费超越了经济学意义而演化为一个政治学范畴,

---

① 彭冰冰:《西方马克思主义意识形态批判的历史逻辑与现实意义研究》,北京,中国社会科学出版社,2012年,第1版,第161页。

② 〔法〕让·鲍德里亚:《消费社会》,刘成富、全志刚译,南京,南京大学出版社,2000年,第1版,第67页。

③ Jean Baudrillard, *The Consumer Society: Myths and Structures*, London: Sage Publications, 1998, p. 30.

它在当代资本主义社会承担着重要的社会政治功能"①。在后现代社会，消费活动中的异化已经到了登峰造极的地步。

现在看来，弗洛姆对消费的论述是很有远见的，他继承了马克思的经济学方法，同时结合异化、消费心理等理论，对消费这一社会活动进行了全面考量。而且一些文学作品折射出他对消费活动的剖析。

在当代西方文学里，不时可以看到刻画西方消费社会和消费思想的作品，比如在《了不起的盖茨比》中，几乎所有的人物消费心理都被扭曲了，因为他们生活在一个物化（或者说商品化）的世界。在那里，一切都是商品，而且所有商品的价值主要在于其符号—交换价值，"从定义上来讲，商品具有价值不仅因为它能做什么（使用价值），而且在于它能被交换成金钱或其他商品（交换价值），或者给予拥有者社会地位（符号—交换价值）"②。

黛西的丈夫——汤姆是作品中最富有的人，他与世界的关系就只用金钱维系着：

> 对于他来说，所有的物件，所有的人都是商品，他跟黛西·菲伊的婚姻，就完完全全是汤姆的金钱、权力，以及它们赋予他的强大和坚不可摧与黛西的青春、美丽和社会身份的交换。"买卖"的筹码就是汤姆给他未婚妻的价值35万美元的一串珍珠。同样的，汤姆用他的钱和社会地位交易到了默特尔·威尔森和无数与之有染的其他工人阶级女性……当然，汤姆商品化的行径不只限于他与女性的关系上，因为资本主义所提倡的信念是"你就是你所拥有"——这就是说，我们作为人的价值就是我们所拥有的财富的价值，使汤姆感到高兴的是他的大笔财富所包含的符号—交换价值，以及他作为财富拥有者所赋予他的社会地位。③

所以，汤姆像对待物体一样冷酷地对待着他周围的人，对于他来说，商

---

① 李明：《后马克思主义意识形态理论研究》，北京，人民出版社，2011年，第1版，第68页。
② Tyson, Lois, *Critical Theory Today—A User-Friendly Guide*, New York and London: Gafland Publishing. Inc, 1999, p. 67.
③ Tyson, Lois, *Critical Theory Today—A User-Friendly Guide*, New York and London: Gafland Publishing. Inc, 1999, pp. 67~68.

品化的定义就是"像商品一样地对待人和物"①。

同样,从黛西的角度来看,她同意与汤姆结婚,也是一个商品化的行为,因为"她想得到汤姆的符号—交换价值就如汤姆想得到她的一样"②。从小说结局时黛西把盖茨比当作牺牲品来为她轧死汤姆情妇顶罪可以看出,在她眼里,盖茨比不过是她手中可以利用的一粒棋子,是她用以生存下去的一件工具罢了。盖茨比被黛西所占有,黛西让他消失在这个世界里,什么价值也不存在。从消费的角度看,盖茨比的肉体和整个生命都被黛西消费殆尽,盖茨比的一生就是等待被黛西消费的一生,他就是黛西的消费品。

再来看看盖茨比,他所拥有的一切基本上都褪去了其使用价值,只剩下符号—交换价值,成为了一种象征,一种符号,是暴发后成为富有阶层身份的符号表征。黛西如同在汤姆那里一样,在盖茨比看来,她也只有符号—交换价值。黛西是他的美国梦,是上层社会女性的符号象征,拥有她就是让他自己也成为上层社会的一员,而不只是一个被汤姆所鄙视的暴发户。为此,盖茨比愿意挥霍他的所有财富来换取黛西这个符号,甚至付出生命的代价来消费她,可惜黛西只是他一生中渴望的、但永远也没到手的消费品,盖茨比自己反而成了他所期待的消费品的消费对象,或者说他的消费品的祭品。所以,小说中所有人物都生活在这个消费至上的社会里,都把一切商品化,都希望占有符号—交换价值的人或物,在他们眼里,人和物已经没有区别了,每个人都是他人潜在的消费品,人与人的关系就是消费与被消费的关系,双方同时是对方的消费者,也是对方的消费对象。

用弗洛姆的消费心理理论来审视作品中的人物,可以看出,他们的消费心理是异化的。因为在那里,人们把商品都看成了一种符号,进行消费和交换,人与人的关系也不是友情或爱情,而是一个个社会中漂浮的符号与符号之间的关系,无论什么,只要能提升自己的身份,只要能在自己的生存之路上为其所用,就会成为自己在这个只有物物(人也变成了物)交换的世界里的一个筹码,或者自己交换的目标,并被占有。

---

① Tyson, Lois, *Critical Theory Today—A User-Friendly Guide*, New York and London: Gafland Publishing. Inc, 1999, p. 69.

② Tyson, Lois, *Critical Theory Today—A User-Friendly Guide*, New York and London: Gafland Publishing. Inc, 1999, p. 69.

当然，与此同时每个人自己也会被别人看作物品被占有，是被别人猎取的消费品。这就是人们的消费心理，从这个角度来看，人与人之间倒是非常"平等"的。

现代西方社会中的一切：物品、爱情、友情、人的身体、甚至人的生命都已经被其他人打上了价格的标签，人的价格就是仅具符号—交换价值的额度，人的价值就是为他人消费而存在，人的存在是为他人的消费而被生产出来，除此之外，社会中什么也不存在。这是一个高度异化的社会，生存在这样的世界里，人的一切活动都被极端异化。

三、政治生活中的"民主"

病态社会里的政治当然也不可能正常：现代资本主义社会的政治缺乏民主，人们缺少理性，没有自己的意志和信念，只是机械地受制于政治这个庞大的机器，人们的伦理和道德观念退化，他们力图逃避自由。在弗洛姆看来，现代资本主义社会中人们的政治生活几乎到了无法忍耐、无可救药的地步。下面我们从民主、理性、伦理、自由与权威等方面来看看弗洛姆如何揭示现代资本主义社会中人们的政治生活状况的。

在弗洛姆看来，现代民主制度如同劳动一样，已经被异化，这种异化集中体现在民主选举制度方面，"现代民主选举中选举人意愿的表达方式也成了一种异化的表达方式"[1]。弗洛姆认为，民主政治的原则是"全体人民的命运以及公共事务的决策，不是由某个统治者或一个小团体来决定，而是由全体人民自己来决定"[2]，通过选举代表，每个公民都在行使他参与公共事务的职能。而事实上，在弗洛姆看来，由于机会和收入的不平等，一部分人拥有特权，他们不愿失去他们既得的特权，让大多数人的意愿得到充分表达。于是，他们剥夺了大多数人的公民权，"今天的民主问题不再是公民权的限制问题，而是如何实施公民权的问题"[3]。弗洛姆认为，在一个社会里，如果人们没有自己的愿望或信念，他们只是一些被异化的自动机器，他们的情趣、意见和好恶都受制于社会这部大机器，那么他们不可能表达自己的意愿。而且，即使每个人选举，而

---

[1] Erich Fromm, *The Sane Society*, London; New York: Routledge, 1991, p.184.
[2] Erich Fromm, *The Sane Society*, London; New York: Routledge, 1991, p.184.
[3] 〔美〕埃里希·弗洛姆：《健全的社会》，欧阳谦译，北京，中国文联出版公司，1988年，第1版，第186页。

选票没有被诚实地计算，或者选举人害怕投执政党的反对票，这个政府就是不民主的。自由选举与操纵选举有本质区别，即使是自由选举，有时人们也不一定能表达"人民的意志"，因为往往人们被广告的吹嘘和宣传所哄骗，他们自以为自己表达了"人民的意愿"，其实，他们所表达的并不是自己的意愿，或者并不能代表"人民的意愿"，看起来是出于自己的意愿，但事实上只是已被各种宣传所影响的"自己的思想"，他们是在帮别人投票，替别人表达意愿。所以，弗洛姆认为，在一个异化的社会中，"人们表达自己意愿的方式同他们购买商品时的选择方式没有多大差别"①，是被欺骗、被迷惑。而且，"在一个民主国家中，政治机器的运行实际上同商品市场的活动没有本质区别。各个政党就如同庞大的商业机构，职业政客极力向公众推销他们的货物。他们使用的方法，愈来愈像施加压力的广告方法"②。从大众这方面来讲，弗洛姆认为，民主的异化还源于人们自身的原因：民主思想不坚定，缺乏意志力和责任感，对政治漠不关心，现实辨别力不强等。比如从现代人对公共福利问题的态度就可以看出，人们在对待那些与个人利害没有直接关系的国家和国际事务时，往往抛弃传统民主原则的要求。又正是因为他们缺乏意志力和责任感，所以现实辨别力衰退，对国内外政策无知，而且缺乏主见。

故此，无论是从客观方面来说，还是从人自身这个主观方面来说，民主这个政治中最重要的因素已经被异化。可悲的是，在现代资本主义社会的政治生活中，由于舆论和宣传等原因，人们总是在替别人投票，总是在为别人发表意见，可他们还一直被蒙在鼓里，可能还正为自己能够表达个人意愿，或者能够作为代表表达了"人民的意愿"而沾沾自喜。同时，现代人对公共问题以及国家和国际事务的无知和漠不关心，导致他们意志力、责任感、现实辨别力等方面的弱化，从而使社会也失去了健康发展的真正动力。

对于理性，弗洛姆认为，其目的在于认识世界，它旨在揭示现象背后的本质，认清周围现实的本质。理性也是一种职能，它的职能在于促进精神的发展，生活中，理性还被用来预测未来，"人的理性愈是发展，

---

① Erich Fromm, *The Sane Society*, London: New York: Routledge, 1991, p. 186.
② 〔美〕埃里希·弗洛姆：《健全的社会》，欧阳谦译，北京，中国文联出版公司，1988年，第1版，第188页。

他的目标就愈是切合实际"①。弗洛姆同时认为,理性需要具备爱和自我意识,只要在意识里面保持自我的独立存在,个体就能思想,也就能运用自我的理性。现代资本主义社会中,理性表面上看颇为昌盛,事实上,"理性的异化和爱情的异化都是实际存在的"②,这是因为现代人(异化的人)缺乏现实感,"现代人对所有重要问题都表明他们极度缺乏现实主义态度"③。他们对生与死、幸福和痛苦、感情和深思等各个方面、各个层次的问题都缺乏现实感,而现实感与理性紧密相关。在弗洛姆看来,现代人的现实主义态度患有妄想狂的夸张和变形,他们玩弄一些能够毁灭地球、毁灭整个现代文明的武器,他们以一种虚假现实的画面掩盖了人类生存的全部现实性,"这与野蛮人用土地和自由去换取闪亮的玻璃珠没有什么区别"④。在弗洛姆看来,现代人的理性被异化还有一个客观原因,那是因为社会活动和组织过于庞大,人们自始至终只是完成整个工作的一部分,他们无法看到整个工作和社会,或者说无法看到工作和社会的整体,他们不能看透现象背后隐藏的本质和规律,而理性只有在认识整体以后才能发展。故此,现代人的理性也不可能得到发展。

从弗洛姆的论证逻辑中可以看出,人的理性是用来认识现实世界的,而现代人失去了现实感,他们无论对大是大非的问题,如对人类生存的问题、对地球的毁灭问题,还是对关乎个体的生活或情感问题,如幸福和痛苦、感情和思想等都统统麻木了,他们对现实都没有什么感觉了。于是,我们可以把弗洛姆对现代人的理性问题的逻辑和结论较为清晰地勾勒出来:现代人远离现实,因而远离理性,即他们的理性被异化了。现代人的理性被异化有主观和客观两个方面的原因,这两个原因造成现代人理性的退化,又因为理性程度的低下,现代人更加看不清现实,这是一个恶性循环。

弗洛姆认为伦理与理性是不可分的。这是因为,"伦理的行为,是以在理性的前提下去作出价值判断的能力为基础的;它就是在善与恶之间

---

① 〔美〕埃里希·弗洛姆:《健全的社会》,欧阳谦译,北京,中国文联出版公司,1988年,第1版,第62页。
② 〔美〕埃里希·弗洛姆:《在幻想锁链的彼岸——我所理解的马克思和弗洛伊德》,张燕译,长沙,湖南人民出版社,1986年,第1版,第59页。
③ Erich Fromm, *The Sane Society*, London: New York: Routledge, 1991, pp. 170~171.
④ 〔美〕埃里希·弗洛姆:《健全的社会》,欧阳谦译,北京,中国文联出版公司,1988年,第1版,第172页。

做出选择,并根据这一选择去行事"①。弗洛姆还认为,伦理的判断和行为与理性的运用一样,都是以自我的存在为先决条件,人道主义伦理观的原则基础是,"个体优于任何组织和事物,生命的目的就是发展人的爱和理性"②。但在现代资本主义社会里,人成了一部自动机器,成了庞大的"它"的奴隶,人无法作出正确的判断,当然,人的伦理观就没有办法得到发展。弗洛姆认为,除了人道主义伦理之外,还有一种伦理:在市场上进行物品交换时,人们应该遵循公平原则,这个公平原则就是市场上的伦理原则,即公平伦理,它是支配买卖人生命的伦理原则。在弗洛姆看来,公平原则并不要求人们去爱邻人,去为发展自己的精神力量而献出一生,这是人道主义伦理观和公平伦理观之间的矛盾。但我们应该把这两种对立的伦理观融合在一起,而现代人总是按照公平伦理来重新解释人道主义伦理观,所以,年轻的一代由于遗忘了人道主义传统,无视传统伦理观而做出一些反道德、反社会甚至反人性的事,都不足为怪。

现代人的传统伦理观已被遗忘或被忽视,人们只关注市场化的生活和行为,他们只关注自己在交易时是否吃亏,是否上当受骗,至于"爱邻里"之类的事与他们毫无关系,这是一个充满物欲而缺乏爱的社会,人们的伦理观里,只有弗洛姆提到的二者中的一种,另外一种(人道主义伦理观)遭到现代人,特别是年轻人的遗忘甚至践踏。因此,可以说,现代人的伦理观已被异化,至少已经被部分异化,这是物质极大丰富的资本主义社会经济的高度发展与人道主义伦理的巨大反差。同时,我们也可以发现,由于现代人的伦理观还没有完全缺失,或者说未被全部异化,弗洛姆对现代人并不持绝望态度,"当社会正走向野蛮状态之时,我们似乎还可以在许多人的生活境遇中找到伦理的行为"③。

弗洛姆对"自由"有过许多阐述。在《逃避自由》中,弗洛姆认为,自由的含义是,人"摆脱了外在的束缚,可以随心所欲地去行动和思想"④。弗洛姆在这里的意思是,如果一个人能够摆脱外在的束缚,根

---

① Erich Fromm, *The Sane Society*, London: New York: Routledge, 1991, pp. 172–173.
② 〔美〕埃里希·弗洛姆:《健全的社会》,欧阳谦译,北京,中国文联出版公司,1988年,第1版,第174页。
③ 〔美〕埃里希·弗洛姆:《健全的社会》,欧阳谦译,北京,中国文联出版公司,1988年,第1版,第177页。
④ Erich Fromm, *The Fear of Freedom*, London: Routledge, 1942, p. 220.

据他自己的所欲、所想、所感,即按自己的意志自由地行动,他就是自由的。在《人心》一书中,弗洛姆认为,"自由"的概念有两种不同的意义:"第一种意义的自由是一种态度,一种定向;是成熟的、已充分发展了的、创造性的人的性格结构的一部分。在这种意义上,我说的一个爱的、创造性的和独立的人就等于一个'自由的'人"①。"自由"的第二种意义是"相反的两种可能性之间作出选择的能力,不管怎样,二中择一的选择始终意指在生活的理性意愿和非理性意愿之间,成长与停滞、死亡之间的选择"②。

在这里,弗洛姆首先从心理学的角度给自由作出了定义:自由就是具有爱、富于创造性的人格结构,也就是说,这种已充分发展了的、具有创造性的性格结构的人才是"自由的"人。弗洛姆的第二重定义是从存在主义哲学的角度作出的:自由就是"自由选择",自由的人就是具有独立意识,能够在相反的两种选项中作出自己的选择的人。当然,这种选择是理性的、理智的,是能表达自己意愿的选择,而非任意的、随便的选择。我们可以把这两种含义合并起来,作为弗洛姆对"自由"一词的理解:自由意味着摆脱外在束缚,具有创造性的思维和人格结构,能在具有爱心的基础上,独立地作出理性和理智的选择,以表达自己的意愿。千万年来,人类为了达到自由这一目标不懈努力,不断奋斗,因此,弗洛姆把人类历史看作是追求自由的历史。

现实情况如何呢?弗洛姆认为,自由与权威密切相关。在现代资本主义社会里,公开权威已经引退了,人们很难看到命令或禁止之类的东西,如父母不再命令孩子,而是建议孩子"要去做某件事"。在其他领域,也基本上看不到命令或命令性的话语、警示,只看到"建议"或"提醒",因为"只要有公开的权威存在,就会有冲突和反抗"③。人们反抗权威,是为了表明自己的存在。"到了20世纪中叶,权威改变了它原来的特性"④,人们步调一致了,是因为公开权威见不着了,人们再也

---

① 〔美〕埃里希·弗洛姆:《人心——人的善恶天性》,范瑞平等译,福州,福建人民出版社,1988年,第1版,第124页。
② 〔美〕埃里希·弗洛姆:《人心——人的善恶天性》,范瑞平等译,福州,福建人民出版社,1988年,第1版,第124页。
③ 〔美〕埃里希·弗洛姆:《健全的社会》,欧阳谦译,北京,中国文联出版公司,1988年,第1版,第155页。
④ Erich Fromm, *The Sane Society*, London: New York: Routledge, 1991, p. 152.

用不着去怀疑，去反抗，以示"我"的存在，以发展自我意识。在现代所有的生活领域里，虽然找不到公开的权威，但并不能说权威消失了，因为现代资本主义社会里，权威"不是公开的，而是匿名的、无形和疏远的"①。在弗洛姆看来，现代资本主义社会中的这种隐蔽的匿名权威（anonymous authority）如同市场法则，隐而不露，但却坚不可摧。它是什么呢？"就是利润、经济需要、市场、常识、公开舆论，就是'一个人'所做的、所想的和所感到的"②。弗洛姆把"一个人"用引号标记，是因为某一个人所做的、所想的和所感到的，实际上并非他一个人的，而是在匿名权威的影响下，社会中所有人所做的、所想的和所感到的。

弗洛姆认为，一致性就是匿名权威的作用过程，在匿名权威的影响下，人们惊人地步调一致。人们再也不必"与众不同"，只要顺应社会，随大流就可以了。因此，人们不必去怀疑，甚至用不着去思考。这种趋同性就意味着对一切事物的冷漠，意味着人们思想、理智的退化，意味着人的异化，更意味着人们自我完整性的缺失和自我的迷失，"这种趋同的欲望实际上是异化人的感觉"③。弗洛姆认为，异化的一致性造就非常适应社会、非常讲究实际的人格，还导致人们趣味和判断的整齐划一。因此，人与人之间再无差异可言，也没有隐私可藏，人们可以随便地议论"某人"的"隐私"。所以弗洛姆说，"在现代历史的进程中，国家的权威取代了教会权威，良心权威取代了国家权威，到了我们这个时代，常识及作为趋同工具的公共舆论之类的匿名权威又取代了良心权威。因为我们已把自己从旧式的公开权威中解放出来，所以我们看不到自己又成了一种新权威的牺牲品"④。因此，现代人与真正的自由还相去甚远。

人类从诞生之日起就不停地追求自由，但在弗洛姆眼里，随着人类历史的发展，他们通过拼搏，一次又一次地砸碎套在他们身上的枷锁，但每次都又被套上新的枷锁。他们挣脱了自然的束缚，砸碎了国家权威，

---

① Erich Fromm, *The Sane Society*, London; New York: Routledge, 1991, p. 152.
② 〔美〕埃里希·弗洛姆：《健全的社会》，欧阳谦译，北京，中国文联出版公司，1988年，第1版，第154页。
③ 〔美〕埃里希·弗洛姆：《健全的社会》，欧阳谦译，北京，中国文联出版公司，1988年，第1版，第156页。
④ 〔美〕埃里希·弗洛姆：《逃避自由》，刘林海译，北京，国际文化出版公司，2002年，第1版，第180~181页。

抛弃了良心权威，但他们至今还未获得真正的自由，因为他们并不能，或者在很多情况下并不是按照自己的意愿，理智和理性地作出选择，而是由于强大的公共宣传、庞大的社会机器的影响，或者为了满足自己的占有欲望而作出了不理智的、违心的选择。当然，有时他们并不知道自己的选择违反了自己的意愿，这是各种异化的结果。从表面上看，现代人好像已经征服了自然，完全摆脱了自然的束缚，他们过着衣食无忧的生活，物质极大丰富，各种娱乐和消遣填补了他们的精神空白，他们享受着祖祖辈辈通过不懈奋斗为他们争得的无穷无尽的"自由"，他们不必祈求自然的恩赐，没有了国家权威的欺凌，他们不受良心权威的束缚，他们摆脱了所有往日的那些公开权威，他们有投票的权利，能够"独立地"、"理性地"、"民主地"作出他们"自己的""理智的"选择。他们非常适应社会，他们整齐划一地生活，他们的思想、观念、价值惊人地相似或一致，而实际上他们并没有享受真正的自由。从上面这些被标上引号的词以及前面的阐述我们就能明白其中的缘故：因为他们被新式的、法力无穷的、无形的匿名权威所控制，不仅如此，他们还比任何时候都更为惨烈，因为他们享受"自由"的代价是人格的异化趋同以及自我的丧失；又因为人格的异化趋同，他们更加感觉到自己的微不足道和无能为力，因此，他们会寻找一个崇拜的偶像，以逃避现有的自由。正如弗洛姆所言，现代人"在'自由'的盛名下，生命丧失了全部结构，它由许许多多的小碎片拼凑而成，各自分离，没有任何整体感"[①]。由于异化的存在，现代人不仅没有获得真正的自由，相反，他们牺牲了作为一个整体的自我。

可见，现代人在政治生活中并没有享受到真正的民主，没有拥有真正的理性、伦理道德和自由。相反，他们生活在一个缺乏民主，却到处都弥漫着非理性、反伦理和匿名权威的社会里。要在这样的社会里生存下去，人们不得不以牺牲完整的自我为代价。可以说，现代人的自我在政治生活领域同样迷失了。

弗洛姆所说的匿名权威与马克思理论体系中的统治阶级的虚假意识形态（false ideology）、葛兰西（Antonio Gramsci, 1891～1937）理论中的

---

① 〔美〕埃里希·弗洛姆：《逃避自由》，刘林海译，北京，国际文化出版公司，2002年，第1版，第179页。

文化领导权（亦译作文化霸权，cultural hegemony）①、霍克海默尔、阿多诺所诟病的启蒙神话和文化工业、马尔库塞所谓的单向度思想、阿尔都塞的意识形态国家机器（ideological state apparatuses）等概念和理论一样，都从不同侧面揭示了当代西方资本主义社会统治阶级思想意识的欺骗性，以及如何达到用统治阶级的思想规训具有自我意识的人的目的，由此我们从本质上看到了当代西方资本主义社会民主和自由的缺位。

四、社会关系中的疏远

通过前面对病态社会中异化的生产、消费、政治生活等方面的阐述，我们不难推断出，在同样的社会环境中的社会关系会是什么样子。在弗洛姆看来，异化的社会中，人们把自己当成了商品来出卖，把自己当作资本来投资，以追求最大限度的利润。"人人都疏远自己、疏远自己的同代人、疏远大自然——他们的思想被异化了。人于是变成了一种商品，人所能感受到自己的生命力时就会本能地联想到它是一笔实际上的资本，这笔资本一旦投资到既定的市场上即要为自己实现最大的利润"②。于是，人与社会中各种因素——人与人、人与自我、人与社会、人与自然等的关系无一例外，都被异化了，正如弗洛姆所言，连上帝都逃脱不了这一命运，"同整个世界一样，上帝也被异化了"③。

在弗洛姆看来，在资本主义社会里，人与人的关系已经变成了物与物的关系，"这是一种两个抽象物、两个活机器之间相区别利用的关系"④。于是，可以想见，"在我们今天的人际关系中，几乎找不到多少爱和多少恨"⑤。例如，雇主利用他雇来的人，售货员利用他的顾客，因

---

① 意大利语中，该词为 egemonia，葛兰西本身对这一术语的使用并不是一贯的，而是有一个发展过程，但总体上指"某一社会集团争取其他集团对其表示积极赞同、自觉服从并自动融入到该社会集团的权力结构中来的一种控制方式"。参见李惠斌、薛晓源主编：《西方马克思主义研究前沿报告》，上海，华东师范大学出版社，2007，第 51~71 页。

② 〔美〕埃里希·弗洛姆：《爱的艺术》，萨如菲译，北京，光明日报出版社，2006 年，第 1 版，第 114 页。

③ 〔美〕埃里希·弗洛姆：《健全的社会》，欧阳谦译，北京，中国文联出版公司，1988 年，第 1 版，第 142 页。

④ 〔美〕埃里希·弗洛姆：《健全的社会》，欧阳谦译，北京，中国文联出版公司，1988 年，第 1 版，第 140 页。

⑤ 〔美〕埃里希·弗洛姆：《健全的社会》，欧阳谦译，北京，中国文联出版公司，1988 年，第 1 版，第 140 页。

为他们都可以从中获得好处。可见，在弗洛姆眼里，资本主义社会中的人不再是具有创造性、懂得爱的艺术的人，只是活动的物体，是会彼此相互利用的物体，是没有情感、没有血肉的物体，因为他们之间不存在什么爱或恨，而且他们是抽象的物体。弗洛姆认为，现代资本主义社会中，人与人之间失去了爱的情感，唯有疏远和冷漠、猜疑和不信任，最终导致人的孤独感和寂寞感。人们有时会友好地对待别人，那是因为人们被当作商品一样被储存起来，即使暂时用不上，将来还是会用得上的；或者，这只是一种假象，一种更虚伪的花言巧语，而在这表面上友好的背后，却是人与人之间的疏远和冷漠，是人与人之间难以察觉的不信任。弗洛姆还举例说，"一战"后的性解放运动，就是人们不顾一切地利用性满足来换取爱情，这种用性满足来发展真正爱情的愿望终究失败了。从弗洛姆提到的这个实例中我们可以看到，那些性伴侣之间确实很少存在真挚的、长久的、牢固的爱情甚至友情，他们性行为的本质是为了满足性的需要而达成的短暂默契，是相互之间的利用，是为了摆脱伴随着每个人的孤独感和寂寞感而寻觅到的临时避风港，是对人与人之间长期疏远和不信任的宣泄和缓解。

　　弗洛姆认为，人与人之间的异化导致了人与社会联系的消失，即人与社会关系的异化。这是因为，虽然人是一种社会存在物，需要与社会相联系，以便与他人分享快乐，彼此相互帮助，并从中获得群体感和安全感。但是，现代社会中，人的这种社会欲求退化了，在利己原则的支配下，人们不再关注与他人利益相关的事情，这尤其表现在公共生活领域与私人领域关系的脱离，人们只是被动地作为一个公民而去履行一种社会的责任和义务。故此，弗洛姆说，"现代资本主义社会是由'原子'组成的（如果我们可以使用'个人'这个词的古希腊的对应词），这些原子微粒彼此脱离，只是各自的利益和相互利用的需要才将它们联系在一起"①。弗洛姆所举的下面这个例子更能说明个人存在与社会存在相分离的事实：一个人平常决不会花一百美元去救济一个陌生人的急需，但在战争中，如果他们碰巧穿上军装当兵的话，他会毫不犹豫地冒着生命危险去救这个陌生人。所以弗洛姆总结说："军服成了我们社会本质的体

---

① 〔美〕埃里希·弗洛姆：《健全的社会》，欧阳谦译，北京，中国文联出版公司，1988年，第1版，第140～141页。

现，老百姓的装束则成了我们利己主义本质的体现"①。也就是说，人在利己原则的驱使下，只要在日常生活中（穿着老百姓的装束），人们就会表现出利己主义本质，只是到了非常时期（穿着军装在战场上时），才会看到国家／社会的存在（国家是社会存在的体现）。

人与自我的关系在弗洛姆眼里表现为一种"市场倾向"，就是说，人们把自己看作是一种具有市场使用价值的物品，他们把自己当成商品来出卖，而且，自我价值取决于市场的交换价值。"人不但卖商品，而且还卖自己，并感觉到自己是一件商品"②。人们根本没有把自己当作社会或历史中的积极因素，没有感到自己是人类力量的承担者。社会中的每个人都在尽力找出自己的卖点：体力劳动者出卖他们的体力，其他行业的人则在出卖他们的"人格"，为了促销他们的产品，以获得利润，他们就必须博得买主的欢心，商人是这样，医生、职员也都莫不如此。人同其他商品一样，他们的价值由市场来决定，只要他受人欢迎，像偶像一样被人追逐，他就是成功人士，这样的人的价值就高；如果一个人默默无闻，他便是滞销品，没有什么价值。人们不再感到自己是有着爱、恐惧、信念和怀疑的人，而是一种在社会制度中有一定职能的抽象物，而且，这一抽象物与他真实的本性相异化，即人与自我相异化。弗洛姆认为，由于人们把自己当作了待价而沽的商品，把自己的人格、友爱、善意等都变成了商品，他们已经失去了人格，也因此失去了许多尊严，"人失去了所有的自我意识，他感觉不到自己是一个独特的、统一的实体。……物没有自我，变成了物的人也不可能有自我"③。

可见，人与自我的关系变成了一种市场中的商品买卖关系，把自我当作商品来出售，也就是出卖人格，出卖尊严。人与自我不再是能够彰显个性的统一体，而是失去了自我的分裂物。因此，人与自我的关系异化了。

人生活在大自然中，属于自然的一部分，本应与自然共生，与自然和谐地向前发展，也就是说，人与自然的关系应该是和谐统一的，但由

---

① 〔美〕埃里希·弗洛姆：《健全的社会》，欧阳谦译，北京，中国文联出版公司，1988年，第1版，第141页。

② Erich Fromm, *The Fear of Freedom*, London: Routledge, 1942, p. 103.

③ 〔美〕埃里希·弗洛姆：《健全的社会》，欧阳谦译，北京，中国文联出版公司，1988年，第1版，第144页。

于满怀追求财富的迫切渴望，人与自然变成了征服与被征服、占有与被占有的关系。在西方哲学和文化中，征服自然的观念早已有之。据考证，从古希腊学者柏拉图的理念中就可以看出人类征服自然的倾向，"柏拉图的理念早就从理论上满足了这种需要。当人们运用理性知识来把握自然规律，进而变革自然的时候，自然就成了人类利用的对象，而对其采取征服的态度只是时间的问题"①。文艺复兴后，人们开始明确提出"征服自然"的主张。然而，在征服自然的过程中，一些社会问题和环境问题逐渐显现，人们开始反思。恩格斯就曾经指出："我们不要过分陶醉于我们人类对自然界的胜利。对于每一次这样的胜利，自然界都对我们进行报复"②。

弗洛姆也非常关注人与自然的关系，他多次表示出对人类破坏自然环境所造成的严重后果的担忧。"技术进步不仅破坏生态平衡，而且带来核战争的危险"③。他认为，人类现在对自然的征服和主宰已经达到了前所未有的程度，"人冲破大自然的束缚，越来越自由。他主宰自然力量的程度是前所未闻、前所未想的"④。人类对自然的征服、对自然的过分利用，虽然满足了人类的占有欲，但反过来看，人类并未成为他所创造的世界的主人，反而成了他所创造的物的奴隶，人类与自然处于异化的关系中，"虽然人对大自然的主宰达到了相当高的程度，但社会并未控制它所创造的力量"⑤。这表现在，"他同他的劳动果实疏离了，他不再是他所建造的世界的真正主人了；相反，这个人创的世界成了他的主人，他必须对它卑躬屈膝，尽力奉承它。他亲自创造的劳动产品成了他的上帝"⑥。并且在自利思想的驱动下，连人格都异化了。人们"自欺欺人，幻想着自己是世界的中心，然而却深陷于一种强烈的微不足道感和无能

---

① 王前：《中西文化比较概论》，北京，中国人民大学出版社，2005年，第1版，第46~47页。
② 《马克思恩格斯选集》第4卷，北京，人民出版社，1995年，第2版，第383页。
③ 〔美〕埃里希·弗洛姆：《占有或存在——一个新型社会的心灵基础》，杨慧译，北京，国际文化出版公司，1989年，第1版，第2页。
④ 〔美〕埃里希·弗洛姆：《逃避自由》，刘林海译，北京，国际文化出版公司，2002年，第1版，第77页。
⑤ 〔美〕埃里希·弗洛姆：《逃避自由》，刘林海译，北京，国际文化出版公司，2002年，第1版，第84页。
⑥ 〔美〕埃里希·弗洛姆：《逃避自由》，刘林海译，北京，国际文化出版公司，2002年，第1版，第85页。

为力感之中"①。

　　人在普遍占有的思想支配下,更加渴望征服自然,但是对自然的空前征服和掠夺,不仅没有使人与自然和谐统一发展,相反使人与他所创造的世界相异化,使人与自然的关系相异化,人陷入一种前所未有的心理和精神危机之中。

　　异化人没有感觉到自己是发生作用的行动者,相反,觉得自己对于世界来说是陌生者,自己失去了与世界甚至自身的原本联系。资本主义社会的异化是全方位的,它包括物的,如劳动产品、资本等,还包括与人相关的一切,如人与劳动、人与人的关系以及人本身,这里的人本身意味着人的一切,不光是经济的,还是道德的、心理的问题,人失去了他的道德和作为人的所有价值,"在异化状态下,生活的每一个领域,无论是经济领域,还是道德领域,都是各自独立的,'每一个领域都把异化了的本质活动的特殊范围固定起来,并且每一个领域都同另一种异化保持着格格不入的关系'"②。因此,"异化摧毁并歪曲了一切人的价值"③。所以,弗洛姆把现代资本主义社会的特征归纳为以下五点:

　　　　——万事无限如意既不能带来幸福和最大限度的快乐,也不能通向"幸福—生存";
　　　　——随着我们认识到我们大家都不过是官僚机器上的一个飞轮,我们独立自主自身命运的梦想也化为泡影;
　　　　——我们的思想、情感和趣味都被掌握着大众媒介的机构和国家机器所操纵;
　　　　——不断增长的经济仅限于发达国家内部,贫富国悬殊日益增大;
　　　　——技术进步不仅破坏生态平衡,而且带来核战争的危险,而后两者中的任何一项,或二者的总和,都可能给每一项文明,甚至

---

　　① 〔美〕埃里希·弗洛姆:《逃避自由》,刘林海译,北京,国际文化出版公司,2002年,第1版,第85页。
　　② 〔美〕埃里希·弗洛姆:《在幻想锁链的彼岸——我所理解的马克思和弗洛伊德》,张燕译,长沙,湖南人民出版社,1986年,第1版,第51页。
　　③ 〔美〕埃里希·弗洛姆:《在幻想锁链的彼岸——我所理解的马克思和弗洛伊德》,张燕译,长沙,湖南人民出版社,1986年,第1版,第50页。

可能给每一个人带来末日。①

人与人、与自我、与社会、与自然等联系的丧失，使人与它们的关系相异化，也使人与人的关系异化，这是人的悲哀，更是人类发展历史的悲哀，人类到了该深刻反思的时候了。

弗洛姆的异化理论深受马克思的劳动异化理论的影响，尽管如此，二者的异化理论之间还是存在较大的差异。马克思的异化理论着重论述劳动异化，即客观方面的异化，而弗洛姆在继承弗洛伊德心理学理论基础上，着重分析人的自我异化，即人的主观方面的异化；马克思谈及异化时的主体大多指资本主义社会里的工人阶级，但根据弗洛姆的异化理论，异化的主体是现代资本主义社会里的大多数人，而不只是工人阶级。从这个层面来看，弗洛姆所论及的异化范围要广一些，层次也多一些，不光是客观方面的，还有主观方面的；不仅是社会层面，还有个体层面，特别是个体的心理和精神层面。表面上看，弗洛姆的异化理论更丰富、深入、全面，但他在探究异化根源时，与马克思的并不相同，这一点我们在后面会有所论及。

在弗洛姆看来，现代资本主义社会就是这样一个病态的世界，弗洛姆的这一描绘是对现代资本主义社会的揭示和批判。对社会的批判是当代西方马克思主义者尤其是法兰克福学派的历史使命，从霍克海默尔的《传统理论与批判理论》到他与阿多诺合著的《启蒙辩证法》，从马尔库塞的《单向度的人》到弗洛姆的《逃避自由》，批判的矛头无不指向现代资本主义社会及生活在其中的人，这些社会、文化等理论层面的批判已深刻地影响了人们的各种观念。

在文学领域，对当代社会，特别是当代病态资本主义社会的批判也从没有停止过。

现代资本主义社会的病态是由无孔不入的异化而引起的。文学中就有很多对异化这一抽象概念的形象描述，它促使人们对这一主题的关注和对自我进行反省。"'异化'在文学中首先是作为一种对人本体存在的真实性的思考，这种思考的基本点是人与自然的关系……人在与社会和自然的关系中，丧失了独立的地位，一边倒地认同自身以外的物质力量，

---

① 〔美〕埃里希·弗洛姆：《占有或存在——一个新型社会的心灵基础》，杨慧译，北京，国际文化出版公司，1989年，第1版，第2页。

甚至丧失了与社会现实谐调共存的能力"①。卡夫卡（Franz Kafka, 1883~1924）的著名短篇代表作《变形记》（*The Metamorphosis*）中的主人公推销员格里高尔（Gregor Samsa）的变形和遭遇折射出弗洛姆所论及的多种异化关系及其后果。

格里高尔一觉醒来，发现自己躺在床上变成了一只巨大的甲虫，他三次努力试图与亲人以及外界交流，但均以失败告终，有时人们都不想进他的房间，更不用说交流了，"有一次一边的门打开了一道缝，但马上又关上了，后来另一边的门上也发生了这样的事情；显然是有人打算进来但是又犹豫不决"②，等待他的只有死亡。尽管他还能像人一样思维，还有人的情感与心理，但变成了虫的外形使他的心理逐渐发生变化，化为异类，变形后被世界所遗弃使他的心境极度悲凉。卡夫卡笔下所描写的都是生活在社会下层普普通通的小人物，他们存在于这个扭曲变形、异化不堪的世界里，惶恐不安、孤独迷惘，处处受到压迫而不敢反抗，亦无力反抗；他们向往明天，但现实社会又不可能给他们以出路；他们逃避现实世界，那种孤独陌生、忧郁痛苦、个性消失、人性异化的感受，表现了现实客观世界在个人心理所引起的反映。他们是这个病态社会的产物，他们的存在形象地反映了现实社会的真实境况。生活在现实社会中的人由于竞争激化，导致感情淡化，并使各种关系恶化，人与人、人与世界的关系既荒谬又难以沟通；他们各自孤独，相互陌生，在沉重的肉体和精神的双重压迫下，人失去了自我，异化为非人。人的这种异化存在正像弗洛姆所描述的样子，它不仅存在于生产活动之中，更普遍存在于人们生活的各个层面。

对于弗洛姆所描述的西方病态社会，在很多文学作品中得到再现和印证。比如艾略特的长诗《荒原》所描绘的情景就是尼采振臂高呼"上帝死了"之后现代社会的真实写照。"《荒原》里所谓的荒原就是现代都市伦敦的象征，是现代西方世界的象征"③。从诗的开始诗人就奠定了全诗的基调，"四月是最残忍的月份，哺育着／丁香，在死去的土地里，混

---

① 易晓明等：《西方现代主义小说导论》，开封，河南大学出版社，2009年，第1版，第199页。

② 郑克鲁编选：《外国文学作品选》，上海，复旦大学出版社，2008年，第2版，第653页。

③ 彭彩云：《西方现代主义文学专题研究》，长沙，湖南大学出版社，2006年，第1版，第51页。

合着/记忆和欲望"①。在现代世界里,本该最迷人的季节(四月)变成了最残忍的时刻,哺育万物的土地已经死去,只留下对过去的记忆和对现在及未来的欲望。诗人所描绘的这一画面再现了宗教信仰缺失、道德观念沦丧、毫无生机的病态社会,"西方社会变成了一道德沦丧、人欲横流、死气沉沉的病态丑陋的世界"②。

《荒原》这首长诗是对现代西方社会病态的生动描述,与弗洛姆对现代西方社会的勾勒有异曲同工之妙。可见,弗洛姆对现代西方社会病态的剖析与文学对现实社会的描绘是何等相似,它们本质是同一的。弗洛姆的人学作为一种思想体系对文学给予了跨界的理论支持,这也启示我们,在这二者之间存在着本质的共同基础,把弗洛姆的人学理论应用于文学创作和文学研究有着广阔的前景。

第二节 迷失的自我③

在弗洛姆眼里,现代资本主义社会是病态的,生活在其中的人也是病态的,特别是在人性或精神方面,这是因为异化中的自我这个作为人的个体,失去了同世界的联系,他迷失了方向,尤其迷失了自己的人格向前发展的方向,他的人格异化了。作为宇宙的精灵,人本应该被赋予很多优良品质,但现实却大相径庭,令人费解,"如果希望、信念和勇气在人的一生中始终与人相伴,为何那么多人丧失了希望、信念和勇气,反而迷恋被奴役和一味依赖他人"④? 随着现代化程度的不断提高,现实中的商品更加丰富,人们的物质生活更加舒适,但人们的精神感受却并没有相应好转,甚至恶化,"尽管生产的产品越来越多,舒适度越来越高,但是人们愈加感到自我的丧失,他们感觉到生活毫无意义,即使这种感觉大多是无意识的"⑤。在《在幻想锁链的彼岸——我所理解的马克

---

① 宋寅展、苏成全主编:《二十世纪西方文学作品选》,武汉,华中师范大学出版社,1992年,第1版,第155~156页。

② 彭彩云:《西方现代主义文学专题研究》,长沙,湖南大学出版社,2006年,第1版,第51页。

③ 本节的主要内容曾以"灵魂的异化——弗洛姆对现代人自我的剖析及其文学表征"为题发表于《江汉论坛》2012年第3期,见该刊第119~124页。

④ Erich Fromm, *The Revolution of Hope: Toward a Humanized Technology*, New York: Harper & Row, Publishers, Inc., 1968, p.19.

⑤ Erich Fromm, *The Dogma of Christ*, New York: Routledge Classics, 2004, p.88.

思和弗洛伊德》一书的第六章，弗洛姆从病理学的角度分析这个社会和生活在社会中的自我。弗洛姆首先提出了弗洛伊德和马克思对精神病或病态心理的阐释：在弗洛伊德看来，当一个人未能克制自己婴儿时代的欲望，即未能解决好他的俄底浦斯情结的话，他就始终处于儿童的欲望与成年人的要求之间的这个分离状态中；马克思则认为，异化是病态心理的一种形式①。弗洛姆也认为异化是一种病，异化是异化社会中人的病态心理体验，患有神经病的成年人是一个异化人的存在，这是因为他不能体验到自己是自身行为和经验的主体和创造者。因此，这种人不会感到自己的强大（微不足道感和无能为力感），只会胆小怕事（缺乏安全感和勇气），感到自己受到约束（依赖性强、臣服），内心空虚。而且，他们为了摆脱这种状况，为了找到自己的强大、勇敢、聪明、安全等感觉，他们会把全部的爱、勇气和智慧倾注到一个他所选择的对象身上，崇拜他，臣服他。"他所思、所感、所愿都是别人期望的样子，他却自认为是自己的。正是在这个过程中，他丧失了自我"②。弗洛姆还认为，病态的现代资本主义社会中的现代人精神错乱了，"精神错乱作为自我的一种病态乃是现代人的精神病的核心"③，只是现代人的这种病态在形式和症状上各异罢了，如有的人"成了偶像的奴隶，连人的脑子里也都装满了这些偶像"④。

如此看来，弗洛姆对病态的人的理解借用了弗洛伊德和马克思的理论，他把马克思的异化理论与弗洛伊德的人性分裂状态的理论相嫁接，合成他自己对这个概念的阐释。弗洛姆认为，病态的人是一个精神分裂的人，异化就是人们未能体验到自身同一性的现象，这是"精神病学中最主要、最基本的现象"⑤，因为异化的人把自己的感觉和思维的功能转变成了一个外在的客体，因此，他的全部个性未能得到统一，人处于分

---

① 参见〔美〕埃里希·弗洛姆：《在幻想锁链的彼岸——我所理解的马克思和弗洛伊德》，张燕译，长沙，湖南人民出版社，1986年，第1版，第44页。
② 〔美〕埃里希·弗洛姆：《逃避自由》，刘林海译，北京，国际文化出版公司，2002年，第1版，第181页。
③ 〔美〕埃里希·弗洛姆：《在幻想锁链的彼岸——我所理解的马克思和弗洛伊德》，张燕译，长沙，湖南人民出版社，1986年，第1版，第55页。
④ 〔美〕埃里希·弗洛姆：《在幻想锁链的彼岸——我所理解的马克思和弗洛伊德》，张燕译，长沙，湖南人民出版社，1986年，第1版，第57页。
⑤ 参见埃里希·弗洛姆：《在幻想锁链的彼岸——我所理解的马克思和弗洛伊德》，张燕译，长沙，湖南人民出版社，1986年，第1版，第58页。

裂状态中，他们的自我被削弱。这样，他们对自己的身份深表怀疑，感觉到只有按照别人的期望生存才能感知自我的存在，才会感到安全，因此他们日益渴望与他人的期望趋同。于是，个性的东西越来越少，并逐渐丧失自我。在弗洛姆眼里，被异化了的人是病态的人，他们患的是心理病，他们的症候是：自我孤独，人格被扭曲了，自我处于分裂状态，情感偏离常态，爱也是虚假和病态的，他们什么都缺失或者变态，但他们拥有强烈的占有欲，他们自私、贪婪无比，因别人的成功和拥有而焦虑无常、嫉妒万分。因此，可以毫不夸张地说，在弗洛姆看来，现代人已经迷失了自我。

一、贪婪的欲望

根据弗洛伊德的理论，无意识的特征之一就是自私，即利己。所以人生来就是自私的，因为人的一切行为都被自私自利的无意识所驱使。在资本主义社会里，人们奉行的是个人利己主义，他们衡量个人、家庭、公司或组织，甚至国家成功和强大与否的唯一标志，就是看其占有和积累财富的多少。因此，狂热占有、大肆扩张、从他国掠夺资源和财富成为这个物化社会里的人、组织，以及他们的国家达到目的的有效途径。自私导致占有行为的发生，无止境的占有就是贪婪。弗洛姆认为利己不仅是人的行为的一个方面，而且是人的性格的一个方面。利己意味着渴望为自己获得一切，意味着享受占有带来的乐趣。为此，人会越来越贪婪。现代人以占有为目的，占有得越多，就越了不起；人们把他人都看作自己的敌人，因为每个人为了达到占有的目的，必须想尽办法去对付别人，从别人、从社会、从自然那里取得更多：顾客是敌人，因为要哄骗他们；对手是敌人，所以要消灭对手；雇用的工人是敌人，因此，剥削他们。"我永无餍足。因为我的欲望是无底之窟；我必然嫉妒那些占有多于我者；我也必然畏惧那些占有少于我者"①。可见，人不仅自私、贪婪，而且还会因贪多而焦虑，因贪少而嫉妒。

生活在社会中的人，在无意识里都有利己的欲望，但在不同的社会形态下，由于个体对这种欲望的控制，自私欲望的表现程度会不一样。占有是自私的表现行为。弗洛姆认为，占有是人类经验的两种基本形式

---

① 〔美〕埃里希·弗洛姆：《占有或存在——一个新型社会的心灵基础》，杨慧译，北京，国际文化出版公司，1989年，第1版，第6页。

之一（另一种是存在），占有欲望的强度决定人的性格。雇主占有雇工的劳动成果和利润，商人从顾客那里占有利润……占有的行为无处不在，占有的欲望无孔不入。在现代资本主义社会里，人与世界的关系是占有与被占有的关系，世界上的一切存在都是人占有的对象：土地、矿产、海洋、水源、空间、空气、时间等自然资源，还有知识、技术、人才、思想、权力等也都是人占有的对象，甚至还包括自我，"我就是我的占有物"①。人们为占有自然资源不惜花费大量的人力和物力，发展高科技、发明各种新式武器以达到目的，土地纷争、太空之争、海洋之争时刻都在进行着；部落战争、种族冲突时有发生，种族灭绝的恶行时有耳闻，地区之间、各国之间的大小战事也从没有停止过，甚至在战争中惨无人道地使用生化武器或者核武器，进行大肆屠杀，给人类和自然带来严重后果，这些潜在的武器的威力足以毁灭整个地球和人类；国家和地区之内，各个团体党派之间，为了争权夺利也不惜运用一切手段，收买、恐吓、欺诈等无所不用，生灵涂炭也在所不惜。经济领域的占有更是习以为常，"获取、占有和赢利，是工业社会中被圣化和不可转让的个人权力"②。

现代资本主义社会里到处充斥着赤裸裸的自私的欲望，在人的各个发展阶段、在生活的每个领域、在社会的每个角落，无不发现自私的影子，无不见到占有的行为。现代社会中，自私和占有被无限放大，在每个人的意识里极度膨胀。婴儿用嘴巴占有，他们变成成年人后，除用嘴巴之外，还用尽身体的其他各部位之所能，来全力占有，他们的双手（暴力）、双眼（视觉）、大脑（计谋、花招或策略）等器官从来都没有闲着。国家则运用外交手段、科技手段、武力手段等方式来占有。现代资本主义社会是自私和占有欲望的世界。

人们时刻不停地想尽办法去占有，并从占有中获得乐趣，对这种乐趣和占有行为的迷恋就是贪婪。贪婪是自利愿望和占有欲望的激情体现，"贪婪是占有意向的自然结果"③。弗洛姆认为，贪婪有多种形式，比如，

---

① 〔美〕埃里希·弗洛姆：《占有或存在——一个新型社会的心灵基础》，杨慧译，北京，国际文化出版公司，1989年，第1版，第68页。
② 〔美〕埃里希·弗洛姆：《占有或存在——一个新型社会的心灵基础》，杨慧译，北京，国际文化出版公司，1989年，第1版，第60页。
③ 〔美〕埃里希·弗洛姆：《占有或存在——一个新型社会的心灵基础》，杨慧译，北京，国际文化出版公司，1989年，第1版，第101页。

有对生理需要或物质的贪婪,还有对精神需要的贪婪。归根结底,任何贪婪都是精神上的,因为贪婪都是不知餍足。人们借助贪婪来满足精神上的某种需要,比如,空虚、孤寂、抑郁等,"其内心的空虚和无聊、孤寂与抑郁这些理应克服的东西,非借助其贪欲的满足而不得排遣"①。弗洛姆还认为,由于人们拥有的东西有被别人以各种方式夺走的可能,所以人们必然会不停地想着尽可能多占有一些。于是,人人都认为,占有要多多益善;同时,为了防范自己已经拥有的东西被别人占有,每个人都变得越来越谨慎,越来越强悍和好斗。弗洛姆把人类的生存方式分为占有生存方式和存在生存方式。在他看来,以占有生存方式生存的人的主要动机是贪欲和占有,而在现代社会,占有是尤为常见的生存方式。贪欲和占有必然会导致战争,通过战争,一个较为强大的国家从较弱的国家占有它所想要的东西,有时,弱小者也会与别国结成同盟,以超过另一个将被侵略的较强国家,"甚至只要有一点点攫取的机会,一个民族也会发动战争,这并不是由于它经济方面有困难,而是因为多多占有、广泛征服的欲望已经根深蒂固于人的社会性格之中"②。

"现代人的特征就是对物质的贪欲和无法克制的愿望满足"③。贪婪是人类纷争的祸根。由于贪婪,人浪费大量钱财,用于军备竞赛和武器的研发;由于贪婪,无数生命灰飞烟灭;由于贪婪,多少无辜平民无家可归、妻离子散;由于贪婪,世界永无宁日。所有这些都是人的贪婪欲望的表征,也是贪婪欲望使然。

弗洛姆认为,孤立和无能为力使人产生焦虑,同时,"重要利益(物质和情感上的)受到任何威胁,都会产生焦虑"④。焦虑与人的生存状况紧密联系在一起,它除了与人的孤独感相关外,还与人的贪婪欲望息息相关。贪婪是个无底洞,不管你已经拥有或占有了多少,人的"需求"的"愿望"总是满足不了。于是,人们无时无刻不在思忖,如何尽

---

① 〔美〕埃里希·弗洛姆:《占有或存在——一个新型社会的心灵基础》,杨慧译,北京,国际文化出版公司,1989年,第1版,第101页。
② Erich Fromm, *To Have or To Be*?, New York: Bantam Doubleday Dell Publishing, 1988, p. 113.
③ 〔美〕埃里希·弗洛姆:《健全的社会》,欧阳谦译,北京,中国文联出版公司,1988年,第1版,第166页。
④ 〔美〕埃里希·弗洛姆:《逃避自由》,刘林海译,北京,国际文化出版公司,2002年,第1版,第129页。

可能去多占有；他们总是担心自己的东西比别人的少，担心自己从别处占有某物的企图会失败，担心自己错过了占有任何东西的机会，担心已有的东西会被别人以某种方式占有。因此，人们无时无刻不处在担心和焦虑之中，"自私的人总是对自己焦虑异常，他总是不满足，整天心神不定，害怕所得不足，怕错过什么，更怕被剥夺了什么"①。

可见，自私和贪婪使人永远处于焦虑之中。占有的东西比别人少的时候焦虑，他会绞尽脑汁，如何占有得比别人多；占有的东西比别人多的时候也焦虑，害怕被别人剥夺或占有，他会想尽办法，如何永久占有他的所有财物。因此，焦虑是现代西方人物化了的、不可或缺的"品质"，它同自私、贪婪、嫉妒一样都会促成自我的迷失。

嫉妒是贪婪的孪生兄弟，它与贪婪的欲望不可分割。弗洛姆认为，在贪婪的欲望和占有生存方式的作用下，当看到别人占有的东西比自己多时，就会产生嫉妒，"他对任何可能得到更多的人嫉妒万分"②。因为在现代资本主义社会中，一个人财产的多少不仅关系到他的物质生存状况，更关系到在别人眼里他成功与否，关系到他的尊严，关系到他的社会地位，甚至关系到他对权力的攫取。当别人占有的东西比自己多时，他会不顾一切地去让别人的占有不比自己的多。因此，嫉妒会使人失去理智，嫉妒会导致人的罪恶，嫉妒会使人失去本性，嫉妒会让人迷失自我。

总之，自私引发贪婪；贪婪导致人性的偏离；烦恼随贪婪而生，罪恶因贪婪而起。贪婪的人不受欢迎，而且，这种人连自己都不喜欢自己，"根本不喜欢自己，而是极其厌恶自己"③。人的贪婪的欲望不仅对别人造成伤害，还伤害自己；它不仅带来物质和肉体上的伤害，还带来精神上的烦恼、折磨和痛苦，"不喜欢自己、不认同自己的人常常对自我焦虑异常"④。人的自我具有可塑性，在贪婪的欲望面前，人的自我必然会偏

---

① 〔美〕埃里希·弗洛姆：《逃避自由》，刘林海译，北京，国际文化出版公司，2002年，第1版，第83页。
② 〔美〕埃里希·弗洛姆：《逃避自由》，刘林海译，北京，国际文化出版公司，2002年，第1版，第83页。
③ 〔美〕埃里希·弗洛姆：《逃避自由》，刘林海译，北京，国际文化出版公司，2002年，第1版，第83页。
④ 〔美〕埃里希·弗洛姆：《逃避自由》，刘林海译，北京，国际文化出版公司，2002年，第1版，第84页。

离常轨。可以说，人的贪婪的欲望是导致人的自我迷失的罪魁祸首之一。

贪婪的人物形象在文学作品中屡见不鲜，特别在现代社会，唯利是图的意识形态造就更多葛朗台式的人物，"人是天生的经济动物的思想只能出现在现代社会，葛朗台式的人物才是现代社会的写照"①。弗洛姆对现代人人性中的贪婪以科学家的严谨眼光、外科医生的手术刀，进行了深层透视和精准剖析，对此类文学人物的塑造和解读无疑会提供理论支持。

二、本性的压抑

自私导致占有，永无止境的占有导致贪婪，这个因果关系可以表示为，自私—占有—贪婪。弗洛姆又从另一个侧面来思维：占有导致强权，强权引起人们的反抗，即占有—强权—反抗。弗洛姆认为，顺其自然地发展和成长是万物的天性，也正因为如此，人才有反抗一切阻碍人依天性而生长和发展的意愿。要压制这种反抗，则需要体力或心理上的强权。在现代资本主义社会中，人常常被迫放弃他的独立、真实的愿望和兴趣以及他们的意志，去接受并非来自他们自身，而是由社会的思想和情感模式强加于他们的意志、愿望和情感。于是，人的本性被压抑。弗洛姆的社会无意识的概念是对人的自我压抑的理论佐证（在下一章会详细阐述这个概念）。

首先，弗洛姆认为是对人的性欲的压抑。在弗洛伊德的理论中，每一种经验都有可能受到压抑。而且，遭到最为严重压抑的欲望是性欲，因为它与现存的风俗习惯和道德规范等相冲突，恐惧是人压抑性欲的心理机制。在弗洛伊德的性压抑的理论基础上，弗洛姆认为，在现代资本主义社会，人的自我本性中有很多方面被看作禁忌，因此被控制、被压抑，其中对性压抑最多、最难，也最令人费解。"在这种对意志的压制中，最困难的是对性的压抑"②。在弗洛姆看来，性不像其他许多愿望那样容易为人所控制。为此，人在控制性的愿望时作了强烈而自然的努力，也正是这个原因，性遭受的反对，比其他人类愿望遭受的反对

---

① 吴光远、李慧编著：《弗洛姆——有爱才有幸福》，北京，新世界出版社，2006年，第1版，第45页。

② 〔美〕埃里希·弗洛姆：《占有或存在——一个新型社会的心灵基础》，杨慧译，北京，国际文化出版公司，1989年，第1版，第69页。

都要激烈得多：道德上的诋毁（如把性视为罪恶）、健康方面的宣传（如手淫损害身体）等，"一切为压抑性而作的努力都是令人费解的"①。在原始社会没有任何性禁忌，那是因为他们没有剥削和压迫，所以无须去挫退个人的意志。在弗洛姆看来，由于现代社会里的剥削和压迫更多，所以对个人意志、自我本性的压制也更强更广，禁忌导致性占有和性变态。弗洛姆还认为，"普通的个人并不允许自己意识到自己的思想和感觉与该社会的文化模式是相冲突的，因此，他被迫压抑他自己的这些思想和感觉"②。另外，在弗洛姆眼里，什么是无意识，什么是意识，取决于社会的结构以及这个社会所产生的感觉和思维方式。可见，在压抑人的无意识（包括性的欲望）的过程中，社会起着关键作用，正是由社会结构及其所派生出来的意识形态决定人的哪些部分属于无意识，应该被压抑下去。此时，个人是被动的，他不知不觉地受到社会的控制。

如此看来，作为人的本性中最活跃、最有生命力的性的欲望，在现实生活中受到了最强烈的一贯压迫。这种压迫是社会剥削和压迫的结果，社会结构中的权威、意识形态、经济等都是压抑性欲的因素，个人在压抑过程中充当了社会因素的行动者，但他还浑然不觉。这种过分的压抑一方面是对人本性的压抑，使人不能成为完全意义上的完整的人，另一方面导致性变态等心理和精神疾病，或者影响人的本性中其他方面的自然发展，"由于强烈的性欲受到压抑，这不仅影响了性方面，而且削弱了人在其他所有方面自发表达的勇气"③。

其次，弗洛姆认为是对人的自发感觉的压抑。在弗洛姆看来，我们的文化是趋同的，这是因为人们的自发感觉和本真个性的发展很早就受到压抑，即在儿时的训练培养中就开始了。弗洛姆认为，教育的真正目的应该是在不压抑自发性的基础上促进儿童的内在独立和个性的发展，促进其成长和完善。但在现代教育中，其结果往往是扼杀自发性，"外加

---

① Erich Fromm, *To Have or To Be?*, New York: Bantam Doubleday Dell Publishing, 1988, p. 79.

② 〔美〕埃里希·弗洛姆：《在幻想锁链的彼岸——我所理解的马克思和弗洛伊德》，张燕译，长沙，湖南人民出版社，1986年，第1版，第134页。

③ 〔美〕埃里希·弗洛姆：《逃避自由》，刘林海译，北京，国际文化出版公司，2002年，第1版，第174页。

的感觉、思想和愿望取代了原始的心理活动"①。这种原始的心理活动生发于个人,是自觉活动的结果,是个体思想的表征,如儿童被要求压抑敌视和厌恶感。当儿童与阻碍他们发展的周围世界发生冲突时,他们的敌视和叛逆倾向自然而生,但由于来自成人和社会的各种劝导、恐吓、惩罚、哄骗等方式的影响,以及儿童的势单力薄,他们常常不得不屈服,不得不压抑自己的这种自发感觉,直到儿童完全放弃他们的自发感觉。而且,弗洛姆还认为,在儿童的早期教育中,儿童被要求要与人为善、要微笑待人,在工作中人们也是这样被要求的,如果你不面带微笑,你就会被认为缺乏"令人愉快的人格",如果是个服务员、售货员或者医生,你都必须有"令人愉快的人格"。其实,并不是每个人的自发感觉中都有时刻微笑和令人愉快的因子。现代社会中,"友好、欢愉及微笑能够表达的所有东西,都像电开关一样,成了自动的反应"②。在此过程中,人的自发感觉被压抑了。因此,弗洛姆认为,处于此种教育环境中的儿童,很快达到一般成年人的"成熟"程度,同时"丧失辨别好人与坏人的能力,只要坏人不在光天化日之下为非作歹"③。

  现代人的许多感觉都不是自发的,而是后天的、"人造的",他们先天的、自发的感觉早已被压抑了,被"人工"改造了,以致人们在日常生活中充满个性的自发感觉难觅踪迹。这种改造是全方位的、长期的,它从婴儿阶段就开始了,从家庭到学校,到各类组织和机构,它无孔不入,个体常常受到来自各方面的制约,美其名曰是教育、引导和帮助。

  再次,弗洛姆认为是对人的理性的压抑。在前面,我们谈过人们在政治生活中理性的异化,即现代资本主义社会里的人远离理性的事实。在这里,我们从另一个角度——自我本性被压抑的角度来阐述一下现代社会里人的自我本性中的理性消失的原因,那就是社会对理性的压抑。弗洛姆认为,现代工业社会是"一个需要人们无冲突地适应一种复杂的、等级森严的组织体系的社会。这个社会产生一种俯首帖耳的人,一种没有良心或信念的人,这种人引以为自豪的是成为机器上的一个零件,尽

---

① 〔美〕埃里希·弗洛姆:《逃避自由》,刘林海译,北京,国际文化出版公司,2002年,第1版,第172页。
② 〔美〕埃里希·弗洛姆:《逃避自由》,刘林海译,北京,国际文化出版公司,2002年,第1版,第173页。
③ 〔美〕埃里希·弗洛姆:《逃避自由》,刘林海译,北京,国际文化出版公司,2002年,第1版,第173页。

管这是在一架庞大、庄重的机器上的小零件。他不能有疑问,不能批判地思考,不能有任何激情和兴趣,因为这会妨碍这一组织机构的和谐功能"①。

现代社会里的人迫于庞大的社会机器的压力,为了适应这个复杂的、等级森严的社会,他们的良心、信念都被压抑了;他们变成了这个庞大机器上的一个小零件,还为之自豪。殊不知,个体已经完全没有自己的思想,不能批判性地思考,还不得有任何激情和兴趣。这一切都是为了庞大的社会机构的和谐,他们变得人云亦云,成了表达同一思想的代言人,成了展示统治阶级意识形态的傀儡,因为他们的理性早已被压抑得无影无踪了。

现代社会还常常压抑个体的创造性。弗洛姆认为,人为了超越他的生物状态、他生存的偶然性和被动性而立志要做一个"创造者",人具有创造性。"在创造这一过程中,人超越了他的生物状态,使自己脱离了生存的被动性和偶然性,从而进入一个自由和自觉的王国"②。人的创造性是爱和艺术以及所有物质生产的源泉,但人的原创思想与感觉一样受到压抑,并被扭曲。在弗洛姆看来,教育不鼓励原创性思想。在人的少儿时期,它就把准备好的思想灌输到人的脑子里,压抑少儿对世界的好奇,从而使之不能从自我的角度认识和把握物质世界和思想世界,使之不能了解真理,而是让他领会到,在一个陌生强大的世界里,创造性的思想是危险的,个性的张扬是不可能的,只有顺从地接受教育过程中已经整合好了的"知识"才是最安全的。逐渐地,儿童失去独立思考的能力,但他们从成人那里耳濡目染地学到了实用的社会知识和思维方式,因为成人常常用虚构的假象世界来给儿童洗脑,用谎言来掩盖事实,用粗暴的斥责或者礼貌的拒绝来搪塞儿童对真理的渴望,这些使儿童也会在很多场合"不自觉地"表现出不诚实。其实,这并非儿童的本意或初衷,而是后天在成人世界和现实世界中,创造性被压抑和被迫习得的结果。弗洛姆认为,压抑人创造性的方法有多种,如教育通过给学生灌输"一堆堆零乱、互不相干的事实"来耗费

---

① 〔美〕埃里希·弗洛姆:《在幻想锁链的彼岸——我所理解的马克思和弗洛伊德》,张燕译,长沙,湖南人民出版社,1986年,第1版,第146页。
② 〔美〕埃里希·弗洛姆:《健全的社会》,欧阳谦译,北京,中国文联出版公司,1988年,第1版,第35页。

学生的学习精力和学习时间,让他们完全没有独立地、自由地思考的时间和机会;社会也有压抑人创造性的方法,如放烟雾弹或故弄玄虚,把本来很简单的心理、经济、政治或社会问题弄得错综复杂,让一般人都明白不了,"似乎只有'专家'才能弄明白"①,其实这是为了"故意打击人们的自信心,让他们不相信自己有能力思考那些真正重要的问题。个人陷入数据的迷宫中,觉得无助,只好傻呆呆地静等专家来告诉他如何做,向何方"②。

现代资本主义社会里,在成人、教育、社会的共同作用下,人的创造性被社会机器所控制的教育和已被这种教育熏陶出来的成人的感染所泯灭,被这种异化的趋同性所压抑,一代又一代人的创造性被抑制,人们没有了自我意识和批判性的思维能力。因此,人的创造性很少能有机会"抬头",而作为创造性的替代物,毁灭意志就有了出头之日。从中我们也能看到,有些人为什么那么热衷于储备武器,尤其是拥有核武器的渴望是如此之强烈,那是因为这些人的创造性同其他人一样被压抑,而替代他们的创造意志的毁灭意志变得愈来愈难以控制,只好在社会政治生活中去发泄,但这种发泄是极其危险的,因为他们所掌握的武器随时都有毁灭人类甚至整个地球的可能。

有了剥削和压迫,就有对个人意志和自我本性的压抑;同时,教育、媒体、政治宣传、社会竞争、强大的生活压力、庞大的社会和国家机器等都对人的自我本性进行控制和压抑,使人变得不自然,没有意志,没有良心和信念,没有自我思想和激情,没有理性,没有创造性,使人变成了一个自我缺失的人。我们知道,对人的长久压抑,还必然会导致人的本性的其他方面的畸形发展:人的情感变态,人格扭曲,"人们通常注意到了这个事实:一个社会越发达、越富裕和工业化程度越高,发生心理疾病的人也越多。但人们往往不了解病因:心理疾病产生于高压抑性的社会"③。

---

① 〔美〕埃里希·弗洛姆:《逃避自由》,刘林海译,北京,国际文化出版公司,2002年,第1版,第178页。
② 〔美〕埃里希·弗洛姆:《逃避自由》,刘林海译,北京,国际文化出版公司,2002年,第1版,第178页。
③ 姚大志:《对工业文明的批判:精神分析与法兰克福学派》,《吉林大学社会科学学报》1996年第2期,第40页。

三、变态的情感

在弗洛姆看来,在现代资本主义社会,人们的自然情感受到挫折或压抑,伪情感常常取代人的真实情感,人们也丧失了区别自发情感与伪情感的能力,人变成了"没有情感的"人。相反,有着真实的自发原始情感的人被看作是不健全、不正常的人。所以,弗洛姆说,"总的来说,在我们的社会里,情感是大受其挫的。当然,所有创造性思想及所有其他创造活动无疑是与情感密不可分的,但不带情感去思想和生活已成为理想。'有情感'已成为不健全、不正常的同义词"①。在此种社会环境和价值判断标准的熏陶下,人们变得软弱,没有个性,思想单一而又贫乏。另一方面,弗洛姆认为,人的情感只能被压抑,但不能被彻底扼杀掉,其结果是,被压抑的情感完全脱离人格的思想而存在,并寄生在电影、电视剧、流行歌曲等廉价的、虚假的即时情感消费品上。这些现代消费品的"多愁善感"滋润着无数患情感饥渴症的人们,现代人缺乏自然的情感体验。从这个角度上讲,人的许多真实、自然的情感丧失了,取而代之的是那些不自然的伪情感,甚至变态的情感的发泄和表露。

情感禁忌就是对自发情感的压抑,它驱走了现代人的许多真实情感,它导致现代社会里的多种伪情感的喧宾夺主。弗洛姆认为,悲剧感就是情感禁忌之一。不同社会和文化对待死亡的观念不一样,如希腊人认为死亡是生的一种朦胧凄惨的继续;埃及人希望人的力量不可毁灭,延续至长久保存的木乃伊这个肉体;基督教向人们许诺来生;而现代人简单地否认死亡,没有把死亡看作生命的强大动力之一,而是极力压抑死亡意识,使之变成一种情感禁忌,虽然压抑把"被压抑的因素驱走了,但它仍然存在"②,因此,恐惧死亡便成了我们中间的非法存在物,现代人越是压抑它,它越是不会消亡,它在现代人的意识中占据重要地位,成了生活不稳定的原因,从人们对葬礼的铺张花销中就可看出这一点。于是,对死亡的恐惧成了现代人的伪情感之一。弗洛姆还认为,在伪情感的形成过程中,现代精神病学也扮演了不太光彩的角色,精神病学最伟

---

① 〔美〕埃里希·弗洛姆:《逃避自由》,刘林海译,北京,国际文化出版公司,2002年,第1版,第174页。

② 〔美〕埃里希·弗洛姆:《逃避自由》,刘林海译,北京,国际文化出版公司,2002年,第1版,第174页。

大的代表弗洛伊德打破了人类思想的理性、目的性特征的虚构，开辟了一条通往人类激情的迷宫，这一成就极大丰富了精神病学。然而，精神病学又把自己变成操纵人格的普遍趋势的一种工具，因为许多精神病医生心中都有一种"正常的"、普遍的、传统的人格模式，他们"把'正常的'人格描绘成一幅既不过分悲伤、愤怒，更不兴奋的图画"①，并把与这一模式不一致的都看作是"幼稚"或"有精神病症"。可见，在精神病医生那里，那种"不过分悲伤、愤怒，更不兴奋"，即没有什么自发情感的人才是正常人，而有着自我的本真情感的人会被视作精神病者或者人格幼稚的人。为此，人们的自发情感被所谓的"科学"、"权威"所压抑，伪情感名正言顺地取代了人们的本真情感。

现代人的自发情感在社会、文化、科学、权威等的影响下，在情感禁忌的作用下，已被肆意泛滥的伪情感所取代，人的自我也因此变伪，并逐渐迷失。

爱是人的自然情感中的一个重要部分。在《爱的艺术》一书中，弗洛姆对爱有过详细的论述。弗洛姆认为，爱能够在保持自我的独立性和完整性的情况下，同时保持与自身以外某个人或物的结合，"作为一种共享和参与的体验，爱使人的内心活动充分展现出来，爱的体验使人消除幻想"②。

现实中，爱呈现一种什么样子？具有什么特征呢？在《爱的艺术》(*The Art of Loving*)中，弗洛姆用"当代西方社会中的爱及其没落"(Love and Its Disintegration in Contemporary Western Society)作为其中一章的标题，来论述他所看到的当代现实社会中的爱。弗洛姆认为，在当代西方社会里几乎不存在博爱、母爱、性爱等爱的形式，现实中的爱往往是虚假的、病态的，"因为它们已经被现实中许多虚假做作的爱的形式所取代"③。由于现代西方社会是高度市场化的社会，人变成了商品，不停进行着交易，其最终目的是实现最大利润，同时进行高消费。因此，现代人"都疏远自己、疏远他人、疏远自然"④。每个人都成了社会这个机

---

① 〔美〕埃里希·弗洛姆：《逃避自由》，刘林海译，北京，国际文化出版公司，2002年，第1版，第175页。
② 〔美〕埃里希·弗洛姆：《健全的社会》，欧阳谦译，北京，中国文联出版公司，1988年，第1版，第30页。
③ Erich Fromm, *The Art of Loving*, New York: Harper & Row, Pub., 1956, p. 83.
④ Erich Fromm, *The Art of Loving*, New York: Harper & Row, Pub., 1956, p. 86.

器上的一个小配件，标准化、统一化、物化、高消费是社会的特征，人人都像一个嗷嗷待哺的婴儿，永远处于期待中，跟着社会这个大机器运转，期待社会这个大机器的哺乳。因此，弗洛姆认为，现代西方社会造就了人的性格特征，"适合于交换和接纳，适合于以物换物和消费；所有的一切，无论精神的还是物质的，都变成了交易和消费的对象"①。

鉴于以上论述的西方社会的特征，弗洛姆认为，西方社会爱的状况与该社会的特征相吻合，因为物或机器（西方社会中的人变成的）不可能知道什么是爱，这些物或者机器"只能调换其'人格包装'，以期一个更好的卖价"②。由于异化的原因，人们的爱情认知是以婚姻为归属的男女情爱关系的"异性相好"，这种爱情观和婚恋观本质上是为自己找到一个精神上的庇护人，以排遣心中的孤独感。这样看来，"爱情和婚姻的主要目的是为了给自己找到一个避风港，来躲避无法忍受的孤独"③。可见，当代西方社会中的爱有两种存在的基础：一种是把爱作为相互性满足的产物，另一种是把爱作为双方合同式的躲避孤独的避风港。弗洛姆认为，这两种出发点正是西方社会中的爱情走向没落的"正常"形式，"其结局都要造成意识上的痛苦"④。同时，弗洛姆认为，还存在几种假爱的形式，它们都是爱的精神紊乱的表现：第一种是充满假爱的偶像崇拜型。由于没有找到自己应该付诸努力的对象或方向时，他/她会把自己所喜欢的人当作偶像来崇拜，这是对自身的能力没有信心的结果，于是其性格异化了，异化到把目标寄附于所喜欢的人的身上，把对方当作完美的化身去追逐和赞美。这样，崇拜的一方完全没有了自身的觉醒意识，他/她不是在被爱者身上寻找自我，而是在被爱者身上失去了自我。第二种是多愁善感型。其本质是爱存在于虚无缥缈的幻想中，用所爱的对象替代品来满足自己的欲望，如从爱情电影、爱情小说、爱情歌曲等中寄托自己爱情的体验。第三种是投射机制式。就是为了回避自己的缺陷，不从自身发现缺点，而是把矛盾的焦点转移到"被爱"的人的缺陷上，放大对方身上的缺点，并不停地考虑如何指责和改造对方。如

---

① Erich Fromm, *The Art of Loving*, New York: Harper & Row, Pub., 1956, p. 87.
② Erich Fromm, *The Art of Loving*, New York: Harper & Row, Pub., 1956, p. 87.
③ Erich Fromm, *The Art of Loving*, New York: Harper & Row, Pub., 1956, p. 88.
④ 〔美〕埃里希·弗洛姆：《爱的艺术》，萨如菲译，北京，光明日报出版社，2006年，第1版，第123页。

果双方都有这种毛病，那么他们的爱情关系就成为相互的投射关系，有时还会把自己的缺陷投射到孩子身上。

另外，弗洛姆还认为，西方社会中的爱是一种精神紊乱，它表现为以父亲或母亲为中心的恋父或恋母模式，这也是乱伦倾向的表现之一。"作为'情人'的一方或双方仍然依附于父亲或母亲这一形象，只是把曾经对父母的感觉、期待和恐惧转移到成年后自己所爱的对象身上"①。这是一种通过爱的转移来找回童年的那种需求模式，在他们的感情发展过程中始终没有离开对父亲或母亲的依附阶段，"他们的情感发展仍然维持在婴幼儿对母亲的巨大依恋阶段"②，他们还是"和孩子一样，需要母亲的保护、宠爱、关怀和赞赏"③。

在弗洛姆看来，爱是对某一"对象"强烈的肯定欲望，其目的是对象的幸福、发展与自由。"爱是一种欣然的心理状态，原则上它可以给予所有的人和对象"④。爱意味着"两个人从各自原有的生存状态里发生结合，同时他们又能够'由彼及此'地体验自己"⑤。从弗洛姆对爱的阐释中可以看到，西方社会中的爱与弗洛姆所界定的真爱相去甚远，西方社会中的爱是一种交易，是能满足双方相同目的的一种"公平"交易，是性欲望的满足，是逃避内心孤独的避风港。因此，它是一种有很强的目的性和功利性的行为，他们的爱是虚假的爱；他们是精神紊乱的表现，并呈现出多种病态；他们的爱是为了找到自我的依附，其结果是在爱中异化自我，迷失自我。

现代人的自恋也是一种自我迷失的表现。人与自然断开原始联系后，会感到孤独和自己力量的渺小。因此，他会设法找到自己与这个世界的某种联系，以消除心中的孤独感和无能为力感，这就是人渴望交往以逃避孤独的心理需要。弗洛姆认为，原发性的自恋是一种与孩子的生理和精神发展相一致的正常现象，但在人的成长过程的其他阶段也会出现自恋，此时的自恋是一种精神病，这是爱的能力缺失所致。自恋的人或者

---

① Erich Fromm, *The Art of Loving*, New York: Harper & Row, Pub., 1956, p. 94.
② Erich Fromm, *The Art of Loving*, New York: Harper & Row, Pub., 1956, p. 95.
③ Erich Fromm, *The Art of Loving*, New York: Harper & Row, Pub., 1956, p. 95.
④ 〔美〕埃里希·弗洛姆：《逃避自由》，刘林海译，北京，国际文化出版公司，2002年，第1版，第82页。
⑤ 〔美〕埃里希·弗洛姆：《爱的艺术》，萨如菲译，北京，光明日报出版社，2006年，第1版，第134页。

对自身以外的外部世界漠不关心，或者不理会现实，只按照自己的思想感情去对待外部世界。

根据弗洛姆对自恋的描述可以看出，在现代西方社会中，具有自恋倾向的人比比皆是。第一，异化社会中的异化人就是割裂了自身与世界的自然联系。从这一层面来讲，他们具有了自恋的先决条件和环境。第二，根据前面所述，现代西方社会的人失去了爱的能力。他们对自身以外的世界漠不关心，一心为自己着想，即使他们与他人发生了某种联系，这种联系也还是以自我为中心，是为了满足自己的某种欲望或达到某种目的。现代西方社会中人的爱情就是如此。第三，从西方社会中的人，特别是政客的理性的缺失，可以看出他们没有现实感。不考虑人类的现在和未来，不依据现实来作决定，他们往往根据自己的内心活动中的"现实"来制定政策，这正是自恋的表征。第四，我们还可以看到，现代西方发达国家常常以自己的价值判断来认识世界，来指责其他国家的政策和方针。一些人至今怀有种族歧视的思想，这都是自恋的表现形式，不过被弗洛姆称为"群体自恋"。自恋是自我迷失的表现之一。

通过以上分析可以看出，现代西方社会里的人已经丧失了自发情感，取而代之的是各种伪情感。他们的爱是虚假的，是一种精神紊乱，因此是病态的爱。他们缺乏博爱、母爱、性爱等真爱的形式，却拥有自恋等形式的变态情感。总之，他们的情感偏离了常态，变态情感是自我迷失的表征。

四、扭曲的人格

根据弗洛姆的理论，人诞生后就挣脱了与自然的始发纽带的束缚，再通过努力，人获得了较大自由，他们不用过分依赖自然而生存，但同时，个体生活在这个世界中感到恐惧、孤独、不安全和无能为力。于是，他们开始有了放弃自我独立的倾向，试图为自我找到自身之外的人或物，并与之结合，以消除内心的孤独和自我的不安全和无能为力感。这就是逃避自由的心理机制，它在形式上表现为渴望臣服或主宰，即所谓的受虐—施虐冲动，"它们程度不同地存在于常人及精神病症患者身上"[①]。出于同样的原因和目的，即为了消除自己的孤独感和无能为力感，现代

---

① 〔美〕埃里希·弗洛姆：《逃避自由》，刘林海译，北京，国际文化出版公司，2002年，第1版，第101页。

社会中还存在破坏性倾向和迎合倾向的人，特别是具有迎合倾向的人占了相当大的比例。不管是具有哪种倾向的人，他们的结果是一样的：人格扭曲，自我迷失。

弗洛姆认为，有受虐冲动的人一般表现出自卑、无能为力或者个人的微不足道感。他们常常倾向于贬低自己，不敢主宰事物，不敢伸张自我，不去做想做的事，并呈现极度的依赖性，依赖于自身之外的人、权力、机构或者自然，臣服于事实上的或假想的外在力量。在他们看来，生活强大无比，没法主宰或控制。与受虐倾向相对的是施虐倾向。弗洛姆把这种倾向分成三种类型："一是让别人依赖自己，以绝对无限的权力统治他们，以便让他们仅仅成为自己手中的工具，像'陶工手中的泥土'。二是不但有以这种绝对方式统治别人的冲动，而且还要剥削、利用、偷窃、蚕食别人，把别人吸净榨干，包括物质，还包括情感与智慧之类的精神方面的剥削。第三种施虐倾向是希望别人受磨难，或看别人受磨难。磨难也可能是肉体上的，但多数是精神上的折磨。其目的是主动伤害、羞辱他们，让他们难堪，要看到他们狼狈不堪的窘相"①。

在弗洛姆看来，受虐倾向除常常贬低自己和臣服于外在力量外，还有一种伤害自己使自己受苦的倾向。受虐倾向很明显是病态的、非理性的。他们的受虐依赖常被视为爱或者忠诚，他们的磨难则被看成是无法改变的环境造成的。施虐倾向形式上则不那么明显，也较理性化一些，但比受虐倾向的社会危害更大。如具有施虐倾向的人常常用对他人的过分友善和关心来掩饰其施虐倾向。他们的逻辑是，"我统治你是因为我知道什么是对你最好的，为了你自己的利益，你就必须绝对服从我。"他们的借口是，"我已受到别人的伤害，我想伤害他们，这不过是以牙还牙"，或者，"我先发制人，只不过为了自卫或使我的朋友免受伤害"②。

弗洛姆还认为，有受虐倾向的人主观上经常意识不到自己的恐惧感、孤独感和微不足道感，他们发现自己是"自由的"，但这是消极意义上的"自由"。他们孤单一人面对着一个被异化的强大敌对世界，他们无法忍受自我，"企图疯狂地除掉它，通过除掉这个负担——自我，重新感

---

① 〔美〕埃里希·弗洛姆：《逃避自由》，刘林海译，北京，国际文化出版公司，2002年，第1版，第102~103页。
② 〔美〕埃里希·弗洛姆：《逃避自由》，刘林海译，北京，国际文化出版公司，2002年，第1版，第103页。

到安全"①。所以，有受虐冲动的人的一个目标是除掉自我，失去自我，以除掉自由这个负担，达到成为自己之外的一个更大更强整体的一部分，融入它并分享它。在弗洛姆看来，有施虐冲动的人，最激进的目的是强迫受虐者受苦，并从折磨受虐者中体现权力的伟大，其施虐冲动的本质是从完全主宰另一个人（或其他有生命体）中获得乐趣。弗洛姆认为，虽然受虐倾向中的依赖欲和受苦欲与施虐倾向中的统治欲和使别人受苦的欲望正好相反，但其实这两种倾向是同一需要的结果，即为了摆脱无法忍受的孤立和自我软弱的需要。

在现代西方社会中，具有受虐或施虐倾向的人普遍存在。一方面，那些被异化了的孤单个体通常具有受虐倾向。他们用牺牲自我的代价达到受虐的目标，他们由于感受到社会的强大而自愿依附于它，融入到这个他们认为可以依靠的整体中，变成它的一部分，分享它的强大和力量，并从中获得荣耀和兴奋感，听凭它的摆布，甘愿受其控制和剥削。另一方面，现代西方社会中官僚化了的管理者、政客则明显具有施虐倾向。他们有很强的统治、摆布、利用和剥削他人的欲望。他们打着"解放他人"等旗号，明目张胆地发动战争，以达到从军事、政治、经济、文化等各方面统治和控制别人（他国）的目的，使他人依附于自己，成为共生体，使他人受折磨、受盘剥。可见，不管有受虐倾向还是施虐倾向的人，他们成为共生状态的心理基础是相同的，他们的最终结局也是相同的。那就是成为共生体后，使自我消失在这个共生体中，"双方都失去自我的完整性，完全相互依靠"②。

弗洛姆在论述施虐和受虐倾向时，不只是把它们看作一种心理现象，还把它们与自由、统治，甚至战争等社会和政治问题联系在一起了。弗洛伊德在谈及施虐狂和受虐狂时则剔除了社会因素，认为它们不过是一种客观的生理和心理现象，始终与性联系在一起，它们在极端的情况下才归为性变态的一种，"施虐狂与受虐狂在性变态中具有特殊的地位，因为主动性与被动性是性生活的普遍特征"③。

---

① 〔美〕埃里希·弗洛姆：《逃避自由》，刘林海译，北京，国际文化出版公司，2002年，第1版，第108页。
② 〔美〕埃里希·弗洛姆：《逃避自由》，刘林海译，北京，国际文化出版公司，2002年，第1版，第113页。
③ 〔奥〕西格蒙德·弗洛伊德：《性学三论与论潜意识》，见车文博主编：《弗洛伊德文集》第三卷，长春，长春出版社，2006年，第1版，第21页。

弗洛姆认为，施虐—受虐冲动常与破坏倾向交织在一起，但二者存在差异。破坏倾向的目的不像施虐—受虐倾向是主动或被动的共生，而是在于消灭其对象。其根源也在于难以忍受个人的无能为力和孤独。在有破坏倾向人的眼里，与自身之外的世界相比，自己无能为力，若能成功驱逐这种感情，虽然仍觉孤独和孤立，但自我的孤独和孤立是光荣和伟大的，这样就会觉得自我是强大的，是不能被自身之外的强大世界击碎的。所以对于他们来说，毁灭世界是挽救自己不被击碎的最后的绝望之举。施虐狂的目的是吞并对象，而有破坏倾向的人的目的则是除掉对象；施虐狂欲借统治他人而感觉自我力量的强大，而有破坏倾向的人则希望消灭所有的外在威胁，以显示自己的强大。弗洛姆认为，现实社会中，破坏倾向大量存在于人们的人格之中，只是人们往往没有意识到，并将它合理化了。如爱、责任、义务、良心、爱国主义是破坏倾向的伪装手段。破坏冲动是人体内的一种激情，它总能找到发泄的对象，甚至自己都可以成为破坏的对象，这时会导致生理疾病，乃至自杀。

在弗洛姆看来，破坏欲的强弱与个人生命膨胀受阻程度的大小成正比，"破坏欲是生命未能得到实现的后果。那些使人的生命受到压抑的个人和社会条件滋生了破坏冲动"①。在全面异化的现代西方社会，市场化是人们生活的基础，人与人、人与自我、人与社会的关系变成物与物的关系，人们的真实价值得不到体现，而只能在市场上根据市场行情来决定。为此，人们还不惜出卖自己的人格，抛弃自我。在情感方面，他们缺乏真正的爱，只有一些伪情感、虚假病态的爱充斥着他们的情感世界，他们不断寻找廉价的情感消费品来满足内心的空缺。在这种情况下，人们的自我受到压抑，并逐渐迷失。因此，生命中生长发展的自发性和人的感觉、情感、思维等方面受阻，这种社会条件不可避免地滋生强烈的破坏冲动，使人具有破坏倾向。好战、挑衅是他们破坏倾向的本质体现；枪杀案不断，自杀事件频发是他们破坏倾向的真实写照。

迎合倾向又称"机械趋同倾向"或"机械地自动适应"。弗洛姆认为，现代社会里大多数人都采取这种机制来逃避现实中自我的孤独。采用这种机制的人是按照现实中的文化所提供的人格模式来塑造自己。于是他不再是他自己，而变得与社会中的其他人一样，这样他与世界的鸿

---

① 〔美〕埃里希·弗洛姆：《逃避自由》，刘林海译，北京，国际文化出版公司，2002年，第1版，第131页。

沟消失了，同时孤独感和无能为力感也没有了。有迎合倾向的人通常认为自己是自由的个体，有自己的思想和感觉，按自己的愿望行动。其实他所谓"自己的"思想、感觉、愿望等只是他的幻想，这些不过是在整个社会文化背景下，与他一样被趋同的所有人的共同思想、感觉和愿望。如有时人的真正愿望受到压抑，只得以某种方式接纳别人的愿望，但感觉是自己的愿望，"我们的许多决定并非真是我们自己的，而是来自外部的建议的结果。我们成功地说服自己做决定的是我们自己，而事实上，由于惧怕孤立，害怕对我们的生命、自由及舒适的更直接威胁，我们与别人的期望要求保持一致"①。所以，弗洛姆认为，有这种倾向的人，他们的思想、感觉和愿望的原始活动常常被伪活动所取代，因而原始自我被伪自我所取代，"伪自我只是一个代理，它打着自我的旗号，实际代表的却是人被期望所扮演的角色"②。

现代社会中，由于内在或外在压力的强迫，人们只得屈从于传统、责任和义务等压力的情形非常普遍。现实社会中人们为了不与世界保持隔阂，只好把自我塑造成别人、社会或文化所期待的人格，以与他人和世界一致，以摆脱孤独和无能为力的感觉。可见，伪自我取代自我的现象存在于大多数人之中。换句话说，现代社会中的大多数人已经迷失了自我，他们的人格是伪人格，是扭曲的，而不是本真和自然的。

上述四种倾向就是弗洛姆所谓的现代人逃避自由的心理机制。受虐倾向、施虐倾向、破坏倾向和迎合倾向都是现代西方社会里的人为了克服个人的孤独感、无能为力感和微不足道感而放弃个人的完整性、或毁掉他人的结果。这些倾向是他们人格扭曲的体现。扭曲的人格是自我迷失的直接反映。随着与他人的共生、破坏冲动的发泄和迎合倾向的实现，人都被塑造成了西方文化已经为他们安排好的那种人格模式，他放弃自我，成为万千没有思想意识、没有自我人格的机器人中的一个，他"再也不必觉得孤独，也用不着再焦虑了。但他付出了昂贵的代价，那便是失去了自我"③。

---

① 〔美〕埃里希·弗洛姆：《逃避自由》，刘林海译，北京，国际文化出版公司，2002 年，第 1 版，第 141~142 页。
② 〔美〕埃里希·弗洛姆：《逃避自由》，刘林海译，北京，国际文化出版公司，2002 年，第 1 版，第 145 页。
③ 〔美〕埃里希·弗洛姆：《逃避自由》，刘林海译，北京，国际文化出版公司，2002 年，第 1 版，第 132 页。

为了得到自由，人类付出汗水甚至生命的代价。起初，为了摆脱神秘大自然的控制和束缚，人在艰苦、黑暗中摸索，逐渐摆脱自然的束缚，开始了新的追求；为了获得政治上的自由，人更加不惜代价，甚至牺牲无数生命。然而，人仍生存于全面异化的社会之中，为了延续生命，为了适应社会，为了摆脱恐惧感、孤立感和无能为力感，在自私和贪婪欲望的驱使下，人的情感逐渐丧失，并被伪情感所取代。人的自我被压抑，导致心理和精神上的病态。人与人之间、人与世界之间失去了真爱。人的自我分离，人格被扭曲。所有这些导致人不知自己是谁、不知道真我能在何方寻觅，异化状态下的人们要不把自我塑造成别人或社会所期待的样子，成为普天之下同一型号的机器人中的一个，要不让自我寄人篱下，与人共生，与人分享这幻觉里的共同"辉煌"与"伟大"，分享这虚假、变态的情感，分享这扭曲的人格、分享这不完整的自我，并且还乐在其中，兴奋而自豪地对他人讲："这就是我""我想……""我决定……""我……"故此，弗洛姆说，"所有这些只是隐隐约约地表明一个真理——现代人生活在幻觉中，他自以为知道自己想要的东西是什么，而实际上他想要的只不过是别人期望他要的东西"①。伪自我取代了真自我，它打着自我的旗号，在现实社会中招摇撞骗，"它实际代表的却是人被期望所扮演的角色"②，而真实的自我则已经无家可归，迷失了自己的方向。其实，现代人真正该思考的问题是，"谁是我"、"我是谁"、"这是我吗"、"我和他、他和我区别在哪里"。因此，现代人应该竭力去找寻真实的自我。弗洛姆就是这样的一个真实自我的找寻者。弗洛姆替现代人对这些问题作了深刻分析，告诉现代人现在的他是否是他自己，他原本该是什么样子，如何找寻自我。

至此，我们从生产、消费、政治、社会关系等方面勾勒了弗洛姆人学中对现代西方社会病态的描述，又从欲望、本性、情感、人格等方面还原了弗洛姆人学所揭示的现代人自我迷失的具体表现。所有这些都很充分地表明在资本主义社会，社会和生活其中的人在各个方面都全面异化，人们迷失了自我。对于异化和自我迷失的揭示其实是很多西方学者

---

① 〔美〕埃里希·弗洛姆：《逃避自由》，刘林海译，北京，国际文化出版公司，2002年，第1版，第180页。

② 〔美〕埃里希·弗洛姆：《逃避自由》，刘林海译，北京，国际文化出版公司，2002年，第1版，第145页。

的研究范畴,除了弗洛姆之外,还不乏其他西方马克思主义者,但他们的研究视角和重点也不尽相同。

马克思的异化理论是从研究资本主义社会中的劳动开始的。对于生产领域中的人、资本以及生产出来的产品都被异化了这一现象,在马克思看来主要是由于资本在作怪,进一步说是资本主义制度下资本家占有生产资料,并为了追求利润最大化造成这样的局面。马克思从经济学、社会学视角,历史地看待这一问题,马克思批判的是资本主义社会制度。卢卡奇的观点较好地继承了马克思的这一理论视角,但他多用"物化"这一概念,"卢卡奇将韦伯的'理性化'和马克思的'商品拜物教'两个概念结合起来,创造了'物化'理论。卢卡奇的物化概念直接依据马克思的《资本论》中关于商品拜物教的分析"①。商品拜物教或者卢卡奇所说的物化就是异化,至少是异化的表现形式。"物化与异化是同一个概念,这种与异化相一致的物化现象,使得社会存在以独立于人类行为的、类似于自然规律一样的力量支配和主宰人的行为"②。卢卡奇重点研究了物化与物化意识,"'物化意识'是卢卡奇早期理论建构的核心话语,物化意识理论是被后人反复称道的重要理论建树"③。他认为物化普遍存在于资本主义社会,而且物化意识"是资产阶级意识形态的普遍的、基本的表现形式"④。在《物化与无产阶级意识》一文中,卢卡奇对资本主义社会的物化研究是从商品这个概念开始的,他从资本主义社会的"商品结构"中看到了商品拜物教的问题,"这就是说,不应该孤立地看待商品问题或者把它看成经济学的中心问题,而应把它看作资本主义社会各个层面的中心的、结构性的问题"⑤。资本主义社会是一个物化的社会,这是生活在其中的人们所不能逃避的,也是他们的生存境遇。为此,卢卡奇还比较详细地论述了资本主义社会物化的具体表现、物化的形成、物化的危害以及如何超越物化意识。他认为物化意识使人丧失了对现实

---

① 傅永军:《法兰克福学派的现代性理论》,北京,社会科学文献出版社,2007年,第1版,第77~78页。
② 潘于旭:《从"物化"到"异质性"——西方马克思主义哲学逻辑转向的历史分析》,杭州,浙江大学出版社,2009年,第1版,第28页。
③ 王晓升等:《西方马克思主义意识形态理论》,北京,社会科学文献出版社,2009年,第1版,第13页。
④ 俞吾金:《意识形态论》,北京,人民出版社,2009年,第1版,第224页。
⑤ Lukacs, Georg, *History and Class Consciousness—Studies in Marxist Dialectics*, tran. Rodney Livingstone, Great Britain: The Merlin Press Ltd, 1971, p. 83.

社会的批判力和改造力，这一观点与马尔库塞在《单向度的人》中所表达的思想有很多相近之处；他还提出超越物化意识的途径是"总体性"（totality）。可以看出，卢卡奇没有抛弃马克思的经济学研究视角，并形成了他对资本主义社会物化的系统研究。

　　弗洛姆研究了异化的社会和异化的人，但他最后的落脚点还是放在了人身上。他研究社会的异化，只是为了说明人的生存境遇，从而更好地研究人，以解决人的异化问题，这与他理论的人道主义特征是分不开的。他认为，在资本主义社会不仅人的身体成为了机器的一部分，像机器那样去不停地劳动，致使他们肉体上受到伤害，更重要的是精神、心理也被扭曲、异化，从而受到摧残。弗洛姆的这种观念与很多其他法兰克福学派的学者对资本主义社会中的异化批判理论一脉相承，对于社会各领域的异化，他们大多从生产领域扩展到心理学、哲学、文化层面，认为物化现象已经从生产领域渗透和扩展到了整个社会生活，更重要的是入驻了个体的内心，上升到了心理层面和文化领域。比如霍克海默尔和阿多诺竭力批判大众文化，认为"它是以市民大众为消费对象，以标准化、技术化、产业化、商品化为标志，以齐一性、重复性、虚假性、欺骗性、操纵性、辩护性为特征的现代文化形态，本质上是一种'反文化'；它在闲暇里控制人的思想情感，压抑人的个性，消除人的反叛意识，维护和巩固现存社会制度，起着欺骗大众，巩固现存秩序的意识形态作用"[①]。为此，他们从批判生产过程和经济领域的异化转向科技意识形态批判、大众文化批判、人格心理批判、美学批判。对于当代资本主义社会，马尔库塞称之为"发达工业社会"，阿多诺称之为"被管理的世界"，哈贝马斯则称之为"晚期资本主义"，虽然他们冠以不同的名称，但实质上他们所批判的都是资本主义社会的操纵性、遮蔽性以及所谓的"合法性"，以致生活在资本主义社会里的人在各方面，尤其是在思想意识方面具有同一性、肯定性，而缺少当代社会所真正需要的异质性、否定性，最终导致创造力的极度匮乏和社会的停滞不前。总的看来，他们的批判与弗洛姆的异化理论一样，更多地涉及资本主义社会生活中文化、意识形态、心理、哲学等层面，没能像马克思主义那样，把异化与私有制联系起来分析，把劳动异化的根源追溯到资本主义社会制度本

---

① 王凤才：《批判与重建——法兰克福学派文明论》，北京，社会科学文献出版社，2004年，第1版，第88~89页。

身。因此,他们的批判带有不彻底性和软弱性,缺乏革命性。他们的观点与马克思异化理论的差异是由马克思思想理论的实践性、历史性、革命性、总体性等显著特征所决定的。

然而,在物质极大丰富的现代社会,人们开始转向注重精神和文化的诉求,西方学者从经典马克思主义所关注的经济政治转向哲学文化研究成为一种时髦。弗洛姆异化理论的中心有所转移也有一定道理,其理论是当今社会、经济、文化等多种因素的产物。只要它能客观地反映某个或多个层面的现实,起到警醒人类的作用,在现代人心中产生共鸣,我们就不必过于苛求它,而应该去认真对待它,去深入研究它,展示它的社会和现实意义,挖掘它的理论价值,尤其在如今这个多元文化共存的全球化的现代社会,弗洛姆的人学理论更能找到属于它的多片天地,不仅在心理学、社会学、哲学等领域,而且能在文学这个与人学一脉相承的大观园中一显身手。

弗洛姆所呈现的现代社会和现代人的剖面,在现代文学中得到了极为精妙的印证,因为"现代主义翻转了异化的逻辑,成为对异化现实的刺耳控诉"[1]。文学在另外一个领域和层面剖析了病态的现代社会和迷失了自我的现代人。中外文学作品中,对迷失自我的描述和揭示俯拾皆是。马克思说过,"现代英国的一批杰出的小说家,他们在自己的卓越的、描写生动的书籍中向世界揭示的政治和社会真理,比一切职业政客、政论家和道德家加在一起所揭示的还要多"[2]。比较而言,现代作品中更为常见,这是现代社会的多种问题,如经济因素、政治因素、伦理因素等方面的异化共同作用的结果。"普遍的疏离感、陌生感、荒诞感就开始泛滥于现代文学中……荒诞、疏离、陌生等感觉首先是一种心理状态和情绪,因此,要表现它们,巴尔扎克的传统的叙述模式就显得力不从心"[3]。为此,我们可以借用弗洛姆的相关人学思想理论,从社会历史或政治维度等来解读文学作品中人物的心理因素。如,我们可以把人物置于当代社会环境下,侧重于心理因素来探讨现代人因异化而导致贪婪的欲望、对

---

[1] 杨小滨:《否定的美学——法兰克福学派的文艺理论和文化批评》,上海,上海三联书店,1999年,第1版,第32页。
[2] 陆梅林辑注:《马克思恩格斯论文学与艺术》(上册),北京,人民文学出版社,1982年,第1版,第154页。
[3] 易晓明等:《西方现代主义小说导论》,开封,河南大学出版社,2009年,第1版,第199页。

本性的压抑、情感的变态等；还可以从人的本质、人性等维度，来探讨作品中所描述的社会病态。如，随着科技的不断发展，生产活动远离人性，并导致人非理性的消费活动与不健康的消费心理；也可以通过文学作品来审视现代社会中的民主是否有名无实，现代人生存的政治环境是否宜人，人的各种关系是否正常，现代社会中人的生态伦理意识是否失落，如何表现，以及在现实生活中人们对自由的渴求和恐惧等问题。

诗歌方面，"垮掉的一代"的代表作之一是金斯堡（Allen Ginsberg, 1926~1997）的《嚎叫》。这首诗开启了反主流文化、反现代社会的序幕，"它揭示了美国城市社会中的病态现象，反映了青年一代对现状的不满情绪和否定一切的无政府主义思潮"[1]。这首诗的开头就为全诗定下了基调，"我看到我这一代的精英被疯狂毁灭，饥肠辘辘赤身露体歇斯底里/拖着疲惫的身子黎明时分晃过黑人街区寻求痛快地注射一针"[2]。在这个疯狂的世界，一代精英被毁灭，人们歇斯底里，身体疲惫，新的一天开始，但他们完全看不到希望，只能用注射来麻痹自己，醉生梦死。然而，在这样一个病态世界里，还生存着一些力图摆脱现状的年轻人。他们是"疯狂的圣人"，只有他们在奋力挣扎，想从病态中解脱出来。因此，整首诗歌揭示了像诗人一样的美国青年希望祛除压制自我的社会桎梏，以获得自由和展示他们的个性的主题，因为他们深深感觉到美国的社会体制对自我的压抑、现代科技对自我的淹没，他们生活在没有自我的世界里。那些所谓的正常人已经麻木，他们只会随波逐流；但那些追求个性的年轻人反被认为是精神病患者，他们才是敢于反抗现代社会和现代文明这个吞噬精英、压抑自我、腐蚀心灵、毒害灵魂、让人失去自我的恶魔。

金斯堡在这首诗里用了卡尔·所罗门这个形象，已经和前面所塑造的那些被毁灭的精英不同，那里写的是芸芸众生，是那些只能以自己的消极和被动来对待荒诞的现代文明的人，只能以消耗自己的生命来反叛现实的人。但在卡尔·所罗门的身上，体现的却是一

---

[1] 彭彩云：《西方现代主义文学专题研究》，长沙，湖南大学出版社，2006年，第1版，第256页。

[2] 〔美〕艾伦·金斯伯格：《金斯伯格诗选》，文楚安译，成都，四川文艺出版社，2000年，第1版，第114页。

种自觉的、彻底的反叛精神。当然诗里罗列的这些行为更像是一种精神病态，而且所罗门也的确是一个精神病人。但在现代文明这个摩洛克统治之下，在摩洛克已经戕害了人的心灵，毁灭了一切生命和想象的时代，浑浑噩噩，怡然自得，甚至为现代文明高唱赞歌者，他们的精神岂不是已经麻木到极点了。而恰恰是这些所谓的精神病患者，才是真正清醒的，才是有自我意识的，才是可以引领时代发展步伐的。①

前面我们还提到了象征主义的代表——艾略特的长诗《荒原》所传递的因社会异化而导致人的精神荒芜的现代景象，那是因为"信仰与道德体系的彻底坍塌；精神最终走向荒芜"②。与卡夫卡的小说、贝克特的戏剧主题一样，艾略特的诗歌所表达的荒原意识看似荒诞，其实是对现实世界的真实刻画。"人们感到他们所写的并不是幻想的神话故事，而是赤裸裸的现实；这不是艾略特和卡夫卡个人的荒诞，而是我们每个人都共同体验的一种荒诞"③。这种荒诞就是我们的生存境遇，但我们无法摆脱它，只能被其吞噬和同化。

在小说世界，控诉异化现实的作品更多。在萨特（Jean Paul Sartre, 1905~1980）的作品《恶心》中，主人公洛根丁（Roquentin）以日记体形式记述了自己的内心独白，表达了生活在现实社会中人们的普遍心理：对环境的陌生、恐惧、厌恶和孤独感。"那天我在海边拿着石子的感觉，现在记得更清楚了。那是一种淡淡的恶心。多么令人不快！而这种感觉来自石子"④。没有生命的物体还会控制人、压迫人，使之没有了自由，犹如从这个世界上消亡。"这里，一张纸片原来没有生命，而'我'却赋予了它生命。但是，有了生命的纸片反过来却控制'我'、压迫

---

① 马汉广：《西方后现代文学与文化研究》，哈尔滨，黑龙江大学出版社，2007年，第1版，第128~129页。
② 彭彩云：《西方现代主义文学专题研究》，长沙，湖南大学出版社，2006年，第1版，第51页。
③ 马汉广：《西方后现代文学与文化研究》，哈尔滨，黑龙江大学出版社，2007年，第1版，第84页。
④ 沈志明、艾珉主编：《萨特文集》（第一卷），北京，人民文学出版社，2005年，第1版，第15页。

'我',使'我'失去了自由,不再存在了。这就是现代西方人的悲剧。"① 现代人由于物的控制和压迫,已经没有了自由,物化的世界于人既熟悉又陌生,熟悉是因为物化无处不在,陌生是因为它违背了人的自然感知属性。所以,

> 小说完全否弃了客观世界的实在性,否弃了生活的内在逻辑关系和合理的因果秩序。以此为基础,那种巴尔扎克式的传统小说所钟情的所谓客观反映社会生活规律的功能也消逝了。从叙事学的角度看,作者的叙述由于这种权力的移交而成了主人公的叙述,主人公的叙述由于上述所说的随意性则转换成了漂浮破碎之人生片断的显现。这种显现真正从人的心理体验角度揭示了未被理性主义所粉饰、修整后的人类现实真相,即人被无端抛入这个荒诞世界后的恐惧、孤寂,以及面对充满敌意的外在世界,既与之格格不入,又对其束手无策的惶惑。……在充满荒诞的世界面前又注定找不到属于自己的安身立命之地。这种对生活把持的恍然若失,继而转化成了一种莫名其妙的烦躁、焦虑。他还可以再转化成一种生理上的恶心。有了这种拒斥世界的恶心,一切于是显得那么疏远、陌生,那么漂浮、破碎。②

其实,按照弗洛姆的人学思想,我们可以这样理解,作品给读者所呈现的不合逻辑和不合理性并不是作者要否弃它原本的逻辑性和合理性,而是现代社会异化之后,它自身就没有了逻辑性和合理性,所描写的混乱和支离破碎就是弗洛姆所揭示的现实,只不过是异化了的现实。正是这样的现实给生活在其中的人一种反复而深刻的心理体验,使人对这个现实社会感到陌生,觉得与之格格不入,并感到束手无策和惶惑,但又因为异化世界的普遍存在,人们无可奈何,恍然若失,烦躁、焦虑、恶心。最后只有两种结果,一种人不能"融入"这个世界,他们继续与社会疏远,对这个世界一直恶心下去,并很有可能被现实抛弃和湮灭;另一种人则"入乡随俗",把异化的现实看作一种惯常,(被动地)与现实

---

① 曾艳兵:《西方后现代主义文学研究》,北京,中国社会科学出版社,2006 年,第 1版,第 126 页。
② 刘象愚、杨恒达、曾艳兵主编:《从现代主义到后现代主义》,北京,高等教育出版社,2003 年,第 1 版,第 247 页。

合污，现代西方社会中的大多数人就是属于这种人，这两类人都是现代社会中的异化人。

从小说的类型上来说，意识流小说在弗洛姆的人学理论中更容易找到自己的位置，因为意识流小说中的"人物都是边缘人，带有病态、古怪、混乱和心理畸形的特征，缺乏完整的个性。小说不表现客观外在的世界，而表现在人物内心体验、联想、想象和意识流动中呈现的世界，还特别呈现精神病人、古怪的人、智力有欠缺的人的无意识的内心世界，显示一个非理性的内心世界"①。在意识流大师福克纳（William Faulkner，1897~1962）的著名作品《喧哗与骚动》中的昆丁是上面说到的第一种人的代表，他的弟弟杰生则是第二种人的代表。

作为康普生家族年轻一代的代表，昆丁学识最高，他接受过高等教育，却被弟弟杰生所嫉妒。他爱自己的妹妹凯蒂，但这是一种无法实现的乱伦之爱，是弗洛姆所说的情感的异化。他想维护家族的声望，却被众人所谴责。他敏感懦弱，精神脆弱，对家族成员的堕落及现实的荒唐感到无能为力和极度绝望。他本想帮助一个小女孩，结果却被诬陷拐骗幼女，并被带到警察局，被人误解，"长期以来我们全都以为他是个模范青年，是可以托妻寄女的人，直到今天干这伤天害理的事被警察逮住，我们才恍然大悟"②。他对社会现实的"恶心"，让他不能自拔，只能走上自杀的末路，最终因为不能与现实同流合污而被异化的社会这个庞大机器轧碎。相反，杰生则是这个家族中的奸诈小人。他贪婪嫉妒，手段残忍，无恶不作，连自己姐姐凯蒂给她孩子的生活费他都克扣。他嫉妒哥哥上过大学，为了成为家族的唯一继承人。他还阉割了白痴弟弟班吉。从这个作品对康普生家族年轻一代的描述中我们看到了生活在异化社会异化人的众生相，他们自我迷失：要么不知所为，要么为自己所不该为。现代社会造就了这个具有代表性的家族悲剧。为此，"批评家往往把这本书与艾略特的《荒原》并列，认为都是走向衰退的物质文明所唱的一支挽歌"③。

在戏剧领域，以罗马尼亚裔法国剧作家尤奈斯库（Eugene Ionesco，

---

① 易晓明等：《西方现代主义小说导论》，开封，河南大学出版社，2009年，第1版，第113~114页。

② 袁可嘉等选编：《外国现代派作品选》（第二册 上），上海，上海文艺出版社，1980年，第1版，第220页。

③ 袁可嘉等选编：《外国现代派作品选》（第二册 上），上海，上海文艺出版社，1980年，第1版，第141页。

1909~1994）为代表的戏剧作家借助荒诞戏剧的艺术形式，一反传统，超越了被称为现代现实主义戏剧创始人挪威剧作家亨利克·约翰·易卜生（Henrik Johan Ibsen, 1828~1906）的荒诞就是社会问题的观点。他们的作品使人认识到荒诞的日常化，荒诞无处不在。何谓荒诞？荒诞是因为事物背离了常规，就是异化的表现。《犀牛》是尤奈斯库的代表作。该作品所呈现的就是人在物的绝对统治之下的荒诞画面：他们丧失人格，迷失自我，异化为犀牛。小公务员贝兰吉是一个社会下层人物，他不满于现实生活，对未来感到茫然，因此时常被一种莫名其妙的恐惧感、孤独感所困扰。人们对犀牛的出现，刚开始的时候大为惊讶，他们或高谈阔论，或漠然置之，尔后演变犀牛成风。生活中的突变并没有使贝兰吉完全迷失，他一边挣扎，一边反抗，不愿随波逐流。但是，贝兰吉对"犀牛化"现象的反抗势单力薄，他为自己孤单和无力的挣扎感到悲哀。剧本中人蜕变为犀牛的荒诞情节，揭示了西方社会的异化本质，这是生活在现实社会中人格丧失、精神堕落的超现实表征。作者采用亦真亦假的梦幻写作手法，假以艺术虚构，使剧中的故事相对完整、真实可信，收到了极好的艺术效果，与弗洛姆的人学理论一样，达到了深刻揭示社会本质的目的，作品与卡夫卡的《变形记》有异曲同工之妙。

在尤奈斯库的独幕剧《椅子》中，观众看到了有关两个与世隔绝的老人的另一幅场景：老头和老太太分别是95岁和90岁的高龄，他们住在一座似水环绕的房间里。一天夜晚，两人闲聊、玩游戏、哭闹，

老头儿　我感到无聊得很。

老太太　你刚才看水的时候好像兴致还很好……让咱们像那天晚上一样，来玩假装儿的游戏吧。

老头儿　你先装，这回该你了。

老太太　这回该你。

老头儿　该你。

老太太　该你。

老头儿　该你。

老太太　该你①。

---

① 宋寅展、苏成全主编：《二十世纪西方文学作品选》，武汉，华中师范大学出版社，1992年，第1版，第306~307页。

多么无聊，多么无奈的两个老人啊！他们渴望与世界、与他人沟通，但现实让他们的愿望变得不可能。他们生活在这欲哭无泪的世界中，靠假装来打发时间，在相互嬉戏、相互愚弄中驱赶无聊。他们想象着不同听众的到来，其中有皇帝，有乞丐，以聆听老头雇佣的演说家代替他自己演讲有关"人生的秘密消息"。他们迎接着一位又一位看不见的客人，招呼他们，为他们搬来座椅。随着"客人"的增多，年迈的夫妇俩忙得不可开交，搬椅子、让座、打招呼。慢慢地，房间里摆放的椅子越来越多，两人在椅子之间挤来挤去。皇帝的光临让夫妇俩无比兴奋，他们为之欢呼，但被满屋子的椅子挤到房间的两头，连亲眼目睹一下皇帝尊容的愿望都没能实现。那位职业演讲家只会打手势、叹息、咳嗽、发出"嗨嗨"、"呼呼"的声音，原来他是一个哑巴。最后，两位老人在具有强大能量的物化世界里，连自己的立足之地都被占据了，只好从窗口投海自杀。世界被椅子所隐喻的物占领，人被"完整而真实"的虚幻所控制，并为之痴迷而无法自拔。这是现代社会的真实刻画，是迷失了自我的现代人的客观写照。

　　为大家所熟知的贝克特的《等待戈多》，同样反映了现代社会的荒诞和现代人思想行为的荒谬。该剧的背景是一片荒芜的郊外，只有一颗枯树，既像十字架又像绞刑架，这一场景与《荒原》所描写的景象有过之而无不及。两个流浪汉毫无希望地盲目等待着谁也不知道是谁的戈多，

　　　　艾斯特拉贡　他应该在这儿。
　　　　弗拉吉米尔　他没说定要来。
　　　　艾斯特拉贡　如要他不来呢？
　　　　弗拉吉米尔　咱们明天再来。
　　　　艾斯特拉贡　接下去后天再来。
　　　　弗拉吉米尔　也许吧。
　　　　艾斯特拉贡　如此类推。
　　　　弗拉吉米尔　就是说……
　　　　艾斯特拉贡　直到他来为止。[1]

---

[1] 郑克鲁、董衡巽主编：《新编外国现代派作品选》（第二编），上海，上海世纪出版股份有限公司，2008年，第1版，第343页。

他们的等待反映了现代人无可奈何的窘状，"希望等于无望，绝望中又不放弃等待，时间由此而变得毫无意义"①。在这个完全异化的社会，生存就是一种荒谬，现实就是戏剧，戏剧亦即悲剧。因为在这里，希望是生活的出发点，无望充满人生旅途，绝望是人生的终点。生命便在这样一个颠倒一切、欲走还留、迷失自我的世界里存在和循环往复。

无论是荒诞还是荒谬，都是远离社会和人的自然本质的悲剧。从荒诞剧中我们可以看到，现代资本主义社会里荒诞无处不在，荒诞已经司空见惯，荒诞已经深入到人们的日常生活的各个层面，牢牢占据人们的意识中枢，成为人们的普遍经验，并上升到哲学高度。"生活便是荒诞，生命也是荒诞，语言是荒诞，一切都是荒诞"②。社会中的每个个体都被荒诞包围着，生活在荒诞中，淹没在荒诞中，荒诞成了他们迷失的自我的唯一直白表征。

在现代文学中，表现异化和迷失自我的作品尤其多，个中缘由很复杂，但很重要的一点是因为现代主义作品和弗洛姆人学理论中的异化批判一样，矛头都对准了现代资本主义社会。"现代主义现在被奉为西方文学经典，其理由之一是它对当代资本主义进行了'批判'"③。现代文学思潮中的众生，无论是未来主义、超现实主义、存在主义，还是意识流小说、荒诞派戏剧、黑色幽默等，要么是对异化现实的逃避和嘲讽的策略，要么是对其无情揭露和鞭挞的手段。弗洛姆人学所揭示的现代人自我的迷失，恰恰成为不同文学思潮和文学流派作品的中心和主题。弗洛姆在他的人学图景中所勾画的人间悲剧，在文学作品中常常得到具体的表征和再现。可以想见，弗洛姆人学思想中有关自我迷失的理论，在文学人物的深度刻画和文学作品的鉴赏中具有较高的理论指导性。

---

① 曾艳兵：《西方后现代主义文学研究》，北京，中国社会科学出版社，2006年，第1版，第143页。

② 曾艳兵：《西方后现代主义文学研究》，北京，中国社会科学出版社，2006年，第1版，第137页。

③ 盛宁：《现代主义·现代派·现代话语——对"现代主义"的再审视·序言》，北京，北京大学出版社，2011年，第1版，第2页。

第三章 心理迷宫中自我的找寻

在上一章，我们已经根据弗洛姆的思想，从社会的角度"宏观"地分析了西方现代社会，还从个体的角度"微观"地探视了现代人的心理境况。弗洛姆扫描社会和社会中的人，其目的并不仅仅是从一个独特的角度——融合马克思和弗洛伊德的方法和角度去看待人和社会的表象，他要找到造成病态的社会、孤独的自我的根源，他要在异化的社会中找寻那个迷失的自我。生活在现代社会中的人，正如弗洛姆所言，"现在，人类有史以来第一次认识到，为了自身的利益团结一致、共同征服自然，不再是一种梦想，而是一种现实的可能"①。社会的发展、科技的进步并不意味着人类的心理同步发展，"然而，现代人却感到惊恐不安，而且这种不安与日俱增。他虽然努力工作，奋力上进，但对自己活动的徒劳无功却茫然无知。虽然他的处事能力增强了，但对个人、对社会却感到无能为力"②。可见，现代人虽然"已成为大自然的主人，但却沦为他自己亲手创造出来的机器的奴隶"③。现代人的社会生活、政治生活已全面异化，社会成了病态的社会；而现代人本身也恐惧不安、焦虑无措，感到自己微不足道和无能为力，没有安全感，孤立无援，进而躲避到暂时脆弱的安全之中，却为此付出牺牲自我的代价。所以，弗洛姆要极力帮助现代人找寻自我，从社会和自我两个层面剖析人的存在境遇、人的需要、人的情感、人的性格等，以发现隐藏在人的病症下的根源所在，以找寻异化社会中那个本真的自我。

---

① Erich Fromm, *Man For Himself: An Inquiry into the Psychology of Ethics*, New York: Holt, Rinehart and Winston, 1947, p.4.
② 〔美〕埃里希·弗洛姆：《寻找自我》，陈学明译，北京，工人出版社，1988年，第1版，第4页。
③ 〔美〕埃里希·弗洛姆：《寻找自我》，陈学明译，北京，工人出版社，1988年，第1版，第4页。

马克思从社会组织的特性中探讨社会里人的病症的根源,而弗洛伊德则从个人在家庭中的遭遇来探讨它,从对人心理的各种压抑因素来探寻病症的根源,没有从社会组织以及社会的特性对该社会成员的心理影响这个角度入手。为此,弗洛姆认为,在找寻自我的过程中同样需要结合弗洛伊德和马克思的观点和方法,"我们只有按照马克思和弗洛伊德有关个人和人类历史进化的观点,才能充分理解他们的病理学(Pathology)思想"①。弗洛姆就是根据马克思的社会、历史观点和弗洛伊德的个体心理角度来解剖现代人的病态,理解现代人的病理。他从人的生存境遇出发,阐发了人的需要,构建了他的性格理论,提出了社会无意识概念,研究了人的生存方式等,试图揭开现代人自我迷失的秘密,探索找寻自我的途径。

第一节 充满矛盾的生存境遇

弗洛伊德认为,推动人类情欲的基本动力来源于"力比多"。而弗洛姆则认为,人的问题比弗洛伊德想象的要复杂一些,力比多并非是推动人类行为的最强动力,人除了力比多和情感这些比较重要的因素外,还有一些与人的生存关系更为密切的因素,那就是人的生存状况,即"人的境遇"。因此,在分析现代社会和现代人病理时,弗洛姆首先分析了个体在自然界和社会中的生存境遇问题。弗洛姆认为,人是自然界的一个组成部分,个体既代表他自己,又代表整个人类;他既具有自己独特的个性,又具有人类拥有的共性,个体的人格是由人所共处的人类生存环境的特点决定的。所以,对于弗洛姆来说,剖析人的起点就应该是人的生存环境,或者人的处境(human situation),即人的生存境遇。在《寻找自我》中,弗洛姆主要从两个方面探讨人的处境问题:人的生存两歧(existential dichotomies)和人类的历史两歧(historical dichotomies)。

人通过发展理性和意识来超越自己的本能,使自己不再受本能的控制;人利用自己发达的大脑意识和思维,来认识世界和自身。"人类一诞生就具有与动物不同的新特质,那就是:他能意识到自己是个独立的整

---

① 〔美〕埃里希·弗洛姆:《在幻想锁链的彼岸——我所理解的马克思和弗洛伊德》,张燕译,长沙,湖南人民出版社,1986年,第1版,第65页。

体、回忆过去并瞻望将来,他能使用符号指称对象和进行行动,他具有认识和理解世界的理性,他能通过想象使自己远远超出本身感觉的范围"①。人的自我认识、理智和想象力与自然界中的其他动物的本能适应世界的方式完全不同。人的出现"使人变成一种畸形物,使人成为宇宙中的怪物"②。可见,人作为自然界的一部分,作为动物中的一个类,一方面,他超越本能,超越其他动物,超越自然,他与自然相分离,他无家可归;另一方面,人必须服从自然规律,他"被拴在他与所有生物共有的自然家里"③。

由于人具备自觉的意识,他能看到自己的无能为力和生存的有限性,因此,人能清楚地认识到自己生存中的矛盾,"人处在永恒的、不可避免的矛盾状态中"④。人的理智迫使人去思考这些无法逃避的生存问题,试图消除这种无法解决的生存两歧。因为人不可能变成动物,再回到与自然和谐相处的史前状态,因此他必须不断发展自己的理智,"直到他成为自然及自身的主人"⑤。

在弗洛姆看来,人与其他动物相分离,与自然相分离,也导致生存中的特有矛盾,进而导致人与他人的分离,人的生存问题是自然界中独一无二的:人脱离了自然,但又处在自然之中;人有几分神性,又有几分动物性;人既是有限的,又是无限的。人这种自然中的畸形物、宇宙中的怪物是自然的一个组成部分,必然受他所无法改变的自然规律的支配,但又部分地超越自然。因此,人的生存中充满了这样的两歧。

一、无法根除的生存两歧

马克思认为,人和社会的发展是不断从必然王国走向自由王国的过程。弗洛姆辩证地分析了人的理性作用,认为理性(reason)是人的福

---

① 〔美〕埃里希·弗洛姆:《寻找自我》,陈学明译,北京,工人出版社,1988年,第1版,第51页。
② 〔美〕埃里希·弗洛姆:《健全的社会》,欧阳谦译,北京,中国文联出版公司,1988年,第1版,第21页。
③ 〔美〕埃里希·弗洛姆:《健全的社会》,欧阳谦译,北京,中国文联出版公司,1988年,第1版,第21页。
④ 〔美〕埃里希·弗洛姆:《健全的社会》,欧阳谦译,北京,中国文联出版公司,1988年,第1版,第22页。
⑤ 〔美〕埃里希·弗洛姆:《健全的社会》,欧阳谦译,北京,中国文联出版公司,1988年,第1版,第22页。

祉（blessing），它使人们认识和改造世界成为可能，同时理性又是人的祸根（curse），因为理性迫使人永无止境地去消除那永远也解决不了的"两歧"（insoluble dichotomy）。人以理性为原动力，去努力创造一个属于他自己的世界，理性迫使人每前进一步后又感到新的不满足和困惑，并驱使人去寻求新的解决方法；理性使人不断地把未知变为已知，而后又重新探索新的未知；理性驱使人去克服这种"内在的分裂"，并竭力达到"完美境界"。可见，理性的出现使人陷入"两歧"之中。为此，人的生存经常处于不可避免的不平衡状态之中，这就是"生存的两歧"。对于人来说，生存是他无法逃避而又必须解决的问题。所以，弗洛姆认为，人"永远无法摆脱其'生存的两歧'"①，要解决人的生存问题，首先要分析人的"生存的两歧"。

第一，生与死的矛盾。在弗洛姆看来，生与死之间的两歧是最基本的生存两歧。和其他动物一样，人的生和死是自然规律的结果，人没有能力决定自己自然的生和死，人的生和死是在外界力量作用下的结果，这是自然法则，"他是在偶然的时间和偶然的地点被抛到这个世界上来的，最后又被迫偶然地离开这个世界"②。在生与死之间的这段时间里，人始终处于一个变化不断的世界之中。人们不能确定现在，也无法确定未来，唯一能确定的是人过去的诞生和将来的死亡，但这也不是个体自身所确定的，"对于现在，只有过去是确定的，对于未来，只有死亡是确定的"③。生与死是对立的，人必须接受死的到来而别无他法，人企图通过创造某种意识形态来否定生与死的两歧，可总也办不到。随着死亡的到来，一切化为乌有。人对死的认识深深影响人的生活。

第二，人的无限潜能与生命短促的矛盾。人终归要死，人的生命是有限的。弗洛姆认为，这一自然规律又导致另一个生存的两歧：人的无限潜能与生命短促的两歧。人具有高于一切其他动物的所有潜力，但人的生命是短暂的。人的潜力不可能在有生之年得到完全实现，只有在个人的生命与整个人类的生命一样长的条件下，他才能参与整个人类历史

---

① 〔美〕埃里希·弗洛姆：《寻找自我》，陈学明译，北京，工人出版社，1988年，第1版，第52页。
② 〔美〕埃里希·弗洛姆：《寻找自我》，陈学明译，北京，工人出版社，1988年，第1版，第52页。
③ 〔美〕埃里希·弗洛姆：《健全的社会》，欧阳谦译，北京，中国文联出版公司，1988年，第1版，第23页。

的发展过程,才能"完全"实现个人潜力。因此,人总是在渴望能完全实现他所有的潜能,但这是无法办到的,"他所认为能够实现"和"实际上所能实现"之间构成一对矛盾,人能够意识到这种矛盾。所以,为了"解决"和"回避"这一矛盾,具有理性的人只好通过种种办法来调和、否定这种矛盾。人们往往通过假想死后可以继续生前未竟的事业,来尽可能实现自己的潜能;或者通过假想自己所处的历史阶段是人类最终和最辉煌的历史时期,来"最终"由自己实现人的潜能;或者认为生命的意义并不在于充分实现其潜力,而在于服务于社会、尽职于社会,个人的发展、自由和幸福从属于国家、社会团体和其他那些超越个人的永恒权力。这样看来,个人的一切就显得微不足道,这是又一种回避方法。可见,"人的处境是一个悲剧:自我的发展永远不会完结,即使在最有利的条件下,人也只能实现部分潜力,人总是在完全诞生出来以前就已死了"①。

第三,个体化与孤独感的矛盾。弗洛姆认为,随着人的发展,人越来越自由,但同时人又变得越来越孤独。这就是弗洛姆所说的个体化与孤独感之间的生存两歧。

人对自由的追求过程就是人越来越摆脱各种束缚的过程。人对本能的超越、对自然和自身的超越过程就是发展自我的过程,这个过程也就是人的个体化过程。人的个体化过程就是人逐渐变得孤独的过程,因为在发展自我的同时,人对外界的依赖性越来越小。因此与外界的联系越来越少,与自然、他人甚至自己的关系日渐疏远,于是人愈加感到孤独。可见,人在不断发展过程中会变得越来越孤独。但人从诞生之日起就注定要不断进化和向前发展,他不可能返回到动物,"他只有一条路可走:那就是完全脱离他自然的家,去寻找一个新的家——他通过使世界变成一个人的世界,使自己变成真正的人,而创造一个新的家园"②。所以,人的发展过程导致人的又一生存的两歧:随着人的发展,一方面,人的独立性越来越强,人的个体化程度越来越高;另一方面,人对外界的依赖越来越小,与外界的联系越来越少,与外界的关系越来越疏远,也正

---

① 〔美〕埃里希·弗洛姆:《寻找自我》,陈学明译,北京,工人出版社,1988年,第1版,第117页。
② 〔美〕埃里希·弗洛姆:《健全的社会》,欧阳谦译,北京,中国文联出版公司,1988年,第1版,第23页。

因为如此,人越来越孤独。

弗洛姆认为,人的生存的两歧是人的生存本身所固有的矛盾,它们存在于人的本性中,根植于人的存在之中,是人由自然状态向社会状态过渡时所必然产生的,因此是人不可排除的矛盾。"人虽然无法消除它们,但可以通过各种途径(用什么样的途径取决于他的性格及其文化)对它们作出反抗"①。人的生存矛盾导致人与自然、与他人及自我的分离,也就是说,人的生存矛盾,即人的本性,导致人的异化。人的生存矛盾是不可消除的,因此人的异化也始终伴随着个体和整个人类社会,是人固有的本质现象。至此,弗洛姆在寻找自我的过程中逐渐为我们拨开层层迷雾,矛头直指自我迷失的根源,那就是人的本性,即人生存的矛盾性。马克思认为,异化是一种必然现象,它内在于人类的进化之中。只有当我能区别外在世界和自身的时候,外在世界才会变成一种客体,这时人才有可能把握这个客体,使之成为我的世界,重新达到主客体的统一。② 可见,人的生存的两歧是理性人发展过程中不可避免的,同时人类试图解决生存两歧的渴望也是推动人类不断向前发展的作用力之一。

二、非必然的历史两歧

弗洛姆认为,在人的生活过程中,除了"生存的两歧",还有许多"历史的两歧"。它们与"生存的两歧"有着根本的区别,它们不是人生存的一个必然组成部分,而是人为造成的,也是可以解决的,只是时间问题。例如,不断发展进步的科学技术,一方面创造了更多、更好的产品,满足了人们的生活需要,另一方面,人们并没有把高科技全部用于人类的和平发展上面,有时用到战场上,屠杀人类;虽然科技的进步推动了生产力的发展,推动了人类历史向前发展,同时,它也给人类带来诸多消极影响,对自然环境的破坏就是消极影响之一。这些在人类历史发展过程中产生的矛盾,不是必然性的、内在的和本质的矛盾,不是根植于人类本性中的矛盾,它们在历史发展的长河中可以得到即时或延时的解决。古希腊的奴隶制曾经有过辉煌的历史,它是人类不平等的突出

---

① 〔美〕埃里希·弗洛姆:《寻找自我》,陈学明译,北京,工人出版社,1988年,第1版,第54页。
② 参见〔美〕埃里希·弗洛姆:《在幻想锁链的彼岸——我所理解的马克思和弗洛伊德》,张燕译,长沙,湖南人民出版社,1986年,第1版,第59页。

体现，是难以解决的一个矛盾，但它终究是人类发展过程中出现的"历史的两歧"。到了历史的后期，当人类平等的物质基础具备时，这一矛盾最终还是得以解决。

人类在发展的同时，会遇到或者产生一些矛盾。当人类意识到这些矛盾的时候，他就会着手努力寻找解决的途径。当一种矛盾解决后，新的矛盾又会出现。人类的历史就是这样在周而复始地解决自身矛盾中前进和发展的，人类的历史就是解决发展过程中出现的一个个"历史两歧"的过程。

弗洛姆认为，区别"生存的两歧"与"历史的两歧"具有重要意义。尽力解决所面对的矛盾是人的天性，"人的心理的一个特质是，当面对某一矛盾的时候，它不可能依然无动于衷，他会以解决这一矛盾为目标而有所行动"①。但人们常常把"生存的两歧"与"历史的两歧"混为一谈。因此，对二者的区分，能让人们清楚，哪些矛盾是可以解决的，从而致力于这些矛盾的解决，人类所有的进步都可以归结于对一个又一个矛盾的解决。人们可以通过自己的行动来消除"历史的两歧"，对历史的矛盾作出反应，而"生存的两歧"是人不可消除的矛盾，尽管人可以通过不同的方式对它们作出反应，如通过意识形态的缓和与排解矛盾来慰藉其心理，通过拼命工作和尽情享乐来逃避内心的不安。但无论怎样，人依然心怀不满，焦虑重重，惶惶不安。为此，"能够解决其问题的唯一途径是：面对真理，了解在一个冷漠无情的世界上之所以会陷入孤独与寂寞的根本原因，懂得只有依靠自己的力量才能解决自己的问题"②。可见，在弗洛姆眼里，推动人类行为最直接的强大力量源自人的生存状况。对自身生存境遇的了解能加快人类前进的步伐。

人的理性促使人不断地摆脱束缚、追求自由，但随着人类越来越自由的同时，人变得越来越孤独，人的各种关系变得越来越疏远，也就是慢慢出现了异化。对人的生存境遇的分析能使我们窥见人异化的源头，使我们看到自我迷失的部分根源。对人的生存中出现的不同矛盾的区分和了解，又使人更清楚地认识到自己的处境，找到人类行为的动力源泉，

---

① 〔美〕埃里希·弗洛姆：《寻找自我》，陈学明译，北京，工人出版社，1988年，第1版，第57页。
② 〔美〕埃里希·弗洛姆：《寻找自我》，陈学明译，北京，工人出版社，1988年，第1版，第58页。

以便更好地发挥理性的力量,展示自己的才能,以最终达到自己的目标——充分发挥人的潜能,去理性地思维,真正地爱,创造性地工作,从而获得幸福。

第二节　人的需要

人的行为最明显的特征之一是人所表现出来的激情和奋斗的极端强烈性。弗洛伊德认为这些是自我维护本能和性本能的直接或间接表现。在弗洛姆看来,人永远无法安静地生活,因为内在的矛盾不停地驱使他去寻求一种新的心理平衡与和谐,这种平衡与和谐同自然中的那种动物性和谐并不相同,而且那种和谐已不复存在。人之所以为人而不同于动物,其中一个原因在于人在满足了自己的动物需要以后,还要受到人类需要的驱使。"与动物形成鲜明的对照,饿、渴和性冲动得到了满足以后,他最迫切的问题并非已经解决,而是刚开始露头"①。因为即使人所有的本能需要都得到满足,人的问题还是不能解决,"人身上最强烈的情欲和需要并不是那些来源于肉体的东西,而是那些源于人类生存特殊性的东西"②。

人意识到自己的生存问题后,必须尽力解决生存中的问题和矛盾,这是人的一切精神力量的源泉。人不同于动物,动物只要生理需要得到满足就别无他求,而人在满足生理需要的基础上,有更进一步的追求,他还有心理和精神上的诸多需要。因此,"要认识人的精神,就必须以分析那些源于生存状况的人类需要为基础"③。可见,弗洛姆在综合弗洛伊德的生物学倾向和马克思的社会学方法的基础上,超越了弗洛伊德对人的需要的生物层面的论述,而更看重人之所以为人、之所以区别于动物的那些社会需要,其目的就是要寻找人的病症的根源。在弗洛姆看来,由人类生存状况所产生的人的需要主要包括:关联的需要(relatedness)、超越的需要(transcendence)、寻根的需要(rootedness)、自我意识的需

---

① 〔美〕埃里希·弗洛姆:《寻找自我》,陈学明译,北京,工人出版社,1988年,第1版,第59~60页。
② 〔美〕埃里希·弗洛姆:《健全的社会》,欧阳谦译,北京,中国文联出版公司,1988年,第1版,第26页。
③ 〔美〕埃里希·弗洛姆:《健全的社会》,欧阳谦译,北京,中国文联出版公司,1988年,第1版,第23页。

要（sense of identity）、目标与献身的需要（the need for a frame of orientation and devotion）等。

一、关联的需要——爱与自恋

弗洛姆认为，当人在某种程度上超越了对自然的完全依赖时，人与自然的原始脐带就被割断了，人从动物中分化出来，开始有了理智和想象力。人意识到自己的孤独、软弱，并渴望找到与他人联结的新纽带，以代替由本能支配的旧有联系，否则，他无法面对被割断了始发纽带的新的生存状况。没有了与他人的联系，即使人的生理需要都得到满足，他还会感到自己的存在像是一种与世隔绝的存在，必须改变这种现状，否则难以保持精神的健全，乃至精神错乱。其实，精神错乱就是因为无法与他人建立任何联系。可见，实现人的精神健全依赖于这种迫切的需要——与他人结合起来、保持与他人的某种关联的需要。弗洛姆认为，这种关联的需要促成了人与人之间的各种亲密关系和情感，是一种广泛意义上的爱。

弗洛姆指出，要实现这种人与人之间的关联，可以有几种途径：第一种途径是臣服，即臣服于其他某个个人、团体、组织或上帝，而与世界成为一体。通过依附于比他强大的某人或某物，感受到对方的权力，从而克服个体生存的分离性，但这种关联是以屈从或臣服为前提的。第二种途径是主宰，即通过主宰世界和使他人成为自己的附庸，来使自己与世界成为一体，从而超越个体生存的孤独感。这种途径与第一种正好相反。无论是选择第一种途径还是选择第二种途径，虽然实现了与世界、与他人的统一，克服了自我分离后的孤独感，但这两种方式都是以牺牲自己的独立性、破坏个体的完整意识为代价，因为结合后的二者都必须与对方互为依存，没有对方就没有自己一方的存在。而且，双方都会因结合后的同一而变得越来越依赖于对方，失去了发展自己的独立存在的动力。第三种途径是自恋。弗洛姆把自恋分为两种：原发性的自恋和继发性的自恋。原发性的自恋是指婴儿不能区分"我"和"你"，还处在与世界同一的状态，即婴儿个体意识和现实意识觉醒之前的状态。原发性的自恋是在个体正常的发展中，通过逐渐认识外部现实、感到自我与他人的不同，会慢慢被克服。它是一种正常现象，它与孩子正常的生理和精神发展相一致。继发性自恋是指存在于生命过程的其他阶段的自恋，这是一种精神病症的体现,是一种病态的情感固着。它是因为人成年后爱的能力没有随之发展,或失去了爱的能力造成的。这种自恋使人割断了与外在世界的联系,不能认识现实,只有自身内心活动所形成的"现实"。所以,"自恋是客观认识、理智和爱的对立面"①。第四种途径是爱。弗洛姆认为,爱是既能满足人与世界成为一体的需要,又不会使个体丧失其完整性和独立意识的唯一途径。因为爱是一种共享与参与的体验,它既能实现与他人或世界的结合,又能保持自我的独立性和完整性,使人的内心活动充分展示出来。爱是一种积极的、主动的参与,它能超越个体的存在,又能发挥自己的能动性。"在爱的行动中,我与万物合一,但我仍然是我自己"②。弗洛姆还认为,爱具有生产性,是人同他人、自身和自然的一种积极创新的相关性。爱的这种生产性表现在人生存的各个方面:在思想领域表现在人用理智去真正地把握世界;在行动领域表现为生产性的劳动,其原型就是技术和手艺;在感情领域表现为爱。

与他人建立某些联系的需要是人能够健全生活的必要条件,没有与外界的联系或者不能与外界建立联系,人就会精神错乱。在与外界建立联系的多种途径中,唯有爱是最佳途径,屈从和主宰都会使人丧失个体的完整性,而自恋则割裂了人与外在世界的联系,是一种精神病的症状。从中我们可以看出,爱在人的生存中所起到的至关重要的作用,没有了爱,人的关联需要就得不到满足,或者只能得到不和谐的、部分的、病态的满足。从弗洛姆论述人的关联需要中,我们可以追溯到导致自我迷失的扭曲人格和病态情感的原因所在:人为了满足关联的需要,如果不通过爱这一最佳途径,他就会走火入魔,通过屈服和主宰都会导致人性的分裂,导致受虐和施虐人格的产生;在儿童期没有发展爱的能力或失去了爱的能力则会使人有可能通过自恋这种病态的方式来满足人的关联的需要,从而产生自恋这种病态的情感。

二、超越的需要——创造与毁灭

在弗洛姆看来,人不明不白地被抛入这个世界,又身不由己地被抛

---

① 〔美〕埃里希·弗洛姆:《健全的社会》,欧阳谦译,北京,中国文联出版公司,1988年,第1版,第34页。

② 〔美〕埃里希·弗洛姆:《健全的社会》,欧阳谦译,北京,中国文联出版公司,1988年,第1版,第30页。

出这个世界,在这个层面上讲,人是被动的,就像世界上的其他生物一样处于一种被动状态。但人毕竟不同于其他生物,他拥有理性,具有想像力和意识,他需要超越自己的生物性,超越自身生存状况中的被动状态,并发挥自己的创造力,做一个"创造者",做一个能主宰自己命运的人。为了满足人的超越的需要,人有两种途径:创造和毁灭。

弗洛姆认为,人同其他所有生物一样能够创造生命,但只有人能意识到他既是被创造者又是创造者。作为一个创造者,一方面,人能创造生命,这种创造是生物所共有的,任何物种为了生存,为了延续种群都必须有这种繁衍下一代的能力,否则就会灭绝;另一方面,人能种植、生产物品、创造艺术、形成观点、彼此相爱,这种创造则是超越其他生物的创造,因为在这个创造过程中,人超越了他的生物状态,超越了自身生存的被动性和偶然性,并从自己的创造中获得自由。"人对超越的追求,正是爱、艺术、宗教以及物质生产的源泉之一"①。弗洛姆还认为,创造包含了主动性和爱,这里的爱包含着对那些被创造之物的爱。

满足人的超越需要的另一条途径是毁灭。毁灭生命同样能满足人的超越需要,人能够毁灭生命,就像他能创造生命一样,因为毁灭也能使自我超越生命,"在毁灭的行动中,人使自己立于生命之上,从而超越了他的生物性"②。可见,在超越自身的驱使下,人要么创造,要么毁灭;要么爱,要么恨。毁灭的力量同样巨大,毁灭是一种继发性的潜能,它源于人的生存状况,毁灭是创造的唯一替代物。弗洛姆认为,创造和毁灭并不是两种独立存在的本能,而是对超越需要的回答,当人的创造意志不能实现时,他的毁灭意志就会显现。

弗洛姆对超越需要的论述,一方面,让我们从中看到弗洛伊德关于人的生本能和死本能理论的影子;另一方面,使我们加深了对爱的理解:人的创造力中包含着爱,包含着对自己的创造对象的爱,就像母亲爱自己的孩子一样;同时,也使我们更清楚地认识到,毁灭同创造一样,是对人的超越需要的回应,它同样源于人的生存状况,同样具有巨大力量,它是超越冲动中的创造的唯一替代物。为了超越,人要么创造,要么毁

---

① 〔美〕埃里希·弗洛姆:《健全的社会》,欧阳谦译,北京,中国文联出版公司,1988年,第1版,第35页。
② 〔美〕埃里希·弗洛姆:《健全的社会》,欧阳谦译,北京,中国文联出版公司,1988年,第1版,第35页。

灭，这两种力量都会对人类、对世界产生决定性的影响。从中我们也能看出，为何当今世界上潜伏着那么巨大的毁灭人类、毁灭世界甚至整个地球的力量，这种力量始终威胁着人的生命、人类文明、人的今天和明天。从弗洛姆对人的超越需要的论述中，我们还能看到扭曲的人格中存在的破坏倾向的源头。

三、寻根的需要——友爱与乱伦

弗洛姆认为，自从人一诞生，他就脱离了自然的襁褓，并在一些方面挣脱了自然的束缚。这种脱离是可怕的，脱离自然，意味着人失去了他的自然根基，人像离开了家一样，像孩子离开了母亲一样，只得四处漂泊和流浪。没有了生存的基础，孤立无援，人无法忍受这种孤立无依的处境，甚至会导致精神上的极端病态。因此，人力图去寻找新的生存根基，只有这样才可以抛弃自然的根基，才不至于感到孤立无依，才不至于难以忍受得发狂，才会感到安全。可见，人与自然相分离，但同时又有一种回归自然、与自然重新建立和保持某种联系的需要，这就是人寻根的需要，人要寻找他的生存根基。

弗洛姆指出，母亲是人寻找到的第一个生存根基。母子关系是人类最基本的自然关系。孩子的生命在母亲的子宫里就开始了，母亲的子宫给胚胎所需要的一切：充足的养分、舒适的环境、密切的联系、绝对的安全等。离开母体后，母亲依然是他的保护神，同时为孩子提供多种需要。初出生的婴儿毫无自立的能力，完全依靠母亲的悉心呵护，在生命的最初几年里，孩子都离不开母亲的精心照料，与母亲保持着密切的关系，母亲不仅满足孩子诸如饥渴等需要，同时给他提供爱等情感需要，母亲对孩子的关怀和爱护无微不至，又是毫无条件的。因此，孩子从一开始就感觉到母亲是他的依靠，母亲是他生命的源泉，"母亲就是食物，就是爱，就是温暖，就是大地"①。有了母亲，就有了爱，就有了生命，就有了安全，就有了一切。母亲是生存的根基，即人所要寻找的根。

在弗洛姆眼里，孩子的出生意味着离开子宫的庇护；孩子的成长意味着逐渐离开母亲的保护。然而，即使到了成年，人对母亲的依恋仍旧存在，母亲曾经给予的一切始终在心头萦绕，他渴望重新得到母亲的保

---

① 〔美〕埃里希·弗洛姆：《健全的社会》，欧阳谦译，北京，中国文联出版公司，1988年，第1版，第37页。

护，希望得到母亲的温暖和爱，因为他现在生活在一个错综复杂、变化无常、困难重重的世界里，只有重新得到母亲的呵护，他才感觉到爱和安全。人不会放弃这种强烈的渴望，除非他找到了其他替代方式。精神病症之一就是完全被这种渴望所控制，患者甚至渴望回到母亲的子宫。

可见，对母亲的这种依恋是人寻根的需要，"母亲代表自然和无条件的爱"①。然而，成年人对母亲的强烈固恋会导致乱伦的欲望。弗洛伊德认为，对母亲的固恋源于小孩对母亲的性兴趣。弗洛姆则认为，这里的乱伦冲动并不是来自孩子对母亲的性兴趣，而是源自"要留在或回到无所不包的子宫的渴望、回到养育一切的乳房的渴望"②。如果孩子对母亲的感情固恋太强烈以致触发了性欲，这种固恋就会带有性的依恋，但这并不是说这种固恋源于性的欲望，其实它还是源自人的生存状况。

弗洛姆认为，在人类寻根的不同历史阶段，人曾经分别把自然界和动植物、上帝、土地、民族、国家、宗教等当作自己崇拜的对象，当作自己依恋的对象，即当作自己寻根的对象，这些都是乱伦的表现。

在弗洛姆看来，人对血缘和土地的病态依恋，是向母权情结否定方面的倒退，这是因为人摆脱中世纪社会的传统束缚后，害怕把自己变成一个孤立原子的陌生自由，于是逃避到血缘和土地的偶像崇拜之中；种族崇拜、民族偶像崇拜、国家崇拜，以及法西斯主义、纳粹主义等新的极权主义（国家崇拜和种族崇拜相结合的产物）都是乱伦依恋的表现形式。"民族主义是我们这个时代的乱伦形式，偶像崇拜和精神病症"③。

可见，人寻根的目的是获得情感上的支撑，它源自人的生存状况。由于人最初是从母亲那里获得保护和爱，所以人在寻根时自然而然指向了母亲，但这种依恋并不是性兴趣，而是由人的生存状况造成的。如果人自身拥有足够的理性和爱的能力，即普遍友爱，或者说，他不仅爱自己，而且平等地爱别人、爱整个人类，不管他们是否与自己拥有相同的血缘、是否来自同一国家、是否属于同一民族，那么他就不会有乱伦的表现，如对血缘和土地的崇拜、民族主义、种族主义、国家崇拜以及以

---

① 〔美〕埃里希·弗洛姆：《健全的社会》，欧阳谦译，北京，中国文联出版公司，1988年，第1版，第44~45页。
② 〔美〕埃里希·弗洛姆：《健全的社会》，欧阳谦译，北京，中国文联出版公司，1988年，第1版，第39页。
③ 〔美〕埃里希·弗洛姆：《健全的社会》，欧阳谦译，北京，中国文联出版公司，1988年，第1版，第57页。

法西斯主义和纳粹主义为代表的新极权主义等。友爱源自人的生存状况，它能满足人的寻根需要，与友爱相对的是各种崇拜，这些都是乱伦的表现形式。从这里我们又看到了普遍友爱的力量和在人类发展中的作用，同时我们还依稀认识到迷失了自我的偶像崇拜的病症所在——他们没有拥有真正的爱去满足寻根的需要，而是在寻根时指向了其他个人或物，把他们当作偶像来崇拜，因此导致乱伦。"只有当人的爱和理性得到前所未有的发展，只有当他能在人类休戚相关和正义的基础上建立一个新世界，只有当他感到有赖于普遍友爱的存在，他才会发现一个崭新的人类生存基础，他才能够把现存世界改造成一个真正的人类家园"①。

四、自我意识的需要——个体与群体

根据弗洛姆的阐述，自我意识是指人能够把自我从群体中独立出来的意识，自我意识的需要是指归属于一个群体中的人意识到自己是一个独立的实体的需要。所以，弗洛姆说，"人是能够说出'我'的动物，能够把自身看作一个独立实体的动物"②。弗洛姆认为，人并不是一开始就有自我意识的需要，当人还是动物，离不开自然的庇护时，人还没能超越自然，他不能认识自身，也没有自我意识的需要；当人从大自然中摆脱出来，具备了理性和想像力时，他就有自我意识的需要，他需要向群体中的其他人表明"我就是我"。当婴儿尚未脱离母亲、还与母亲同为一体时，他说不出"我"，也认识不到自我与外部世界的区别，没能把自我当作一个独立存在的实体，也就没有自我意识的需要。所以，人是在摆脱母亲和自然对他的"原始束缚"的过程中，逐渐形成了自我意识的需要。在弗洛姆看来，人不仅要有关联（爱）的需要、超越（创造）的需要和寻根（生存根基）的需要，同时还离不开自我意识的需要，同其他需要一样，没有了自我意识的需要，"人就无法保持精神的健全"③。

弗洛姆认为，人对自身独立自我的认识程度，在人类发展过程中是

---

① 〔美〕埃里希·弗洛姆：《健全的社会》，欧阳谦译，北京，中国文联出版公司，1988年，第1版，第59页。
② 〔美〕埃里希·弗洛姆：《健全的社会》，欧阳谦译，北京，中国文联出版公司，1988年，第1版，第59页。
③ 〔美〕埃里希·弗洛姆：《健全的社会》，欧阳谦译，北京，中国文联出版公司，1988年，第1版，第59页。

不相同的，这取决于他脱离氏族纽带和个体化的程度。原始氏族中的成员还不能意识到自己是一个有别于氏族其他成员的个体，他把自身与整个氏族联系在一起。中世纪封建社会里的个人，与其在那个森严的等级制度中的地位是等同的，他们意识到的自我是他们生来就不可更改的等级身份。封建制度瓦解后，人的自我意识觉醒了，人开始提出"我是谁"的问题。随着社会的发展，个体逐渐摆脱权威的控制，获得了政治上和经济上的自由，开始学会了对自身进行思考，感受到"我"是自己力量的中心和行动的主体，并由此而认识自己。

在弗洛姆眼里，只有少数人获得这种"我"的新认识，其他大多数人的"我"不过是徒有其表的东西，因为他们还没有达到真正意义上的自我意识。他们常常找到许多替代物来充当真正的自我意识，如民族、宗教、阶级、职业等。他们常用"我是一个×国人"，"我是一个×教徒"等来表明自己的身份，并以此向别人传递自己的自我意识。现代人把自我归属到一个个民族、宗教、阶级或职业，因此，其自我意识也就变成了一个个以群体为标志或归属的划一性的、顺从性的体验，只要我与其他人一样，被看作是某一群体中的正常同伴，我就感觉到了作为"我"的自己，这是一种幻想的自我，这就是现代人新的群体意识。弗洛姆认为，这种现代社会中的新的群体意识与个性出现以前的原始人的氏族意识并无多大差别，"自我意识取决于人要完全归属于群体的那种意识"①，换句话说，现代人就像原始人一样，没有真正意义上的个体或自我意识，只有群体意识。

在现代人眼里，成为某一群体中的一员，就代表着与之相应的地位；保持与某一群体中其他所有成员的一致性、顺从群体的规则和要求，就意味着拥有与该群体中其他成员平等的自我意识（虽然这是一种虚假的自我意识）。为此，他们不惜牺牲一切，哪怕"放弃爱、抛弃自由和牺牲自己的思想"②，去争取这种群体资格，以获得这种"自我意识"。现代人的"自我意识"是强烈追求和激烈竞争的产物。因此，人对于自我意识的需要同样起源于人类的生存状况。人若没有了自我意识的需要，

---

① 〔美〕埃里希·弗洛姆：《健全的社会》，欧阳谦译，北京，中国文联出版公司，1988年，第1版，第61页。
② 〔美〕埃里希·弗洛姆：《健全的社会》，欧阳谦译，北京，中国文联出版公司，1988年，第1版，第62页。

人就不能被看作真正意义上的独立个体,他也就没有独立的自我。在现代社会里,由于人异化的趋同,很少有人能拥有自我意识和真正的自我。弗洛姆人论中对自我意识的需要理论,也让我们清楚地看到现代社会中的人迷失甚至丧失自我后的病态性,看到迷失自我的又一根源。

五、目标与献身的需要——理性与非理性

人超越其他动物并与它们相分离的标志在于人具有理性和想象力。人的理性和想象力使生活在这个世界上的人都会确立自己的目标,否则,生命就没有价值,人与动物也毫无区别。确立目标后,他会为之奋斗,甚至会为之献身。这就是弗洛姆所说的人的目标与献身的需要。没有目标,人也难以健全地生活。

在弗洛姆看来,人对于目标的需要有两个层次。第一个层次的目标是人类生存最基本的需要,无论目标是真实的还是虚假的。没有这种目标,人就失去了方向和前进的动力,也就不能健全地生活。第二个层次的目标是人对理性的需要,即人必须依靠理性去把握现实,并客观地认识世界。相比较而言,第一个层次的需要比第二个层次的需要更迫切,因为没有基本的生存目标人就失去了基本的生活基础,更谈不上幸福、健全地生活,而当人的行为没有理性时,人们往往会想方设法使之合理化,让那些非理性的东西涂上理性的色彩。

根据弗洛姆的观点,人的理性愈是发展,他的目标就愈是切合实际。在现代社会中,虽然理性是人的目标,然而很多人并不是很切合实际地思考和解决问题,他们的思想和决定往往是非理性的,甚至是反人性的,为之献身的人还大有人在。从这里我们也可以看到为何现代社会中的人那么缺乏理性,特别是在人们的政治生活领域。

从弗洛姆对由人类生存状况所产生的人的五种需要的阐释,我们基本上可以找到在上一章中所看到的自我迷失的相应原因。从人的关联的需要、超越的需要和寻根的需要中,我们可以找到人的受虐、施虐、破坏性等变态人格和自恋、乱伦等病态情感产生的根源,还可以看到人们逃避自由的根本原因,但同时我们也初步看到了爱对于健全人格和完整自我的重要意义;从人自我意识的需要中,我们看到了现代人异化趋同的心理机制;从人的超越需要和目标与献身的需要中,我们看到了现实中人们非理性的行为根源。总之,人的生存需要源于人的生存状况,人

各个方面的异化的根源也起源于人的生存状况所产生的生存需要。人的生存矛盾是无法消除的,而人的生存需要是建立在人的生存矛盾的基础上的。因此,人的异化的根本原因是人的本性决定的,是难以消除的。弗洛姆关于人的生存境遇、生存矛盾和人的需要的理论为寻找现代资本主义社会中迷失的自我奠定了理论基础。

弗洛伊德从生物学的角度认为,人的需要就是肉体的需要,特别是性欲的需要,是满足力比多的需要。弗洛姆则从人类发展的历史和社会学的角度论述了人的生存境遇和人的生存矛盾,并推论出了他的人的社会需要理论。可见,弗洛姆的这一理论是在借鉴马克思的社会学和历史观的基础上,对弗洛伊德的人的需要理论的修正和超越。

在美国著名作家塞林格(Jerome David Salinger, 1919~2010)笔下的《麦田里的守望者》中的男主人公霍尔顿的迷茫、逃避和叛逆很大程度上是人的需要没有得到相应满足的结果。

"嗨,我给你找到了个搞同性恋的,"我对他说,"就在酒柜那头。现在先别看。我是特地保留着让你好好欣赏。"
……
"你的性生活怎样?"我问他。他最恨你问他这一类问题。
……
"你主修什么?"我问他。"性变态吗?"我是成心逗他玩。
……
"不跟你开玩笑,你的性生活怎样?"我问他。"你是不是仍旧跟你在胡敦念书时候的那个姑娘在一起?那个极可爱的——"
……
"这样说不好。要是她过去待你挺不错,老让你跟她发生最亲密的关系,你至少不应该这么说她。"
……
"难道我们非照着这个可怕的题目谈下去不成"?①

这是小说第十九章中霍尔顿在一个叫作萨敦饭店(the Seton Hotel)

---

① 〔美〕J. D. 塞林格:《麦田里的守望者》,施咸荣译,南京,译林出版社,2000年,第1版,第102页。

的高级旅馆的维格酒吧（the Wicker Bar）里与他在胡敦读书时候的一个辅导员卡尔·路斯的对话。从短短不足一页纸的对话中可以看到，主人公霍尔顿几乎从头到尾都离不开性的话题。在整篇作品中，他也总是想到或谈到性，为此，他还被开电梯的皮条客宰了一回。这就是弗洛伊德心理分析理论中的力比多发泄的一种方式，在弗洛姆看来这也是一种需要，只不过是他所说的人的最初级生理需要。霍尔顿很少谈及他的父亲、母亲，他与父母的疏远反映了他的关联需要的缺乏。他与妹妹的亲近关系、他不愿成为虚伪丑陋的大人世界里的一员等描述，说明他在归属感上的迷惑，这是他自我意识需要的表征。霍尔顿一心想做一个守望者则是他目标与献身的需要的体现，

> 我老是想象一群小孩子在一大块麦田里做游戏什么的，成千上万的孩子，附近没有人，——没有大人，我是说——除了我之外。我就站在那混账的悬崖边上，我的职责就是，如果有孩子往悬崖这边过来，我得把他捉住，——我是说如果他们都在奔跑，他们也不看看自己都在往哪儿跑，我得从什么地方出来，捉住他们。①

霍尔顿在学业上很不成功，生活上无所事事，所以他总想做点什么来显示自己的成就感，首先他得确立目标，他的目标就是守望儿童，然后为之奋斗，甚至为之献身。由于他不想与成人世界里"假模假样"的人为伍，他从心底想留在儿童世界，或者作为一个成人"滞留"在孩子的世界，于是就有了以上一幕：他幻想逃离成人世界，在孩子的世界里成就自己，以满足弗洛姆所说的目标与献身的需要。

一个人的多种需要在与家庭及社会现实的互动中铸就一个人的性格。

第三节　个体性格与社会性格②

弗洛姆认为，从人与他人发生关系的方式或特殊形式中体现人的性

---

① J. D. Salinger, *The Catcher in the Rye*, New York, London, Toronto: Bantam Books, 1978, p. 173.

② 这一部分的主要内容曾以论文形式发表，见论文《浅析弗洛姆的性格理论》，《世界文学评论》2008 年第 1 期，第 232～235 页。

格。因此，他把性格定义为：人籍以把自己的能量引入同化和社会化过程的一种较固定的形式。弗洛姆把性格分成个体性格和社会性格。个体性格是指社会中不同成员所独具的个人性格；社会性格则具有社会性。社会性格这一概念是弗洛姆的创举，社会性格在弗洛姆的理论体系中占有较重要的分量。弗洛姆的性格理论是在借用和改造弗洛伊德性格理论的基础上形成的。

一、个体性格——创发性与非创发性性格

在弗洛伊德那里，性格与人的行为特质中所潜含的动机相关。他强调性格特征中的欲望和动力因素，把性格与力比多联系在一起，认为力比多是性格的能量源，性格特征不过是性冲动的升华或反应方式。弗洛伊德还认为，性格的倾向性是人的行为和许多思想的根源，性格结构既决定一个人的思想和观念，又决定一个人的行为。前面说过，弗洛伊德把人的性格分成四类，它们分别与口唇、肛门、生殖器相联系。弗洛伊德认为，每个正常发展的人都要经历这些阶段，但许多人会在发展的某一阶段发生固着，成年后还保持属于之前某阶段性格的特征。口唇—容纳性格的人总是渴望得到物质、情感和精神上的满足，"这种人见物垂涎，消极被动，期望所需要的都能被给予，或者因为他或她由于这么善良和温顺而理应得到"①。口唇—虐待性格的人也同样希望一切所需要的东西来自外界，但"不像口唇—容纳性格，这种人不期待任何人会自愿地供他所需，而是企图用武力从别人那里夺取他所想要的"②。肛门—虐待性格的人认为任何新事物都不能被创造出来，一切只能靠固守已有的东西来获取。生殖器性格则是"充分发展、也像是成熟了的性格"③。前三种性格类型是性器官成熟前的性格类型，一个成年人如果还呈现出这些性格特征，就是一种性格固着，是"病态的"。弗洛姆认为，个体性格（individual character）是个人经验的产物，是个人在同化与社会化过程中形成的。弗洛姆继承和发展了弗洛伊德性格理论，把人的性格分成

---

① 〔美〕埃里希·弗洛姆：《弗洛伊德的贡献与局限》，申荷永译，长沙，湖南人民出版社，1986年，第1版，第64页。
② 〔美〕埃里希·弗洛姆：《弗洛伊德的贡献与局限》，申荷永译，长沙，湖南人民出版社，1986年，第1版，第64页。
③ 〔美〕埃里希·弗洛姆：《弗洛伊德的贡献与局限》，申荷永译，长沙，湖南人民出版社，1986年，第1版，第65页。

接受型、剥削型、囤积型、市场型和创造型等五类，其中前四类是非创发性的，第五类是创发性的（又译创造性的）。

（一）性格的形成

弗洛姆认为，人与世界发生关系的特殊形式是性格的根本基础。生活在社会中的人，有时从社会中直接获得他所需要的东西，即直接从外部世界把东西接受过来；有时依靠自己的力量生产出他所需要的东西；但在很多情况下，为了真正满足需求，他必须以某些方式去获取，然后同化成他所需要的东西，这就是人在生活中的"同化过程"。另外，生活在社会中的人，总会归属于某一个群体，是这个群体的一个组成部分，他不可能孤立地生活，而不与他人发生关系，为了满足生活中的各种需要，每个人不得不与他人打交道，与他人发生某种联系，这就是生活在社会中的人的"社会化过程"。在人与他人发生关系的过程中，即在社会化过程中体现出人的性格。

在弗洛姆看来，儿童的性格首当其冲会受其父母的影响，而父母培养孩子的方法则受到他们所在文化的社会及社会中大多数人的性格倾向的影响。儿童在使自己适应家庭的过程中获得自己的性格，在这种家庭适应活动及以父母为中介间接受到来自社会的影响的过程中形成的性格，会使他在今后的社会生活中能较快适应他所必须履行的任务。所以，性格的形成主要归结于气质和身体构造方面受到的生活经验的影响，包括个人和来自文化的生活经验。每个个体不同的生活环境、个体体质上的差别都能促使他们以不同方式去行为，于是在同化和社会化的过程中，人的性格形成了。

性格是个心理学概念，但人的性格与社会有密切联系，是人与他人和世界发生关系的过程中体现出来的，也是在这个过程中形成和发展起来的。没有他人，没有家庭，没有周围的社会环境，一个人的性格就不可能存在。一个人的性格形成后，他会按照自己的性格去行为。因此，反过来说，性格会影响一个人的社会生活，即性格有其一定的功能，并在社会化过程中发挥作用。

（二）性格的功能

弗洛姆认为，人的性格是人把自己的能量引入同化和社会化过程的一种较固定的形式，因此，性格在人的生活中具有重要作用：

首先，性格具有一种积极意义的生物学上的功能。因为人的行为并不是由先天的本能模式决定的,人所生活的环境总因时间和地点的变换而不断变化,如果人的每一个行动都是经过深思熟虑后作出的审慎的决定,那他的行为就会像不断变换的环境那样,变得前后不一、难以捉摸。而且,在很多情况下,人们的行动需要迅速完成,没有足够的时间去作有意识的、审慎的思考和判断,人的行为有时是一种"半自动反应",是一种"条件反射",这种反应或反射源于人的性格结构,源于作为人的主要特征的、最不易改变的、根深蒂固的习惯和意见。换句话说,在很多情况下,人们常常会根据自己的性格,对眼前的事情作出快速反应,在根本来不及细想之前就已完成了行动。由于人的性格的相对稳定性,一个人在很多情况下,会因其性格作出类似的、较一致的反应。所以,性格体系可被视为取代其生物性本能机能的替代物,它使个体的行动前后一致,使人用一种适合于他性格的方式,安排其生活,创造出某种程度的一致性。

其次,性格还具有选择的功能。人的理想和判断是人的性格的产物,不同性格的人对同一种情况会作出不同反应,产生不同预测,作出不同判断,人们通过其理想和判断来选择自己对世界的态度;反过来,理想和判断的确定又具有稳定性格结构的作用,使性格结构表现得正确而切实,从而使人的行动"合理"。

再次,性格还是人适应社会的基础。儿童在父母的教育下,在适应家庭的过程中获得自己的性格,而家庭是社会的"精神代理人",因为父母受制于他们所在的社会,他们的行为和思想必须适应社会,适应他们的社会中大多数人所共同拥有的社会性格,所以,从很大程度来讲,性格是由社会和文化模式所形成的。

(三) 性格类型

弗洛姆把性格分成创发性(productive)和非创发性(non-productive)两类。创发性性格是成熟和健康的性格;非创发性性格则是异化的、病态的。我们先来看看弗洛姆提出的创发性性格。

弗洛姆认为,创发性性格是具有正常的、成熟的、健康人格的人的性格。人不仅是理性的动物,而且是社会的动物,人可以运用他的理性和想象来改造现有物质和创造新的物质。创发性性格是一种贯穿于人经历的所有领域、与人发生关系的方式,是一种使用自己的力量和实现自己的固有潜力的能力,是一种主动和积极的态度,也是弗洛姆所钟情的生存方式和生存态度。这些是创发性性格的一般特征。创发性性格在具体活动中表现出创发性的爱和思维。

在弗洛姆看来，创造性能解决人一方面不能忍受孤独而必须与他人相接近，另一方面又必须保持自身的独立这一矛盾。人通过爱和理性来创发性地与世界发生关系，理性能使人透过事物的表面现象积极地同事物发生关系，并把握其本质；爱能使人突破把他与他人隔绝开来的那道屏障，从而理解他人。爱是情感的力量，理性是思维的力量。真正的爱根植于创发性之中。爱是一种活动，它不是用以征服人的热情，也不是用以感染人的情感，爱的本质是为某些东西付出劳动。爱和劳动不可分，一个人必然爱他为之付出劳动的东西，也必然愿为他所爱的东西付出劳动。因此，创发性地去爱与消极被动、与对被爱者的生命漠不关心是不相容的。创发性的活动不是强迫的活动，也非懒散的活动，它是在人的劳动能力得以充分发挥的社会组织里，人自然和创发性地使用自己的力量，并有规则地交替活动和悠闲的表现。

弗洛姆还认为，爱是与他人以及自己发生关系的创发性活动，创发性的爱包括责任、关怀、尊重、知识以及对他人能成长和发展的渴望，"它是在双方各自都能保持完整性的前提下，两个人之间亲密的表现"①。人们在同化和社会化的过程中进行创发性的爱和创发性的思维的活动。

弗洛姆在弗洛伊德性格理论的基础上，把非创发性性格分为接受型、剥削型、囤积型、市场型等四种类型。

第一类是接受型（the receptive orientation）。弗洛姆认为，具有这种性格的人常常认为"一切好的来源"都在外面，也就是说，他认为无论什么需要，只能从外面获得；他总是乐于被动地接受他所需要的东西。接受型性格的人，对于爱的问题，他总希望"被爱"，而不"去爱"；在思维领域，他总是在听，而不是在独立地思考，无论他多么聪明，他都不会发挥他的才智，而是甘愿做一个顺从的听众，因为他只会被动地接受别人的意见，他不会去创造性地发表自己的意见。为此，这种人对他人会表现得非常忠诚，但这种忠诚是有目的和原因的：他必须用万分的忠诚来掩盖其背后对他人的依赖性，因为他觉得只有依赖他人才会安全，为了不失去对他人的依赖，他必须病态地忠诚于他人。所以，这种人很

---

① 〔美〕埃里希·弗洛姆：《寻找自我》，陈学明译，北京，工人出版社，1988年，第1版，第142页。

少用"不"来否定或拒绝他人,"对于他们来说,开口说一个'不'字,真是比登天还难"①。他总是乐于对每件事、每个人说"是"。他的理性、观察力和批判力也因此严重衰退。反过来,批判力的衰退加深了他对他人的依赖性,形成恶性循环。但这种人常常表现出一种乐于助人的热心和姿态,能博得别人的好感。

弗洛姆还认为,具有接受型性格的人,外部表现得乐观友善,但遇到困难,或当他的"供应之源"遭到威胁时,他会感到极度焦虑不安,他会茫然不知所措,因为他缺少独立面对困难、自主地解决问题的经验,他总是在别人的庇护下生存。

因此,这种人对他人的依赖性很强,"离开了他人,会感到眼前一片漆黑"②。他们常常没有主见,同时,这种依赖性使他们不得不表现出对他人的忠诚,对他人百般献殷勤,并营造出一派虚假的"和谐一致"的气氛。可见社会中存在那么多具有受虐倾向的人,是因为他们接受型的性格在起着重要的内因作用。他们总是盲目地接受一切,总想依赖别人,总是听从别人的意见,消极被动地把自己依附于强大的外部对象,受其摆布。为此,他们扭曲了自己的人格,丧失了自我。其实,这种性格于他人、于自己都没有好处。一方面,他自己不能创造性地思维,任何时候都不能表达自己的意愿;另一方面,由于批判力的丧失,他们只会一味地接受他人的意见和迁就他人,这有碍于他人和整个群体的健康发展。

第二类是剥削型(the exploitative orientation)。根据弗洛姆的性格类型理论,剥削型性格与接受型性格一样,认为一切好的东西都来自外部,但他不像接受型的那样总是希望从别人那里被动地接受,而是想利用强迫或诈骗等手段,主动地把别人的东西占为己有,他们的主动性极高,占有的欲望极强。在情感方面,他们总是以从别人手中抢夺别人所眷恋和爱恋的对象为乐,他们不会爱恋没有其他追求者的人,因为即使获得了对方,也不能满足他们的占有欲;在思想和学术上,他们不会创新,却善于剽窃,把别人的成果直接或改头换面地据为己有;在物质方面,他们也总是希望从别人那里攫取,而不是靠自己的力量去创造或生产。

---

① 〔美〕埃里希·弗洛姆:《寻找自我》,陈学明译,北京,工人出版社,1988年,第1版,第81页。
② 〔美〕埃里希·弗洛姆:《寻找自我》,陈学明译,北京,工人出版社,1988年,第1版,第80页。

这种人非常刻薄,习惯猜疑和挖苦,容易嫉妒。

可见,剥削型性格的人与接受型性格的人在主动性方面正好相反:接受型性格的人消极被动,像婴儿张口接受别人喂来的食物那样接受一切,听从别人的意见,把别人当作权威来依附,甘愿受其摆布;剥削型性格的人则往往表现得积极主动,他们想方设法,主动地从别人那里获得自己需要的东西,甚至用武力从别人那里强要,用威胁的手段迫使别人服从。他们往往具有极强的统治和控制别人的欲望。这种性格的人也正是社会化过程中与受虐倾向的人结合成对方需要的另一半——施虐者。表面上他们看起来积极主动,在施虐过程中能满足他们强烈的统治欲望,但实际上,他们的人格同样被扭曲了,他们依靠另一方——受虐者而存在,他们的自我同样残缺不全。

第三类是囤积型(the hoarding orientation)。在弗洛姆看来,具有囤积型性格的人与前两种性格类型的人在本质上大不一样。接受型和剥削型的人都希望从外部获得他们所需要的东西,而囤积型的人则并不太愿意从外界获取东西,他尽力切断与外界的联系,他通过囤积和节省来获得安全感。他在自己周围筑一道围墙,把自己封闭起来,他从不与他人建立密切的联系。相反,他把与他人的联系看成一种威胁,把远离他人看作安全的方式。他常常对外部充满敌意,总是感到他人会对他图谋不轨。因此,他与接受型的人完全不同的是,他常以否定的"不"字来对待外部世界,拒绝一切来自他人和外界的东西;他用围墙把自己已有的财物收藏在围墙之内,以免被流失或被他人夺走。一旦自己拥有的东西被夺走,或者自己不能拥有他所需要的东西,他会疯狂地报复或破坏。这种人还非常吝啬,从来都舍不得花销和付出,即使是情感方面也是如此,他通过占有被爱者来获得爱,但从不给别人以爱;他常常沉浸在过去的事物当中,就像他已经拥有很多一样;他知道得很多,但缺乏创造性;他的另一个特点是重秩序和条理,因为对于他来说,没有条理、没有秩序,就意味着外部的威胁、或对自己的财物失去控制,秩序和条理则意味着他财物的持久、真实的存在和对财物的拥有。

如此看来,囤积型性格与破坏倾向联系在一起,具有破坏倾向的人就是通过破坏来幻想自己的存在,囤积型的人也具有较强的破坏倾向,他通过保持高度的警惕和对外部的敌意来保护自己的财物,并证明自己对财物的拥有。他通过破坏来幻想自己获得所需的东西。因此,敌意和破坏成了他处理与他人关系的方式。这种性格的人在现实中并不少见。他们的人格同样是不健康的，他们故步自封，断绝一切联系，完全缺失爱的概念，更谈不上创发性地去爱别人、爱自己。因此，他们的自我会像他们所固守的财物一样，迟早会变质、腐烂，导致最终的丧失。

第四类是市场型（the marketing orientation）。弗洛姆认为，市场型性格是现代资本主义社会发展的结果。现代资本主义社会中商品市场上的交换不像古老的物物交换那样，直接在生产者和消费者之间面对面地进行，那时的交换目的是利用商品的使用价值来满足自身日常生活的需要。如今，生产者与消费者之间全然没有直接联系，人与人的关系被市场隔绝了，他们之间的关系变成了物与物的关系，商品的价值与它的使用价值没有什么关系，一切由市场说了算，所有商品的价值都取决于它在市场上的销售情况。在这种完全由市场调控的情况下，人的性格也发生了变化，人们常常把自己当作商品一样在市场上推销，人的价值也由他在市场上受欢迎的程度来决定。为了把自己推销出去，为了被市场看好，能卖一个好价钱，人们往往根据市场的需要和消费者的喜好来重新包装自己，他们不惜出卖人格和尊严，不惜放弃自己独一无二的个性，来迎合消费者，迎合市场的风向标。"能否获得成功大部分取决于：他在市场上怎样有效地出卖自己，他怎样有效地使自己的人格被人所理解，他的'包装'是否精美"[1]。

虽然弗洛姆把性格分成创发性和非创发性两类，而且非创发性的又分成接受型、剥削型等几种，但这种分法只是纯理论上典型性的人为行为。在现实中，人们的性格并非如此泾渭分明、只属于其中的某一种，而是两种或几种类型的混合，只是其中某种性格类型在某个人的性格结构中占统治地位。另外，弗洛姆还认为，非创发性的性格并非都是消极的，而是同时有积极和消极两个方面，二者中哪一种占优势取决于一个人总体的性格结构中的创发性所占的比重，如非创发性性格中的接受型、剥削型、囤积型、市场型性格分别具有屈从、统治、破坏、退缩等倾向。但若出现在创发性占优势的人的身上时，它们会分别变成忠实、力量、自信、公平等特点。其实，忠实、力量、自信、公平等特征本身就是相应的非创发性的性格中所包含的积极的一面。如接受型的性格在非创发

---

[1]〔美〕埃里希·弗洛姆：《寻找自我》，陈学明译，北京，工人出版社，1988年，第1版，第89页。

性占优势时表现为屈从,但当这种性格类型在创发性占统治地位的人身上时,会表现为忠实;由忠实转化为屈从,是随着人的总体性格结构中创发性和非创发性所占比重的变化而变化,同时,这个特点也在量上向另一方转化,最终导致质的变化。

弗洛姆对这种性格类型的分析,表现了他对现实社会深刻的认识和批判。在资本主义社会里,人既是待售商品,又是他自己这个商品的卖主。为了在与许许多多的人竞争过程中获胜,为了在市场上比别人更受消费者的青睐,以把自己拍卖出更高的价钱,人必须根据他人的需要来改变自己,改变自己的外表、个性和人格,迎合他人。可见,市场型性格与具有迎合倾向的性格密不可分。在现代资本主义社会这个高度市场化的条件下,为了生存的需要,人们的性格随他人、社会、环境等现实因素而改变,他们大多成了具有迎合倾向的人。在相同的大环境下,人们的个性、思想都被塑造成了大众型的,你我之间并无多大区别,"人与人之间的区别,被归结为只是有多少成就、吸引力乃至价值量的方面的差异"①。由于环境所迫,现代人没法展示真实的个性和自我,他们没有个性,没有自我,是病态的现代人。现代资本主义社会是人异化地趋同的外部因素,正如马尔库塞在《单向度的人》一书导言的标题所概述,"批判的停顿:没有反对派的社会(The paralysis of criticism: society without opposition)"②。在当今的发达工业社会里,人们所有的抗议都被技术的进步造就的生活和权力形式所击败或拒斥,如今的技术社会其实就是一个统治系统,"在技术的媒介作用下,文化、政治和经济都被一种无所不在的制度所吞没"③。被技术吞没的社会成了单向度的社会(one-dimensional society),生活于其中的人自然就成了单向度的人,他们的思想也是单向度的,现代人是没有个性、没有自我的人。

从弗洛姆对人的性格的分析中,我们可以把人的非创发性性格与现代资本主义社会中人的各种表现和心理倾向嫁接起来,从一个侧面为病态社会中病态人的心理和自我作出深刻剖析,找到相关病症的病原。如

---

① 〔美〕埃里希·弗洛姆:《寻找自我》,陈学明译,北京,工人出版社,1988年,第1版,第94页。
② Herbert Marcuse, *One-Dimensional Man: Studies in the Ideology of Advanced Industrial Society*, London and New York: Routledge, 2007, p. xxxix.
③ Herbert Marcuse, *One-Dimensional Man: Studies in the Ideology of Advanced Industrial Society*, London and New York: Routledge, 2007, p. xlvii.

接受型的性格造就了具有受虐倾向的人格,剥削型的性格则为具有施虐倾向的人的诞生创造了条件,而囤积型和市场型性格分别为破坏性的人格和迎合性人格的形成铺平了道路;同时,弗洛姆对人的性格中的创发性性格的分析,也为他建构健全社会和培养健康个人的构想打下了基础。

弗洛姆的个体性格理论还可以运用到剖析文学作品中人物所处的外部环境与其内在性格的关联性上,对作品进行深度分析,因为"在一定的社会结构中,某一种性格就突出地体现出来。如市场型的性格多出现于现代人中,它同商品生产的发展有关。这种性格追求的目标是实现交换价值。而囤积型的性格多表现于中产阶级和既得利益者中,他们对于不择手段地获取不感兴趣,而是千方百计地保住既得利益"①。大卫·里斯曼在《孤独的人群》中,把美国人性格的形成分为三种:传统引导型(tradition-directed)、内部引导型(inner-directed)和他人引导型(other-directed)。在当今社会,人们更大程度上是他人引导型的性格,他们更注重他人对自己的态度,在娱乐和社交中人们形成了自己的性格,"他们(一些文学作品中的主人公,如《麦田里的守望者》中的霍尔顿、《哈克·贝利芬历险记》中的哈克等——笔者根据上下文注)也在提醒读者个体是多么脆弱"②。确实如此,现代社会中个体所呈现的病态性格很大程度上是由病态的社会铸就的。正是由于现代人在社会交往中注重的是别人对自己的印象和态度,自然而然,他们的言行和思想逐渐被他人所牵制,也正是在这一过程中人的思想逐渐失去独特性,而走向同一。

二、社会性格——经济基础与意识形态的中介

弗洛姆把人的性格与社会联系在一起,他把"人与世界发生关系的特殊形式视为性格的根本基础"③。弗洛姆认为,在一个特定社会,尽管每个人在许多具体方面大不相同,或者说,虽然社会中的个体性格结构表现各异,但每个具体社会还是有一个整体大众所共有的性格结构的主要模式,它表明该社会典型的性格结构特点。所以,在弗洛姆看来,社

---

① 曹玉文:《弗洛姆的动态社会性格理论》,《北京大学学报》(哲社版)1996年第3期,第107页。
② Jack Salzman, ed., *New Essays on The Catcher in the Rye*, New York: Cambridge University Press, 1993, p. 57.
③ 〔美〕埃里希·弗洛姆:《寻找自我》,陈学明译,北京,工人出版社,1988年,第1版,第75页。

会性格（social character）是一个社会中绝大多数成员所具有的基本性格结构，它是同一个相对稳定的社会或文化背景下，人们在共有的生活方式和基本经验的基础上发展起来的性格结构的核心，它是表明一个民族、社会和阶级的性格特点和性格结构，"性格使个体遵从社会需要而行为，并从中得到满足。相反，社会性格由某一具体团体所有成员的共同性格特征组成，这一团体是整体社会，或社会阶级，或社会阶层的一部分"[①]，但它不是社会中大多数成员性格特征的简单总和。社会性格和个体性格一样，是把能量引向某一方向的特殊方式。

（一）社会性格的形成

在弗洛伊德看来，人的性格是性驱力的升华和反馈的结果。照此说来，社会性格亦是由人无意识中的力比多作用而成。弗洛姆对此作了修正，他认为社会性格不是由性驱力作用形成的，社会性格的形成离不开社会，它的发展依其所在的特殊社会而定。

弗洛姆认为，社会性格起源于社会和意识形态诸因素的相互作用。经济是个人和社会首先关心的问题，它关乎人的生存，决定个人和社会的存亡及发展。为了生存和发展，社会中就会形成一定的生产方式，生产方式又决定社会关系、人的生活方式及其实践活动，意识形态也是由一定的生产方式派生而来的。可见，社会性格最初起源于决定经济、社会关系、人的生活方式、人的实践以及后来派生出来的意识形态等的生产方式。

弗洛姆还认为，家庭在造就社会性格中起着媒介的作用，它把社会的要求通过父母的性格传达到孩子身上，因为"绝大多数父母的性格都反映了社会性格的特征"[②]，通过家庭，社会性格的本质内容被传承给了孩子。同时，社会用来培养儿童的一贯方法也会按照社会中已有社会性格的本质特征来造就儿童的性格。

所以，在弗洛姆看来，社会性格的形成并非像弗洛伊德所倡导的那样，是由性驱力影响而成的，它更多地包含了诸如生产方式、意识形态等社会的因素，社会性格的形成需要家庭这个中介，特别是家庭里父母

---

① Eugene Victor Wolfenstein, *Psychoanalytic-Marxism: Groundwork*, New York: The Guilford Press, 1993, p. 65.
② 〔美〕埃里希·弗洛姆：《健全的社会》，欧阳谦译，北京，中国文联出版公司，1988年，第1版，第80页。

的媒介作用，社会性格的形成离不开一定的社会，也离不开家庭这个中介环节。从弗洛姆关于社会性格形成的观点中，我们可以明显地发现马克思主义的影子，特别是马克思关于生产方式、经济基础、上层建筑等方面的原理对他的影响。

（二）社会性格的功能

弗洛姆认为，每个社会都有一定的结构，并以某种方式运动，"任何一个社会只有通过特殊结构范围内的运动才得以存在"①。一个社会里的成员都具有一定的行为方式，以便尽到他们所在社会的社会制度所规定的职责。社会性格的作用首先在于促成社会成员的这种行为方式和活动能力，使他们对社会的行为模式不再有自觉的意识，而是不自觉地跟在别人的后面按照那种行为模式去行动，并在符合社会要求的行动中得到满足。所以，弗洛姆说，"在一定的社会中，社会性格的功能是引导和操纵人的能力以使这个社会继续运作"②。即，社会性格的作用之一是"造就和疏导人的社会能量，以便使社会能够生存下去"③。如此看来，社会中的成员不得不按照社会制度所要求的那种能起作用的方式去行动，这种行动的能力是由社会性格促成的。也就是说，社会成员的行为是由社会决定的，但他们并没有有意识地决定是否要遵循社会模式，也没有意识到自己是在按照社会制度的规定而行为，或者明白自己如此行动的能力是由社会性格所造就的。相反，他们为自己的行为能符合该社会的文化要求而感到满足。

在弗洛姆眼里，现代工业社会就是以一种前所未有的程度破坏了人们的自由劳动的能力，否则它不可能达到自身的存在和发展的目的。社会为了达到自身的目的，把人改造成了被驯服了的守纪律、守秩序、守时间的臣民。但现代社会的驯服方式并不是使用权威进行公开的呵斥或命令，来迫使人服从，而是那些掌握操纵权的官僚集团通过征得别人同意的方法来操纵人。只要社会和文化的客观条件没有改变，定了型的社

---

① 〔美〕埃里希·弗洛姆：《在幻想锁链的彼岸——我所理解的马克思和弗洛伊德》，张燕译，长沙，湖南人民出版社，1986年，第1版，第83页。
② Erich Fromm, *Beyond the Chains of Illusion: My Encounter with Marx and Freud*, New York: Simon & Schuster, 1962, p.79.
③ 〔美〕埃里希·弗洛姆：《健全的社会》，欧阳谦译，北京，中国文联出版公司，1988年，第1版，第77~78页。

会性格就会对这个社会起着支配和稳定的作用。

弗洛姆还认为，社会性格在经济基础产生意识形态的过程中起中介的作用。因为虽然经济基础是某一特定社会的意识形态产生的根源，但经济基础并不直接产生出意识形态，意识形态也不直接反映经济基础和反作用于经济基础，这些过程都必须借助社会性格的中介作用；社会性格是意识形态的依存基础，但同时被意识形态所决定，它使社会性格制度化和稳固化。在一定的经济基础上才会产生相应的社会性格，而这些相应的社会性格又会使人形成相应的思想，"这种社会性格也是某些思想和理想的基础，正是从这种社会性格中，各种思想和理想才得以获得自身的力量和吸引力"①。反之，当人们形成了一定的思想观念时，它就会对社会性格具有反作用，使它制度化、稳固化。

如在资本主义发展的初期，由于资本积累的需要，很容易形成"囤积型的"社会性格。于是，人们都热衷于储存的理想，反对"乱花钱"的观念和主张，囤积型的这种社会性格正是在当时的经济基础的前提下形成的。这种社会性格又导致与之相应的、包括在意识形态中的各种思想、观念和理想的形成，即热衷于储蓄，以积累更多财富。如果一个人总是"乱花钱"，则会被一般人看作是"败家子"，或者与主流不相容的"另类"，受到人们的谴责和不齿。对热衷存储思想的褒奖和对"另类"人物看不惯的社会风气和倾向，正是对囤积型社会性格的维护，使之制度化和稳固化。于是，在那个特定经济基础的社会里，已经定型了的社会性格促使人们去维护当时的经济结构，促进它的存在和发展。这就是意识形态对相应的经济基础的反映和对它的推动作用，但这个反映和反作用是通过社会性格这个中介来完成的。从这个例子中，我们可以看到社会性格在经济基础转变为意识形态过程中的中介作用，同时也看到意识形态对社会性格的决定作用，并通过社会性格反映到一定的经济基础之中。

同理，在现代社会，人们的经济状况与资本主义发展初期已经有了很多变化，科技的高度发展使高科技在生产领域的广泛运用成为可能，机器大生产的规模化使产品的量产不再是幻想，于是物质极大丰富了，人们不必为明日的生产和温饱问题担心，他们开始有了分期付款等提前

---

① 〔美〕埃里希·弗洛姆：《在幻想锁链的彼岸——我所理解的马克思和弗洛伊德》，张燕译，长沙，湖南人民出版社，1986年，第1版，第88页。

消费的生活方式，这是此前的人所不可想象的生活方式。所以，现代社会里的人们不再热衷于"积累"，也没有那么深厚的"囤积型"的社会性格的基础。

在弗洛姆看来，社会性格与社会经济结构、与现存的社会意识形态密不可分，它因不同的社会生产方式而不同，它与经济基础和意识形态构成一种双向互动关系，它是社会经济结构和流行的思想、理想之间的中介，它既能充当经济基础变为思想和观念的中介，又能充当思想和观念反作用于经济基础的中介。马克思曾在《德意志意识形态》一书中下过这样的论断："不是意识决定生活，而是生活决定意识"①。可见，弗洛姆关于社会性格的观点，是在马克思的这一观点上发展而来的，他在经济结构与意识形态之间插入社会性格这一概念，并把它作为二者之间的转换器。

通过对弗洛姆的性格理论的阐释我们可以看出，他的这一理论基础是弗洛伊德的精神分析学中的性格理论，但弗洛姆融入了社会学思想，如在性格形成的动力方面，他摒弃了弗洛伊德生物学的性驱力观点，而把家庭、社会环境等看成人的性格形成的重要因素。弗洛姆的性格理论是对精神分析学相关理论的继承和发展；同时，也是对马克思的相关理论的吸收和运用。另外，弗洛姆的性格理论使我们认识到，经济结构、人的性格、意识形态等方面的相互关系，这为我们更好地理解现代社会里人的性格和思想的形成与社会经济结构的关系等问题提供了一个考察和研究的途径。

在弗洛伊德主义的性格理论脉络中，弗洛伊德本人提出"本我、自我、超我"三层次性格结构理论，开创了西方马克思主义性格理论研究的新路向，赖希把性格结构分成三个层次：表层（社会合作层）、中间层（反社会层）和深层（生物核心层），这一性格结构改变了弗洛伊德的三层次性格结构理论，他认为性格盔甲是自我的保护装置，是自我对本我及外部世界的反应模式。赖希所说的性格类似弗洛伊德性格理论中的自我和超我，赖希认为性格盔甲是统治阶级意识形态在人们性格结构中的内化。因而它不仅具有生物性质，还具有社会功能。赖希看来，性格盔甲是通过家庭和学校这些中介形成的。故此，赖希对性格盔甲持否

---

① 《马克思恩格斯选集》第1卷，北京，人民出版社，1995年，第2版，第73页。

定态度，这一点与弗洛伊德对自我和超我所持的肯定态度有所不同。在弗洛姆这里，性格被分成个体性格和社会性格。他把性格中的生物性和社会性分得更清楚，在他的社会性格概念中，个体和社会也结合得毫无痕迹，"在赖希的方法中有个体和社会的二元之分，弗洛姆则没有这样做，他的社会性格填补了经典马克思主义理论中的心理向度"[①]。弗洛姆的社会无意识概念是他注重个体社会性的另一结果。可以看出，一方面，弗洛伊德、赖希和弗洛姆三人对性格的不同理解是从个体向社会的一种转变，在此我们又一次看到马克思的思想对弗洛姆的深刻影响；另一方面，从弗洛姆的性格理论中我们看到了西方马克思主义者，具体来说就是弗洛伊德主义的马克思主义者在"发展"马克思主义方面所作的努力：他们把社会经济因素和个体心理因素相连接，把宏观考察和微观研究相结合，让宏观革命和微观革命双管齐下，以便更全面、更深入地分析人的个体行为与社会的关系，找寻自我迷失与病态社会的关系，以期实现人的解放。

第四节　社会无意识

　　弗洛伊德比较全面和深刻地研究了无意识，其弟子荣格提出了集体无意识的概念，弗洛姆则在二者的基础上提出社会无意识这一概念。弗洛姆认为，在每个社会里都有一些规则或标准来规定哪些思想和情感能进入意识的层次，哪些只能存在于无意识的层面。根据一个社会的标准，有些思想和情感必须被压抑在社会中的每个成员的无意识里面。社会最大多数成员所共同拥有的一个被压抑的领域，就是弗洛姆所说的社会无意识（the social unconscious）。弗洛伊德的个人无意识是指因个体的生活经历及其所特有的生活处境等因素而被压抑在个人心理的没有意识到的内容；荣格的集体无意识是指一种个人感觉不到的、不属于个人所独有的，而是人类在种族演化进程中经过长时间流传下来（完全来自于遗传）的普遍存在的原始意象（原型）；弗洛姆的社会无意识则是因社会的某种标准而压抑、绝大多数人所没有或者不许意识到的内容，"这些共

[①] Eugene Victor Wolfenstein, *Psychoanalytic-Marxism: Groundwork*, New York: The Guilford Press, 1993, p. 65.

同的被压抑的因素正是该社会所不允许它的成员们意识到的内容"①。在弗洛伊德那里,那些本能欲望,特别是个体的性欲望是不能随意进入意识层面,或者在公开场合显现的,必须压抑到人的无意识里。也就是说,弗洛伊德的无意识是建立在个体的基础上,他判别哪些内容必须压抑到无意识范畴的标准,是生物性的,至多是道德层面的;荣格的集体无意识强调遗传因素,除了生物性之外,还有文化的特质,他的这一理论超越了个体,而是建立在种族或群体的基础之上,它在弗洛伊德无意识理论的基础上前进了一步;弗洛姆的社会无意识则是对弗洛伊德无意识理论的超越,他把无意识上升到社会、历史和政治层面,强调其意识形态性,凸显了其理论的批判性。那么,弗洛姆所说的社会无意识到底是如何形成的呢?它的功能是什么?

一、社会过滤器

前面提到过,由于某些社会因素,或者说某种标准,有些内容被压抑在绝大多数社会成员的无意识里。那么,这个无意识到意识之间的守护神,或者说准入标准是什么呢?它又是如何起作用的?这个标准就是弗洛姆的社会无意识理论中的"社会过滤器"。弗洛姆所说的"社会过滤器"与弗洛伊德无意识理论中的"审查机制"(censorship)或"压抑机制"(repression)并不相同。② 弗洛伊德的"审查机制"是个体向内的心理机制(intrapsychic mechanism),它是个体心理阻止一些经验上升为意识层面的"行为",它导致的结果是在个体心理层面意识与无意识的区分,是量性的(quantitative)。弗洛姆的"社会过滤器"则是社会发散性的,它导致的结果是一些东西在一个社会中绝大部分人性格中被压抑,更多偏向性质上的(qualitative)。正如前面所说,"社会过滤器"不仅具有社会性、文化性,它还具有政治和意识形态的特征。弗洛姆认为,社会过滤器由三部分组成:语言、逻辑学和社会禁忌。

(一) 语言

弗洛姆认为,在生活实践中,人们通过感情和知觉,形成了一个决

---

① 〔美〕埃里希·弗洛姆:《在幻想锁链的彼岸——我所理解的马克思和弗洛伊德》,张燕译,长沙,湖南人民出版社,1986年,第1版,第93页。

② 参见 Daniel Burston, *The Legacy of Erich Fromm*, Cambridge, Massachusetts, London, England: Harvard University Press, 1991, pp. 144~150。

定认识形式的体系,它帮助人们把住人的经验能否进入意识范畴这一关。但在不同的社会里,由于文化等方面的差异,某一经验能否进入意识的标准也许大不一样。这是因为,不同文化中的语言对同一情感或经验的描述和关注的程度并不一样。在一种语言中发展了丰富的词汇来描述和表达某一情感或经验,那么这种情感或经验进入意识就轻而易举。相反,在另一种文化中,人们并不太关注这一情感或经验,因此,在这种文化背景下的语言中没有什么词汇来描述它,它成了被该种语言遗忘的对象,当然,也就成了这种语言的使用者忽视的对象。这样一来,要使这种感情或经验成为人们能意识到的感情或经验以达到意识的层面,几乎是不可能的。弗洛姆还认为,不同语言表达某一情感经验的差别,还在于这些语言的句法、语法以及语词的词根意义的不同,"整个语言包含了对生活的一种态度,从某一个方面来讲,语言乃是经验生活的一种僵化的表述"①。弗洛姆在《在幻想锁链的彼岸——我所理解的马克思和弗洛伊德》中举了两个例子说明这一观点,并得出结论,"语言通过它的词汇、语法和句法,通过固定在其中的整体宗旨来决定哪些经验能进入我们的意识之中"②。所以,在使用语言过程中,由于语言过滤器的存在,个体的经验和情感等非同一性的元素都被过滤掉了,只剩下毫无情感的技术术语,"在语言领域,现代人把语言看成是一种抽象符号,因此,把语言看成是一种技术术语,也就是说,只注重语言的'知识的纯理性方面',而超出这一方面的经验和感情就被过滤掉了"③。

(二) 逻辑学

弗洛姆指出,社会过滤器的第二个组成部分是特定文化中指导人们思维的规律,即逻辑学。④ 根据这些思维的规律,人们会认为某些东西的存在是自然的、普遍的,符合他们所在社会和文化背景下的逻辑,而另外一些东西是非自然的、不合逻辑的。"在一种文化体系中是非逻辑

---

① 〔美〕埃里希·弗洛姆:《在幻想锁链的彼岸——我所理解的马克思和弗洛伊德》,张燕译,长沙,湖南人民出版社,1986 年,第 1 版,第 123 页。
② Erich Fromm, *Beyond the Chains of Illusion: My Encounter with Marx and Freud*, New York: Simon & Schuster, 1962, p. 119.
③ 叶晓璐:《法兰克福学派的意识形态批判及其存在论视域》,上海,上海人民出版社,2009 年,第 1 版,第 191 页。
④ 〔美〕埃里希·弗洛姆:《在幻想锁链的彼岸——我所理解的马克思和弗洛伊德》,张燕译,长沙,湖南人民出版社,1986 年,第 1 版,第 125 页。

的，在其他的文化体系中亦如此，因为它与'自然的'逻辑相冲突"①。因此，一些思想或观点会因其"违背逻辑"而显得"荒谬"，于是，人们阻止其进入意识。弗洛姆举例说，亚里士多德的逻辑学（亚氏逻辑）是以同一律（A 是 A）、矛盾律（A 不是非 A）和排中律（A 不能既是 A 又是非 A，也不能既是非 A 又是 A）为基础。根据亚氏逻辑，在现实生活中，一个人不能同时意识到两种相互矛盾和对立的情感，如爱和恨，否则是荒谬的。西方社会沉浸在亚氏逻辑的世界里，"就一个生活在这样一种文化中的人而言，亚氏逻辑学的正确性是毫无疑问的，那么，对于这个人来说，意识到与亚里士多德的逻辑学相矛盾的经验是极其困难的"②。因此，人们接受了所处社会的思维逻辑之后，就会按照这些规律去思维，他们很少质疑与这些逻辑相矛盾的体验，认为与之相悖的体验就是荒谬的。自然，这样的体验不会有"出头"之日，只好被人为地排斥到无意识里面。它们的命运与这些逻辑规律的存在息息相关，有了这些逻辑规律，它们就成了所在社会和文化的社会无意识的一分子。

（三）社会禁忌

在弗洛姆看来，社会禁忌是社会过滤器中最重要的一个部分，因为即使有些感情或经验已经通过了其他关卡进入了意识领域，但社会禁忌仍然可以把它驱逐出意识范畴。社会禁忌的作用就是向人们宣告哪些感情、感觉、思想和经验在这个社会中、在这个文化背景下是不合时宜的、危险的、被禁止的，因此它们必须被阻挡在进入人们意识的大门之外。这方面的例子在日常生活中随处可觅。由于现存的社会禁忌，人们只好把一些情感或经验隐藏起来，却把某些虚假的东西看作真理来接受。他们常常指鹿为马，自欺欺人。因为个人在社会面前显得非常渺小。为此，许多人会抛弃他所看到的、领悟到的现实，而把在社会禁忌影响下的大多数人所共有的"现实"，当成他个人的真正"现实"，认为只有大多数人公认的"现实"才是最为确定的、最为信赖的"现实"。其实，这个"现实"正如安徒生童话中所有的大人"看到的"那个"正穿着华丽服装"这一"现实"那样虚假。"个人对自己集团的人所宣布的不存在的

---

① Erich Fromm, *Beyond the Chains of Illusion：My Encounter with Marx and Freud*, New York：Simon & Schuster, 1962, p. 119.

② 〔美〕埃里希·弗洛姆：《在幻想锁链的彼岸——我所理解的马克思和弗洛伊德》，张燕译，长沙，湖南人民出版社，1986 年，第 1 版，第 126 页。

事物熟视无睹，或者把大多数人所说的事情当作真理来接受，尽管他自己的眼睛告诉他，这件事情是虚假的"①。为了符合社会禁忌的要求，他们被迫压抑自己的某些思想和感觉，否则会为他们带来诸多不便，如职位、酬劳等实际生活问题。他们害怕被看成社会中的另类，害怕被与社会其他成员相隔离，他们害怕孤独。为此，他们必须与别人保持一致，"人们把社会所承认的那些陈腐的思想视为真正的、现实的、健全的思想，那些不符合这种陈词滥调的思想却被当作是无意识被拒斥在意识之外"②。

可见，有了语言、逻辑学和社会禁忌这三重关卡，人们的有些情感、思想和经验就被挡在意识的大门之外，它们只能被压抑着，并继续存留于无意识的领域里；又由于一定社会和文化背景为人们所铸就的过滤器是相同的，因此，在绝大多数社会成员的无意识部分隐藏着一些相同的内容。这样，社会无意识就因社会过滤器的作用而形成了。社会无意识是社会和文化这个大环境人为造成的，它的存在从某种程度上说明了人的自我的不真实性，其中的某一或某些部分被迫丧失了，至少人的自然思想和情感被扭曲了。弗洛姆的社会无意识理论无疑是一种创造，是在综合弗洛伊德学说和马克思主义基础上的创造，"弗洛伊德主要论述了个人无意识，社会无意识是绝大多数精神分析学界很少注意的。马克思只是运用普通的术语说明了社会力量决定人的意识的理论。弗洛姆把二者创造性地综合起来，运用社会无意识的理论说明了社会力量是如何具体地、独特地决定人的意识的"③。

运用弗洛姆的社会无意识的理论，我们可以探寻作家文学创作中的心理机制和心理过程。作家作为社会中的一个个体，无疑会受到社会这个生存环境的影响，创作就是作家的情感和内心经验的再现，作家的情感和内心经验是在社会无意识的过滤器的作用下，被允许存留于意识层面或从无意识上升到意识层面的那一部分。为此，创作者的"社会无意识与社会意识的矛盾，不仅决定着作家艺术家的创作心态，而且决定艺

---

① 〔美〕埃里希·弗洛姆：《在幻想锁链的彼岸——我所理解的马克思和弗洛伊德》，张燕译，长沙，湖南人民出版社，1986年，第1版，第132～133页。
② 〔美〕埃里希·弗洛姆：《在幻想锁链的彼岸——我所理解的马克思和弗洛伊德》，张燕译，长沙，湖南人民出版社，1986年，第1版，第133页。
③ 王元明：《弗洛姆人道主义精神分析学》，台北，远流出版事业股份有限公司，1990年，第1版，第77～78页。

术作品的风格"①。当然，它还影响艺术作品的内容，我们会在后面举例说明社会无意识在文学作品中的反映。

二、对自我的压抑与扭曲

在弗洛姆看来，社会无意识和社会性格一样，是一定社会文化背景的产物，同时为创造它们的社会和文化服务，它们用无形的手把生活在这个社会中的人"改造"成它们所规定的样子，"改造"成该社会和文化所需要的人。

从社会无意识的形成机制我们可以看出，社会利用语言、思维逻辑和社会禁忌来压抑人的经验、思想和观点，约束人的思维，把那些与社会传统规范不一致的部分压抑到人的无意识部分，让它们永无现身之日，这样就可以使人们的思想趋于统一，使之符合社会统治的需要，便于统治者对人的思想的控制。《麦田里的守望者》的主人公霍尔顿不得不在心理分析医生面前诉说他的故事就是这种改造的结果，只不过他是一般社会标准看来没被改造成功的"废品"。他学习上不求上进，敏感、好奇、焦躁、不安。他抽烟、酗酒、打架、调情，甚至找妓女。他玩世不恭，追求刺激。在大多数父母看来（家庭也是社会无意识用来改造个人性格的帮凶），霍尔顿是个不折不扣的坏孩子。该书出版之初，受到很多家长的抵制和非议，以致在一段时间内被列为禁书也就不足为奇了。在一篇题为"潘西中学——《麦田里的守望者中的文化代码》"② 的文章中，作者布鲁克曼（Christopher Brookeman）认为，家庭、学校、同伴群体、媒体等是现代社会中使个体在社会化的过程中顺从于这个同一性社会的代理人，"哪些中介执行了社会化过程并使用了哪些伎俩？……活跃于现代社会的各种中介最具影响力：家庭、同伴群体、媒体等等"③。孩子们的天性和个性都被这些有意或无意地充当了社会无意识的"守护者们"所过滤、压抑和扼杀掉了。因为孩子们在家中受到父母的看管，到了学校，学校则拿到家长的接力棒，他们伙同社会中所谓官方的"主流

---

① 朱立元主编：《法兰克福学派美学思想论稿》，上海，复旦大学出版社，1997 年，第 1 版，第 279 页。

② Jack Salzman, ed., *New Essays on The Catcher in the Rye*, New York: Cambridge University Press, 1993, pp. 57-76.

③ Jack Salzman, ed., *New Essays on The Catcher in the Rye*, New York: Cambridge University Press, 1993, p. 63.

思想",在无所不在的媒体的"熏陶"下,处处磨灭着那些具有反叛同一性社会的自由个性,扼杀着孩子们的自由和创发性思维,"预科学校的官方形象作为最理想的家庭代理着父母角色"①。整个社会已俨然被驯化为了一个同一性的整体,在霍克海默尔和阿多诺看来,这是大众文化的功劳,"因为在今天,文化给一切事物都贴上了同样的标签。电影、广播和杂志制造了一个系统。不仅各个部分之间能够取得一致,各个部分在整体上也能够取得一致"②。《麦田里的守望者》所描述的社会中的家庭、学校等文化机构就是大众文化意识形态的盲从者,它们造就了弗洛姆所说的资本主义社会中的社会无意识。

社会无意识的形成和存在实际上是对人的自我的一种扭曲,他禁锢了人的自由和创发性思维的空间,使人丧失了认识真正现实的机会和途径,也扼杀了人认识社会的能力,导致人们理性和批判力的大幅度下降。

从另一个方面来看,弗洛姆的社会无意识理论唤醒了人们重新认识自身和社会的欲望,激起了人们认识自身和社会的动力,人们可以从社会无意识这一理论出发,反思它的形成,反思人与社会的关系,同时反省自我,以便真正客观、批判性地看待自身的思想和思维方式,用新的批判眼光来认识世界和自身。

弗洛姆指出,社会无意识和社会性格都是在一定社会的经济基础和作为上层建筑的意识形态之间发挥着它们各自的中介功能,但二者在其间的中介作用并不完全相同:社会性格是经济基础和意识形态之间的双向转换器,社会的经济结构造就人的社会性格,社会性格决定和支配着人的思想。反过来,作为意识形态一部分的人的思想,会使社会性格制度化和稳固化,从而使意识形态本身反映到经济基础之中,并作用于它;而社会无意识则是二者之间的中转仓库,生活在一定经济基础的社会里的人,在社会实践中获得的经验经过社会过滤器的作用,一部分从社会无意识这个仓库转移到意识领域,另外一些则因没能通过社会过滤器的过滤,还停留在无意识层面,成为社会无意识这个仓库里的储存品。弗洛姆认为,马克思和恩格斯虽然提出了经济基础与上层建筑的关系,但

---

① Jack Salzman, ed., *New Essays on The Catcher in the Rye*, New York: Cambridge University Press, 1993, p. 61.

② 〔德〕马克斯·霍克海默、西奥多·阿多诺:《启蒙辩证法:哲学片段》,渠敬东、曹卫东译,上海,上海世纪出版集团,2006年,第1版,第107页。

他们没有说明经济基础怎样转变为作为上层建筑的意识形态,因此,他的社会性格理论和社会无意识理论正好填补了这一空白。

第五节 生存方式

弗洛姆不仅分析了人的生存境遇、人的需要、人的情感、人的性格和人的无意识等领域,从历史、生物学、心理学、社会学角度,更深层次地解读了现代社会的病态及生活在其中的人的病态根源,他还分析了人的生存方式。弗洛姆把人的生存方式分成存在和占有两种。它们支配着一个人的思想、情感、行动等的全部内容。占有是对物的占有,存在指的是一种经验。在存在的生存方式中,人是独立自主的,是能动的和自由的,具有创造性和批判理智。存在的生存方式意味着生气勃勃和与世界的真实联系。在占有的生存方式中,人与世界的关系是占有者与被占有者的关系,人们总想把外界的一切,包括他人和自身都变成自己的财富。在现代社会中,人们大多选择了占有的生存方式,很少看到存在的生存方式的例子,"占有,在我们看来,完全是生活中的正常现象"①。这是因为,占有是现代社会的最高目标,人们从占有中获得享乐,"谁一无所有,谁也就一无所是"②。消费也是占有的一种形式,现代消费者的理念是"我就是我所占有和我所消费的一切"③。

一、具有真实自我的存在的生活方式

弗洛姆认为,以存在的生存方式生活的人不以占有为目的,他们是拥有独立和自由的自我的人,能动性是他们的本质特征,表现自我、有所作为、与他人发生联系、逃脱自私自利的牢狱,是人类天生的存在要求。

在弗洛姆看来,以存在方式与世界相联系的人,在学习中,他会带着问题去倾听,并在此过程中饶有兴趣地发挥自己的创造性,积极主动

---

① 〔美〕埃里希·弗洛姆:《占有或存在——一个新型社会的心灵基础》,杨慧译,北京,国际文化出版公司,1989年,第1版,第13页。
② 〔美〕埃里希·弗洛姆:《占有或存在——一个新型社会的心灵基础》,杨慧译,北京,国际文化出版公司,1989年,第1版,第13页。
③ 〔美〕埃里希·弗洛姆:《占有或存在——一个新型社会的心灵基础》,杨慧译,北京,国际文化出版公司,1989年,第1版,第25页。

地探究对象,生产性地接受和解答问题,从聆听、思索和问题中不断发现新问题,产生新思想、新观点,整个学习的过程就是一个富于创造和趣味的活动。交谈的时候,存在型的人把自己当作一个活生生的实际的存在,坦然自若地回答和提问,并在此过程中产生新思想和新观点,他不会带着某种功利性的目的去吹嘘自己,他不以自我为中心,希望对方接受自己的观点,也不把交谈活动当作一种商品(信息、知识等)的交换,而是把谈话当作一种生动活泼的、令人心情愉快的活动。在表明他对某个方面知识性的了解时,他会说"我懂得",而不是"我有知识"。前者把知识当作一种功能,当作创造性思想的一部分,而后者则把知识当财产来拥有。对待信仰问题时,存在型的人把它当作一种内心的倾向,一种态度,把人置于信仰之中,而不是人占有信仰。存在方式生活的人会把爱当作一种生产性的活动,对一切人和物都有意去观察、了解和关心,并从中感到愉悦,"爱意味着,唤醒他(她,它)的生命,激发他(她,它)的活力;爱是更新生命、促其成长的过程"[1]。

存在的生存方式是创造力得到发挥的前提之一,在生活中,选择存在方式生活的人,才会去爱别人,爱自己,爱一切,才会从自己能动性的活动中获得愉悦。选择存在的生活方式,人们才不会尔虞我诈,才不会为了权力、财富而不择手段。拥有存在的生活方式,人们才会感到富足,才会心情畅快,才会表现出高尚的道德情操,才会懂得理解别人的必要,知道如何去尊重他人。为此,在人们都选择存在的生存方式的社会中,人们才会彼此理解、尊重,才会相互奉献自己的爱,才会最大限度发挥每个人的能动性和创造力。可惜的是,我们所能看到和亲身经历的大多是与这种理想境界相去甚远的社会现实,也许我们只有在幻想剧中才能看到它的影子。存在的生存方式可以解决现代世界中的诸多社会问题,存在的生存方式是弗洛姆极力提倡的生存方式。

二、迷失自我的占有的生存方式

在弗洛姆看来,占有的生存方式与存在的生存方式截然相反,它是私有制的产物。在现代社会中,占有的目的和行为更加露骨。现实生活中,人们以占有为生存的目标。在他们的欲望和无意识里,在他们的思

---

[1] 〔美〕埃里希·弗洛姆:《占有或存在——一个新型社会的心灵基础》,杨慧译,北京,国际文化出版公司,1989 年,第 1 版,第 40~41 页。

想和行动中,无时无刻不体现这一目标。他们以占有为荣,以占有量的多寡来评判一个人的成功与否,占有的生存方式已渗透到现代人生活的每一个角落。从弗洛姆的分析中,我们可以认识到占有的生存方式是现代人的一种病态的、异化的生存方式。

弗洛姆首先从人们使用的语言这个角度梳理了占有心理的普遍存在。人们越来越多地用主语代替谓语,因为主语在很多情况下表示了所属关系,或者用"我有"这种组合方式替代本来的行动。如一个忧虑的人去看医生,他没有说"我很忧虑",而开口对医生说的第一句话是"我有一个问题"。从这个例子可以看出,患者用一个他所占有的名词"问题"取代了他的主观情感"忧虑"。弗洛姆对这个例子进一步分析后认为,"问题"是对种种困难的抽象描述,它并不能被说话的人所占有,确切地说,应该是问题占有了说话者,他把自己变成了一个"问题",即他的创造物占有了他,"产生这种经验的我被我所占有的它所取代"①。这种说话的方式正好说明,说话者被物所占有,他被物化了。虽然他说话时并没有意识到这个问题,但这表明他被下意识地异化了。可见,占有的思维方式和生活方式是现代人的一种被异化的方式。现代人无意识中要去占有一切,其结果不是他占有了他所希望占有的一切,不是他拥有了物,相反,而是物占有了他,物控制了他。弗洛姆还从历史的角度考证了"占有"一词。在希伯来等语言中,人们用"对我来说"的间接形式表达"我有"的意思,许多其他语言起初也有类似的情况。但在语言的发展过程中,"对我来说"这一语言结构被"我有"结构所取代,弗洛姆认为这是私有制的出现所导致的。"这一事实似乎表明,'占有'这个词的演变是与私有制的产生相关联的"②。因为"在功能财产制亦即财产为实用服务的诸社会中则没有这个词"③。

弗洛姆又从日常生活的学习、交谈、阅读等层面分析了占有生存方式的各种表现和心理。如在学习中,采用占有生存方式生活的人只会逐词逐句捕捉讲授者所讲的内容,没有把所得融为自己思想的组成部分,

---

① 〔美〕埃里希·弗洛姆:《占有或存在——一个新型社会的心灵基础》,杨慧译,北京,国际文化出版公司,1989年,第1版,第13页。

② 〔美〕埃里希·弗洛姆:《占有或存在——一个新型社会的心灵基础》,杨慧译,北京,国际文化出版公司,1989年,第1版,第21页。

③ 〔美〕埃里希·弗洛姆:《占有或存在——一个新型社会的心灵基础》,杨慧译,北京,国际文化出版公司,1989年,第1版,第21页。

不能用自己的创造力去把所得创造性地加以发挥,以丰富和扩展自己的思想,他只会把得到的知识挤压成僵死的概念的聚合物,变成可贮存的整块理论。以这种方式培养出来的人毫无创新的能力,面对新思想、新潮流,他只能束手无策。爱对于他来说就是俘虏和控制"被爱"的对象,因此,这种爱是扼杀性、麻痹性、窒息性和致死性的。人们在生活中,处处表现出占有的欲望和占有的方式,施展权威就是对权威的占有,"我有知识"表明对知识的占有。

占有的生存方式只有在唯利是图的社会才有立足之地,私有制的出现使占有的生存方式有了生存的土壤。一旦以占有的生存方式来生存,人的占有欲就会一发不可收拾,就会像春天的野草遍地发芽,人就会不顾一切地疯狂占有,正如弗洛姆所说,"我不无道理地说占有生存方式是无处不有的普遍存在"①。

存在和占有是两种完全不同的生存方式,人们应该选择存在的生存方式,而非占有的生存方式,这样的生活和人生才是有价值的,"我们的目的必须是有价值地生存,而不是占有很多价值"②。弗洛姆认为,人们不停地占有,一方面是为了生存和生活的需要,另一方面是为了享乐的需要。换句话说,人们占有是为了满足物质和精神两方面的需要。占有的生存方式是被塑造了社会性格和社会无意识的现代人所必然选择的一种生存方式。从这个层面我们可以看出,为何现代社会里,占有的生存方式占绝对优势,而存在的生存方式则十分鲜见。存在和占有是人身上既有的两种倾向,二者中哪一方占有优势都会影响人的性格的塑造,不同类型的社会性格也与二者间的强弱关系相联系,"占有和存在是人类经验的两种基本不同的形式。正是它们各自的强度决定着个体性格的不同及各种社会性格类型之间的不同"③。可以想见,现代人的骨子里已被占有的欲望所浸泡;从中我们也可以看到,不同的个体性格和不同类型的社会性格与人所选择的生存方式有着密切的关系。

占有的生存方式与人贪婪的本性联系在一起,是物化社会的极致体

---

① 〔美〕埃里希·弗洛姆:《占有或存在——一个新型社会的心灵基础》,杨慧译,北京,国际文化出版公司,1989年,第1版,第21页。
② 〔美〕埃里希·弗洛姆:《占有或存在——一个新型社会的心灵基础》,杨慧译,北京,国际文化出版公司,1989年,第1版,第13页。
③ 〔美〕埃里希·弗洛姆:《占有或存在——一个新型社会的心灵基础》,杨慧译,北京,国际文化出版公司,1989年,第1版,第14页。

现，它左右人的性格，同时深刻地影响着人的思想和社会的意识形态等各个方面，甚至对人类的持续发展和未来都造成了不可逆转的破坏。"一种是以人为中心的社会，另一种则是围绕着物打转的社会"①。现代社会就是一个围绕着物打转的社会，人为物荣，人为物狂。为此，弗洛姆尽毕生精力告诫人们有关现代社会和现代人的症候，帮助现代人分析病因之所在。

然而，无论是以占有为动机的物化社会还是以存在为目的的人道社会，都是以人类中心主义为特征的社会。在已经进入21世纪的今天，很多人都开始认识到人类中心主义的危害，他们在探索一种与生态和谐共存、共同发展的生态美学思维逻辑，以确保人类相对稳定的可持续发展。

> 正因为"家"是人舒适安定的依寓、栖居与逗留之所，是人须臾难离的"世界"，所以它与"围绕着人"的环境是不相同的。段义孚指出，"'世界'是关系的场域（a field of relations），'环境'对人而言只是一种冷冰冰的科学姿态呈现的非真实状况，在'世界'的关系场域中，我们才得以面对世界，面对自己，并且创造历史"。很明显"环境"与人的关系就正是海德格尔所说的"一个在一个之中"的两者分离的认识关系。而从字意学的意义上说"环境"（Environment）与"生态"（Ecological）也有这不同的含义，前者有"包围、围绕与围绕物"之意，没有摆脱"二元对立"；而后者则有"生态与生态保护的"之意，与古希腊词"家园与家"紧密相关，反映了人与自然融为一体的情形。这就是我们之所以将生态人文主义的美学观称作"生态美学"而不称作"环境美学"的重要原因。②

人与他所生存的世界的关系如果是"主体与客体"的关系，这只是一种认识论哲学观；如果是"此在与世界"的关系，那就是一种存在论哲学观。前者是一种二分对立的关系，后者则是一种把人和世界的关系

---

① 〔美〕埃里希·弗洛姆：《占有或存在——一个新型社会的心灵基础》，杨慧译，北京，国际文化出版公司，1989年，第1版，第18页。
② 曾繁仁：《人类中心主义的退场与生态美学的兴起》，《文学评论》2012年第2期，第111页。

融为一体、至少是把前者所建立的对立加以"悬置"的和谐关系。这两种关系很类似弗洛姆所提到的占有与存在的关系,但即使是弗洛姆的存在关系也还是停留在以人类为中心的哲学美学层面,还没有摆脱人与环境相对立的二元哲学思想,这不能不说是一种遗憾。然而,这一瑕疵并不影响弗洛姆人学思想与文学的互通。

在人类中心主义思想的作祟下,千百年来人们对自然掠夺式的占有,并随着科技的发展这种占有几近疯狂,人类数量的爆炸式增长更加剧了对地球母亲的压榨,让她难以承受。为此,人类的持续发展也变得渺茫。这种占有的生存方式以及人类中心主义思想所造成的后果,让有识之士看到了人类最终走向毁灭的命运。从弗洛姆的生存和占有的生存方式理论中,我们又一次得到警醒,使更多人看到扭转这一可怕局面的希望,那就是思想意识上人类中心主义的退场和生态美学的兴起。为此,文学尤其是生态文学和生态文学批评在这一方面大有可为。

英美文学中,"以文学的方式来呈现生态思想并不是近几个世纪的新潮流"①。对生态问题的反映最早可追溯到《圣经》。因为《圣经》中就包含人类中心主义的思想,人是上帝创造出来统管地球上所有其他生物的主人;当然《圣经》中也包含保护自然并与之和睦共处的观念。早期进行自然写作的典型有英帝国殖民地时的克雷夫科尔(J. Hector St. John De Crevecoeur, 1735 ~ 1813)对美丽新大陆的自然书写、稍后的库柏(James Fennimore Cooper, 1789 ~ 1851)作品中的海洋主题描写等。但真正意义上的生态文学作品无疑是梭罗(Henry David Thoreau, 1817 ~ 1862)的《瓦尔登湖》,这一文本如今也还不断被人们从生态学视角评述。华兹华斯(William Wordsworth, 1770 ~ 1850)、爱默生(Ralph Waldo Emerson, 1803 ~ 1882)的自然理论、惠特曼(Walt Whitman, 1819 ~ 1892)和狄金森(Emily Dickinson, 1830 ~ 1886)的自然诗等也是欧美生态文学的重要组成部分。当代生态文学作家中,比较熟知的有怀特(Elwyn Brooks White, 1899 ~ 1985)、卡森(Rachel Louise Carson, 1907 ~ 1964)、艾比(Edward Abbey, 1927 ~ 1988)、默温(William Stanley Merwin, 1927 ~)、休斯(Ted Hughes, 1930 ~ 1998)等。

怀特的自然写作中浸透着幽默和反讽,跟弗洛姆反对战争一样,他

---

① 夏光武:《美国生态文学·导言》,上海,学林出版社,2009年,第1版,第1页。

对各国发展武器、核战争深表忧虑，这些思想表现在他那幽默的文风之中，"似乎热核军备竞赛将促使人们更加接近，而不是相互疏远。我很怀疑，由于放射性坠尘，我们倒能出乎意料地迅速实现世界大同。我们可能随坠尘一道化为齑粉。坐在蘑菇云托起的魔毯上，我们手足无措——我们飞得太快、太远"①。美国海洋生物学家卡森在她的海洋三部曲《海风下》(Under the Sea Wind, 1941)、《大蓝海洋》(The Sea around Us, 1951)、《海之滨》(The Edge of the Sea, 1955)中，用专业的眼光观察自然，不仅为读者呈现出充满生机的海滨画面，引领读者"亲历"海洋的大千世界，还为他们提供了一部文笔优美的海岸环境生态史。她的《寂静的春天》(Silent Spring, 1962)像弗洛姆的人学一样，直面现实，作品用大量的事实和科学依据告诉人们，滥用杀虫剂不仅破坏生态，而且危害人类健康。正如弗洛姆抨击现实中占有的生存方式一样，她激烈反对这种依靠科学技术来征服自然、统治自然的生活方式。从中可以看到卡森反人类中心主义的生态整体主义观、自然使命感和人类责任感。她的这部作品引起了全国性的大讨论，甚至多种政治力量参与其中，她的生态观念和环境意识深入人心，为美国后来的生态环境保护起到了非常积极的作用。艾比的《沙漠独居者》(Desert Solitaire, 1968)、《有意破坏帮》(The Monkey Wrench Gang, 1975)、《海都克还活着》(Hayduke Lives, 1989)透露出他的生态防卫观和唯发展主义批判思想。他认为"为发展而发展"已经成为整个国家和民族的欲望，他把这种唯发展主义称作"癌细胞的意识形态"。艾比深刻批判了"工业大机器体系"，控诉了当代消费文化和工业文化对现代人的无形控制，讨伐了现代工业社会片面追求经济增长的盲目发展观。我们可以看到，他对人们不顾环境保护，只追求经济发展的批判与弗洛姆对人们选择占有生存方式的声讨本质上是一致的。而且他也像弗洛姆那样从社会表象追踪到人们的心理，指出整个国家和民族的这种行为都是内心欲望使然，他们的这一思想其实都可以从马克思对资本主义社会资本家片面追求利润的批判中找到理论资源。默温的超现实主义生态诗歌富于神秘感，他用破碎、模糊的片段构造了超现实主义话语，以此表征现代社会的零散性和现代人心灵的孤独，"默温面对的是一个在思想上四分五裂的时代，也是一个人类精神状态孤

---

① 转引自夏光武：《美国生态文学》，上海，学林出版社，2009年，第1版，第129页。

独无依的时代。然而,籍着神秘而又破碎的诗句,默温能够从多视角刻画当代人分裂的自我心灵"①。现代社会的不完整性和人类心灵的孤独无疑是异化的一种表现,它们源自人们对自然的占有欲。从弗洛姆对人性贪婪和占有的生存方式的论述中,我们可以比较清楚地看到这一点。为此,默温也为改变这种异化局面提出了自己的解决方案,那就是用诗歌在人类与土地之间建立自然的关系。其实这就是重拾弗洛姆所说的人与土地之间的最原始联系,这需要人们丢弃占有的生产方式,剥离人性中的贪婪。被称为"自然诗人"的英国诗人休斯因其创作的动物诗闻名世界文坛,诗集《乌鸦》(*Crow*, 1970)等诗作广受赞誉。他的诗歌像美国女诗人狄金森的一样,渴望构建人与自然的平等关系,他反对人类中心主义,认为人类中心主义是当今生态灾难的根源,他竭力提倡自然界万物平等的生态伦理思想。

20世纪90年代中期以来,中国的生态美学悄然兴起,并在随后的20多年里持续发展。国内文学界越来越多的学者在研究生态文学理论,也相继出现了多部反映生态伦理的力作,如《倾听大地》、《长江生态报告》等。这些作品警醒生态危机,呼唤生态安全,让我们开始反思人类肆意攫取和破坏自然,以致我们赖以生存的环境极度恶化的行为;《野狼出没的山谷》、《怀念狼》、《狼图腾》、《藏獒》等作品则重塑一直以来以凶残、丑陋、狡诈示人的动物形象,它们逐渐改变了人们对这些"可怕"动物的印象,让人们一点点抹去对这些动物的恐惧和排斥心理,开始重新认识和慢慢接受这些人类的邻居。这类文学作品逐渐深入人心,它们在不知不觉中让更多的人关注我们的生存环境,更多的人忧患人类的未来,更多的人改变我们的人类中心主义观念,更好地认识和对待本来就应当与我们人类和睦共存于这个地球的所有其他生物。这些生态文学作品"对人们的价值观念产生了强烈冲击,昭示了文学创作在生态观念的影响下产生了结构性的变化"②。但是我们应该很冷静地认识到,现实社会中死守人类中心主义不放者大有人在。而且,对于人类来说了解同类、与之共存的问题都还没解决,要真正做到尊重生活在这个自然界中的其他生物和自然环境还有很长的路要走。正如著名华裔美国人文地

---

① 夏光武:《美国生态文学》,上海,学林出版社,2009年,第1版,第219页。
② 吴秀明、陈力君:《从〈狼图腾〉看当代生态文学的发展》,《文艺研究》2009年第4期,第25~26页。

理学家段义孚先生所言:"世界是由人、其他生物以及无机物等组成的。如果人类自己都不能够了解自己的同类,反而感觉他们不可理喻,那又如何指望人类能够与植物、动物、岩石或风进行很好的交流和沟通呢"①?因此,在人类中心主义还未完全退场,生态美学还未完全发展壮大的今天,我们应该拿起文学的武器,在弗洛姆这一人学理论的帮助和指导下,肃清这种以人类为中心、以占有为目的的生存方式,借助"一种如美国生态文学批评家劳伦斯·布伊尔所说的'绿色文学'有关的'绿色想象',构建一种人与自然共生共荣的美好家园"②。

生态文学作为一种文学思潮和完整的文学流派,新近才出现在人们的视野中。"直到最近20年,由于更多的作家开始关注生态问题,并且在自己的作品中以大量事实和亲身体验反映自己看到的生态问题,由此才真正形成了美国生态文学"③。作为一种文学批评理论,生态批评也只在20世纪70年代开始显现端倪。到了90年代,生态批评如雨后春笋般蓬勃发展,各种论文、专著、组织、刊物迅速出现:1990年介绍18世纪以来欧美自然书写的选集《诺顿自然书写文选》(*The Norton Book of Nature Writing*)问世;1991年从生态角度研究浪漫主义文学的专著《浪漫主义的生态学:华兹华斯与环境传统》出版;1992年,"文学与环境研究会"(The Association for the Study of Literature and Environment,简称ASLE)成立;1993年,ASLE的刊物《文学与环境跨学科研究》(*Interdisciplinary Studies in Literature and Environment*,简称ISLE)出版……④一转入21世纪,生态批评爆炸式发展,"2000年是生态批评成果赫赫的一年……2001年堪称生态批评爆炸的一年……2002年,生态批评继续爆炸……"⑤ 在生态文学和生态批评理论的影响下,人们更多地感受到人在各个层面的极端异化,他们的言行和心理都充斥着病态,自然在人的贪欲下、在人占有的生存方式下千疮百孔、破烂不堪,以致人与自然的

---

① 〔美〕段义孚:《逃避主义》,周尚意、张春梅译,石家庄,河北教育出版社,2005年,第1版,第110页。
② 曾繁仁:《人类中心主义的退场与生态美学的兴起》,《文学评论》2012年第2期,第111页。
③ 张艳梅、蒋学杰、吴景明:《生态批评》,北京,人民出版社,2007版,第1版,第168页。
④ 参见王诺:《欧美生态批评:生态文学研究概论》,上海,学林出版社,2008年,第1版,第12~17页。
⑤ 参见王诺:《欧美生态批评:生态文学研究概论》,上海,学林出版社,2008年,第1版,第17~18页。

关系要健康地维持下去都举步维艰。在文学,特别是生态文学和生态批评理论的疾呼和警醒下,越来越多的人有意识地拿起生态批评的武器,为减少人类对自然的掠夺和破坏,为回归人类与自然的平等与和谐而努力。要改变生态的恶化,改善人类与自然难以维系的关系,我们需认真思考弗洛姆所提出的远离占有的生存方式的构想,希望弗洛姆的构想不只是幻想,而要努力把它变为现实。

人类中心主义、征服自然与控制自然的思想及消费文化都是弗洛姆人学中论述的占有的生存方式和思想的表现与恶果,也是导致生态危机和生态灾难的罪魁祸首,"在愈演愈烈的生态灾难危及整个自然连同整个人类之存在的时期,文学研究怎么能够不直面如此严重并且还在不断恶化的生态现实"[①]?为此,对这些思想的讨伐是方兴未艾的生态批评的中心之所在。这样,弗洛姆的人学思想又一次与文学研究连接起来了。换句话说,在生态批评实践中,我们不只是批判文学文本、文学创作中所表现出来的人类中心主义、征服自然与控制自然的思想及消费文化,我们还可以更深层次地探究产生这些思想观念的根源。因此,弗洛姆的人学思想正好能为其所用;或者就如人们使用弗洛伊德的精神分析学说来进行文学活动那样,评论者、创作者的头脑中预先领会这一理论要旨,揣着理论去阅读文学文本,去进行文学创作活动。不管采取哪种路径,弗洛姆的人学在文学活动中都将具有巨大的潜力。在文学研究逐渐扩张为文化研究的今天,弗洛姆的人学显得更富创造性、生产性,在文学研究领域必将显示其强大的生命力。换个角度来讲,生态批评不仅包括自然的物质环境生态,它还包括人的精神生态,文学艺术是精神生态的一个侧面,"文学艺术实质上是一种精神活动,它有可能在一个较高的层面上对人类的生活、乃至整个地球生态系统的平衡发挥着重要作用。选择生态学的视野,从人类精神生活的高度,重新审视文学艺术的特质、属性及价值意义应当是非常必要的"[②]。弗洛姆的人学是对人的精神生态全方位的深刻揭示,二者相互交织。

文学表征人的精神生态,弗洛姆的人学则既是人的精神生态的表征,

[①] 王诺:《欧美生态批评:生态文学研究概论·总序》,上海,学林出版社,2008年,第1版,第6页。

[②] 鲁枢元:《生态文艺学》,西安,陕西人民教育出版社,2000年,第1版,第132~133页。

又是对隐藏在这一迷宫般现象背后的心理、社会和历史根源的挖掘和剖析。在生态文学作品不断涌现、生态美学理论不断发展的今天，人们对自身与世界的关系已有了新的认识，这是一种认识论的飞跃，是哲学层面的进步，这种认识把人置于大的生态圈之中，作为生态的一分子，人类与他所处的环境相互依存，共同发展。弗洛姆人学思想中这一层面的理论，不仅有助于相关文学作品的解读、相关文学批评理论的建构，也是文学创作的富矿，因此，可以与文学研究进行多层面的对接。

从更大层面上来讲，文学中以找寻自我为主题的作品比比皆是，该主题一直以来都是文学研究的热点之一，但对自我的找寻有很多方面，比如自我身份、自我人格、自我灵魂等。在美国文学中，找寻自我身份主题的文学作品更为常见。这是因为从本质上讲美国是移民国家。17世纪初英国的一些清教徒来到美国，开始了殖民扩张的历史。自从对非洲黑人的奴役之后，黑人也开始在这片土地上繁衍生息，在争取自由、争取各种权利、追忆和怀念文化之根的过程中逐渐形成了黑人文学和文化，他们最初的文学形式是口头文学（oral literature, or orature）。其他一些族裔也是美国这个文化大熔炉里的一分子，他们的文学作品中都不可避免地包含了对各自族裔文化的追寻，以及它们与美国其他各个族裔文化的交流和碰撞中所反映出来的迷惑。较早的号称美国文学之父的华盛顿·欧文（Washington Irving, 1783～1859）的著名短篇《瑞普·凡·温克尔》（*Rip Van Winkle*）就包含身份寻找这一主题。作品反映了人们对独立战争后新成立的美国的不适应，以及自我身份的定位，"可怜的人现在完全糊涂了，他怀疑自己的身份，怀疑他是自己还是另外一个人"[1]。美国戏剧之父尤金·奥尼尔的戏剧《毛猿》则更是现代社会中现代人对自我身份迷茫的表征。这类作品都可以在弗洛姆人学思想体系的框架下来解读，如从人的生存境遇角度来分析人类活动表象下的生存矛盾和历史矛盾；从人的需要角度来解读人物自恋、乱伦的病态行为，人物的毁灭性及非理性的心理和举动等；也可以运用弗洛姆的社会性格与社会无意识理论从社会和历史的角度来解读人的思想意识、心理与社会、历史，甚至科技等方面的内在联系；还可以从人所选择的生存方式中去阐释人的心理和行为，或从人们的行为中认识其所选择的生存方式。

---

[1] Nina Baym, et al. eds., *The Norton Anthology of American Literature* (2nd ed, Vol 1), New York: W. W. Norton and Company, Inc., 1985, p. 725.

弗洛姆在自我找寻的过程中，较好地处理了继承和发展的关系，这要归功于他在方法论上对马克思主义的现实性、实践性和辩证思想的继承。他这个层次的理论在整个人学理论体系中承担了承上启下的作用，显示了较强的逻辑性、哲理性和完整性。弗洛姆从人的生存两歧和人类的历史两歧这个人类生存境遇出发，追寻到人区别于动物的那些社会需要，又从人的多种需要与家庭及社会现实的互动中追溯到人的性格，从人的性格理论到建构他的社会无意识概念理论，最后弗洛姆还详细阐释人的生存方式。在这一连串找寻自我的征途中，弗洛姆始终把人的生存境遇这个根本作为理论的起点，从历史和社会的角度辩证地把人的境遇划分为无法根除的生存两歧和非必然的历史两歧；把人的需要分成生物需要和社会需要，把社会需要中的关联的需要中的爱分成主动的和别动的，把创造与毁灭定义为满足人的超越的需要的两种途径；把人的性格分成个体性格和社会性格，把个体性格又分为非创发性的和创发性的，把意识分为个体无意识和社会无意识，把生存方式分为占有方式和存在方式，等等。他在作很多这样的二元区分，一方面进一步揭示了前一个理论层次中现代西方社会的及人的病态（现代人非创发性的个体性格、被动的爱、好战等毁灭的倾向、受压抑和趋同的社会性格、非创发性的个体性格、受到社会过滤器管制的社会无意识、占有的生存方式），同时为他理论的后一个层次对解决问题的设想（培养创发性性格，主动地去爱，乐于创造，保持自然、独立的个体性格，选择存在的生存方式）进行论证，为后一个逻辑层次顺理成章地寻找到了答案。这种二元对立的辩证思维模式，既显示其理论的逻辑性、整体性，又提升理论的哲理性，增强理论的说服力和学术性。

人类对自身的研究相对于对自身之外的研究来说还很不够，弗洛伊德学说对无意识研究的倚重让人们愈加希望更深刻、更全面地了解自己。弗洛姆从人的生存境遇、人的需要、人的性格、人的社会无意识、人的生存方式等方面对人进行了全面的论述，表面上看，他对人进行了多层次的剖析，但他研究的视角更多偏向人的心理体验或者心理自身，比如他研究人的生存境遇、人的需要、人的生存方式时，无不强调它们与人的孤独、人的本性、人的异化等方面的联系，他的性格理论、社会无意识理论更是对人的心理学领域的直接探索。可以说，弗洛姆对人的多层面剖析实际上都没有脱离心理学这个范畴，是在心理迷宫中对人的自我的找寻。

第四章　幻想彼岸自我的救赎

马克思在《关于费尔巴哈的提纲》中提出传统哲学的弊端在于"哲学家们只是用不同的方式解释世界，而问题在于改变世界"①。弗洛姆的人学在揭示世界、剖析社会的基础上提出了改造世界——即救赎自我的思想，弗洛姆在自我找寻的过程中，理性地面对现实，乐观地设计未来，他把批判和拯救作了较合理的结合，弗洛姆甚至针对现代高度科技化的工业社会里如何处理人与科技的关系，设计出了一个人道主义的美好社会。

> 计算机应该成为以生活为导向的社会系统中的一个功能性辅助工具，而不是带来浩劫、并最终消灭社会这个系统的毒瘤。机器或计算机应该成为一切由人的理性和意愿所决定的目标的手段，应该在洞悉人类本性、人性的所有可能的表现、人性发展的最佳形式，和利于这种发展的真正需要的基础上来形成各种价值，由这些价值决定选择会影响编程的那些要素。这就是说，是人，而不是技术才应该是价值的最终源泉；是最理想的人类发展，而不是最大化的生产才应该是所有设想的标准。②

从前面的分析我们可以看出，现代社会中的现代人普遍处于精神的病态之中，他们迷失了自我或者自我已经失去了完整性。弗洛姆通过剖析社会和人性来找寻自我，找到了病态资本主义社会及迷失

---

① 《马克思恩格斯选集》第1卷，北京，人民出版社，1995年，第2版，第61页。
② Erich Fromm, *The Revolution of Hope: Toward a Humanized Technology*, New York: Harper & Row, Publishers, Inc., 1968, p.96.

自我的现代人的病根,"找到了能够消除现代人的缺陷的治疗办法"①。所有这些,都是为了防止异化社会中的人继续迷失自我甚至丧失自我,也就是为了拯救自我,建立人的完整性。弗洛姆的人学理论,以其独特的视角剖析人,并在此基础上提出其理论体系中拯救自我这个层次——如何在现代资本主义社会里塑造健康自然的人,构建健全的社会。

在弗洛姆看来,若根据弗洛伊德的理论,人不可能彻底健康,因为只要人未能满足自己的本能要求,受到任何压抑或挫折,他就是不健康的,因此,在弗洛伊德眼里,"只有原始人才是'健康的'"②,因为"原始人过着无拘无束的生活,他们只需要获得本能的满足"③。弗洛伊德为精神健康确立了标准,这种标准与人的力比多的进化和人与人之间的关系的进化相关联。也就是说,首先,要看人在生长的不同阶段,他的力比多的进化是否与之相称。如一个健康的成年人,他的力比多的发展水平不应该还保持在婴儿或儿童的那种发展水平,而应达到"生殖阶段"的水平,而且这种水平不会倒退,他过着成年人的生活,能生产,还能繁衍后代。其次,一个人健康与否还要看他同他人的关系发展得如何。如婴儿没有主客体的概念,他同身外的客体没有发生任何关系,随着他年龄的不断增加,他会慢慢度过自己对母亲的依恋、对父亲的自居等过程,并从父母那里获得独立。所以,在弗洛伊德看来,"一个健康的人也就是达到了生殖阶段的人,他不依赖于父亲和母亲,却依靠自己的理性和力量,而成为自己的主人"④。弗洛姆认为,同弗洛伊德一样,马克思也把独立性看作一个健康人的标准和因素,但马克思超越了弗洛伊德的局限性。他指出,"独立与自由的根源就在于自我创造的活动"⑤,只有个体不依靠别人的恩典,只有个体立足于自身进行生产和创造性的

---

① 〔美〕埃里希·弗洛姆:《健全的社会》,欧阳谦译,北京,中国文联出版公司,1988年,第1版,第274页。
② 〔美〕埃里希·弗洛姆:《在幻想锁链的彼岸——我所理解的马克思和弗洛伊德》,张燕译,长沙,湖南人民出版社,1986年,第1版,第66页。
③ 〔美〕埃里希·弗洛姆:《在幻想锁链的彼岸——我所理解的马克思和弗洛伊德》,张燕译,长沙,湖南人民出版社,1986年,第1版,第66页。
④ 〔美〕埃里希·弗洛姆:《在幻想锁链的彼岸——我所理解的马克思和弗洛伊德》,张燕译,长沙,湖南人民出版社,1986年,第1版,第68页。
⑤ 〔美〕埃里希·弗洛姆:《在幻想锁链的彼岸——我所理解的马克思和弗洛伊德》,张燕译,长沙,湖南人民出版社,1986年,第1版,第68页。

活动，人才是真正独立自由的。所以，要发展成为一个完整的人，个体必须拥有创造性的能力，并充分发挥自己的这些作为本质的能力，"作为一个完整的人，把自己的全面的本质据为己有"①；另外，一个独立自由的人还必须与外界发生关系，建立一种合乎人的本性的关系，"一个独立的、自由的人同时也是一个能动的、与外界发生关系的富有创造性的人"②。"异化劳动"和其他一切异化现象与私有制紧密相连，消灭了私有制，无产阶级就得到解放，全人类也就得到解放，人的本质、人的精神和肉体都得到解放，人可以得到充分自由的发展，人才可以复归他的本性，成为独立自由、自然完整的人。"共产主义是私有财产即人的自我异化的积极的扬弃，因而是通过人并且为了人而对人的本质的真正占有；因此，它是人向自身、向社会的即合乎人性的人的复归……它是人和自然界之间、人和人之间的矛盾的真正解决"③。

在弗洛姆看来，弗洛伊德所说的独立主要是生物学意义上的独立：摆脱对母亲的依赖，从而获得自身解放；但他的理论中也包含个体与他人的联系，而这种联系同样是生物学意义上的，个体之所以需要他人，完全是为了满足自己本能和欲望的需要，是男女之间的相互满足。马克思所说的独立则主要是社会意义上的独立，人作为一种社会的存在物，他需要与他人建立联系，人只有在与他人、与自然发生关系时，他才有可能成为一个完整的人。

在这一问题上，弗洛姆综合了二者的思路，从个体和社会两个角度来思考，他"提出了人道主义的社会主义，设计了健全的社会的美好蓝图"④。鉴于现代社会的状况，必须从个体的角度进行心理革命，以塑造精神健康的自我；还要从更大的范围——社会的层面进行经济、政治和文化变革，以构建健全的社会。

---

① 〔美〕埃里希·弗洛姆：《在幻想锁链的彼岸——我所理解的马克思和弗洛伊德》，张燕译，长沙，湖南人民出版社，1986年，第1版，第69页。
② 〔美〕埃里希·弗洛姆：《在幻想锁链的彼岸——我所理解的马克思和弗洛伊德》，张燕译，长沙，湖南人民出版社，1986年，第1版，第71页。
③ 〔美〕埃里希·弗洛姆：《马克思关于人的概念》，见复旦大学哲学系现代西方哲学研究室编译：《西方学者论〈一八四四年经济学—哲学手稿〉》，上海，复旦大学出版社，1983年，第1版，第81页。
④ 周穗明等：《20世纪西方新马克思主义发展史》，北京，学习出版社，2004年，第1版，第225页。

第一节　心理革命：塑造精神健康的自我

弗洛姆认为，一个全面发展的健康的自我应该是独立自由的、富有理性和创造性的自我，但它又必须在保持自身完整性的同时，发展与世界的联系，因此只有在爱的行为中才能达到这一目标。可见，掌握爱的艺术、创发性地去爱是健康自我的一个重要条件和标志，"精神健康具有以下特征：能够去爱和创造，摆脱了对氏族和土地的乱伦依恋，通过把自我看作自身力量的主体和代理者而建立一种自我意识，认清内在和外在的现实，即促进客观性和理性"①。在现代资本主义社会，人和社会全面异化、自我迷失，因此，为了回归一个全面发展的健康自我，首先要进行心理革命。

一、争取自由

弗洛姆认为，现代人在摆脱曾赋予生命以意义和安全的所有纽带而获得自由后，又陷入无能为力以及孤立无援的不安全状态，他感到恐惧，他无法忍受。因此，现代人为了生存，他竭力逃避自由，逃避这种消极的自由，去寻找可以依附的权威，寻找可以同化的群体，于是又被新的纽带束缚，并甘愿受其统治，甘愿异化地趋同，成为群体中的又一个迷失自我的不完整的人。弗洛姆坚信，还存在一种积极的自由，积极自由"意味着充分实现个人的潜能，意味着个人有能力积极自发地生活"②。在这种积极的自由状态中，"个人作为独立的自我存在，但并不孤立，而是与世界、他人及自然联为一体"③。所以，在弗洛姆看来，现代人若要在心理上不再感觉孤立和恐惧，而是既独立完整又与他人及外在世界联为一体，就必须进行革命，以达到真正意义上的自由——积极的自由。为此，人在得到消极的自由后，进而逃避自由，现在应该去争取自由，争取一种不同于那种消极自由的积极自由。

---

① 〔美〕埃里希·弗洛姆：《健全的社会》，欧阳谦译，北京，中国文联出版公司，1988年，第1版，第67页。
② 〔美〕埃里希·弗洛姆：《逃避自由》，刘林海译，北京，国际文化出版公司，2002年，第1版，第193页。
③ 〔美〕埃里希·弗洛姆：《逃避自由》，刘林海译，北京，国际文化出版公司，2002年，第1版，第184页。

在弗洛姆看来，实现积极的自由要靠自我实现。自我实现就是要使人格自然地发展，不受压抑和扭曲，要使人的理性得到充分发挥，还要使人的情感积极地表达出来，"自我的实现不仅要靠思想活动，而且要靠人全部人格的实现和积极表达其情感与理性潜能来完成"①。所以，积极自由在于人的自发活动，即如果人的活动是自发的，而不是强制的，也不是机器人般地不加批判地顺应来自外界暗示的模式，那就是自我的自由活动，这种活动不是一般意义上的行为，而是一种创造性行为，是一种能积极自由地表达人的情感、能充分发挥人的理性、能使人的感觉和意志不受任何压抑和控制的活动，"它能够在人的情感、理性、感觉经历及意志中起作用"②。可以说，自发活动是拥有完整自我的活动，但同时，自发活动使人与他人及外界连接起来，个体不再是一个孤立的原子，他与世界成为一体。现代人的情感是一种伪情感，现代人的理性没有发挥作用，现代人的思想、观点和意志常常受某种力量的控制，社会性格和社会无意识的存在就是这些有形和无形力量控制的结果。在弗洛姆眼里，能通过思想、感觉、行动来表达真实自我的艺术家就是有自发性的人，小孩也能表现其自发性，因为"他们有能力感觉思考真正是他们自己的东西"③，他们的自发性表现在他们的言谈、思考以及外在的感觉中。自发性充满魅力，令人折服和向往。弗洛姆还认为，爱是自发行为的核心部分，因为，"自发行为是一种克服恐惧和孤独的方法，同时人也用不着牺牲自我的完整性"④，爱就是能同时达到这两种目标的行为，真正的爱不是把自我消解在另一个人之中，也不是拥有另一个人，而是在保存完整自我的基础上，与他人融为一体。

弗洛姆还认为，积极的自由要以高度发展的民主为基础，"只有在高度发展的民主社会里，自由才有可能胜利"⑤。可见，获得积极的自由的

---

① 〔美〕埃里希·弗洛姆：《逃避自由》，刘林海译，北京，国际文化出版公司，2002年，第1版，第184页。
② 〔美〕埃里希·弗洛姆：《逃避自由》，刘林海译，北京，国际文化出版公司，2002年，第1版，第185页。
③ 〔美〕埃里希·弗洛姆：《逃避自由》，刘林海译，北京，国际文化出版公司，2002年，第1版，第185页。
④ 〔美〕埃里希·弗洛姆：《逃避自由》，刘林海译，北京，国际文化出版公司，2002年，第1版，第186页。
⑤ 〔美〕埃里希·弗洛姆：《逃避自由》，刘林海译，北京，国际文化出版公司，2002年，第1版，第193页。

途径涉及理性、爱和民主等问题,我们在后面会单独论及这些问题。

从目的和结果来讲,争取积极的自由就是一种心理上的革命,它能克服人心理上的孤独感和恐惧感,能保持个体的独立和完整,同时心理上又感受到安全。

二、发挥创造力

弗洛姆认为,创造力对一个全面发展的人来说必不可少,"一个全面发展的健康的人即是一个富有创造性的人"①。创造力意味着人是否能全面发展,意味着一个人是否人格健全、精神健康。病态社会中异化了的人不可能有创造力。异化的人没有真正的自我,他没有理性,只会盲目趋同。他丧失了独立、主动、批判性思考的能力,他只会接受别人的思想、观点,他甚至希望成为被虐待的对象,只有这样他才能感觉到自己的存在。其实,这只是躯体上的物理存在,他的思想没有了,他的自我和尊严没有了,他的人格被扭曲了,他的本性被淹没了。他成了受人指使的傀儡,他成了没有思想的机器人,完全根据别人的暗示和指令去行动,他也用不着思想,他跟在他人的后面,仿照别人的行为就足够了,而且他认为只有这样才说明他是群体的一分子,他才会感到安全。他的工作单调,毫无创造性可言,他完全不必运用他的创造力,他的创造力也已经在病态的社会中、单调乏味的工作中、别人的指令中、对他人的依赖和趋同中,被磨灭了。

在弗洛姆看来,创造意味着人内心的积极活动,"所谓'积极的活动',并非要干点什么,而是指人的内心的活动,是人的创造能力的积极性的发挥"②。积极的活动首先要求人有独立思考的能力,即有一个独立的自我。如果一个人只会异化地趋同,习惯于接受别人的思想,人云亦云,没有形成自己的看法和观点,他的大脑就不可能"积极地活动",也就不可能具有创造性。其次,积极的活动需要人对所做或者所考虑的事有浓厚的兴趣,一个对行为的对象没有兴趣的人,他不可能产生"积极的活动",不可能有什么创意,或者发挥他的创造力创造出什么好的

---

① 〔美〕埃里希·弗洛姆:《在幻想锁链的彼岸——我所理解的马克思和弗洛伊德》,张燕译,长沙,湖南人民出版社,1986年,第1版,第73页。

② 〔美〕埃里希·弗洛姆:《爱的艺术》,萨如菲译,北京,光明日报出版社,2006年,第1版,第167页。

"产品"。这种产品也许是物质方面的,也许是精神方面的,如思想、观点等。

弗洛姆还认为,人的创造性应该表现在生活的各个方面,在爱的实践中同样需要创造性,因为爱需要人的专心和投入,需要清醒的头脑和活力,需要旺盛的精力和耐力,这些能力只能通过日常生活的创造性积累才能获得。

可见,要充分发挥人的创造力,就需要人的积极性。有了积极的态度,进行积极和创造性的活动,才能进行爱的艺术的实践。创造性与爱联系在一起,而爱的理论是弗洛姆人学思想中的重要一环,但创造力的合理发挥也离不开人的理性。

三、追求理性

在理性的基础上发挥人的创造力,才会使人类更快更健康地发展,否则,只会加速人类的毁灭。因为没有理性,人就不能客观全面地认识世界,就会远离现实,人就有可能变得疯狂或者不可控制,人的聪明才智、人的创造力就有可能被用于反人类的活动中。例如,科技的发展就是充分发挥了人的智慧和创造力,人们可以制造出威力越来越大的各种武器,但这只是理智和创造力的发展,它并不能说明人拥有理性。

弗洛姆认为,理性是人通过思想去客观地认识世界的能力,它是人区别于动物的重要标志。没有理性,人就会与动物同流合污;追求自由的目的之一就是要充分发挥人的理性;要独立、创造性地生活也需要理性;理性是健全人格的一个组成部分。可见,只有当人发展成为富于理性的人的时候,人才拥有健康的自我。因此,富于理性是心理革命的又一目标,也可以说,追求理性是心理革命的又一个方面。

弗洛姆指出,只有富于理性,人才能够客观地认识世界、自然、他人和自己,而不是主观地、随心所欲地曲解这些对象;只有在客观认识的基础上,人才能发挥自己的创造力,创发性地生活,创发性地去爱,保持自我的独立,同时又能与世界联为一体,达到自我的实现和不断发展。理性就是要客观地认识和对待现实,并根据现实去采取合理的行动。

在现实社会中,人常常不能理性地认识和行动。他们的行为往往毫无道理和道德,却总是从心理上去掩盖,使之合理化和理性化。对环境的疯狂掠夺和破坏,片面追求经济的增长、利润的最大化,盲目过度的消费，对自然情感的压抑，对本性和人格的扭曲，为获得群体的认同而不惜丧失自我的完整性，权威的不加节制的利用，统治和施虐欲望的膨胀等，不一而足。总之，人们越来越远离现实，但他们控制和操纵现实的欲望却越来越强，"他要吞食、消费、对付和操纵他的现实"①。同时，现代社会的组织过于庞大，个体的工作只是整体工作的一部分，个体根本无法看到整个工作和整个社会，因此，弗洛姆认为现代社会没有创造发展理性的条件，相反，只会毁灭理性，"现代社会中的另一个因素就是对于理性的毁灭"②。人的理性随着人的理智的高度发展而越来越退化了，发达的理智创造出退化了的理性所无法控制、却可以毁灭人类和地球的大量武器，不同种族之间的不断冲突、不同宗教信仰之间的互不信任和敌视等现实，随时都有可能引发缺乏理性的人对这些富含理智却没有理性的武器的非理性的使用。现代人的所有这些行为和思想都是缺乏理性或者非理性的表现，缺乏理性或者非理性的思想和行为只会导致人类文明和人类这个物种的最终毁灭。

弗洛姆认为，如果没有条件发挥人的理性，人的理性能力就会退化，人就不能全面、客观地认识和把握对象。"作为人的能力的理性必须揭示人所面对的整个世界"③，现代社会没有发挥人的理性的条件，所以，要为人类理性的发展创造条件，使人能够接近现实，因为在病态的现代社会，人处于异化之中，这种现状不可能让人去发展理性。弗洛姆认为，理性需要具备爱和自我意识。有了爱就会保持人的自我的独立性，就会有自我意识，就不会只是被动地接受舆论和他人的思想观点，就能使我们透彻地认识世界，也就使我们有了理性。弗洛姆从笛卡尔的"我思，故我在"推理出"我在，故我思"。也就是说笛卡尔从自己能够运用理性的能力去思考这一行为中推演出作为个体的自我的存在，反之，弗洛姆认为只要保持自我的独立存在，我就能够思想，就可能拥有理性，就能够运用自己的理性思考。从前面的论述中我们已经了解到，保持自我独立的最佳条件就是爱，所以，爱是拥有理性的条件之一。

---

① 〔美〕埃里希·弗洛姆：《健全的社会》，欧阳谦译，北京，中国文联出版公司，1988年，第1版，第173页。
② 〔美〕埃里希·弗洛姆：《健全的社会》，欧阳谦译，北京，中国文联出版公司，1988年，第1版，第172页。
③ 〔美〕埃里希·弗洛姆：《健全的社会》，欧阳谦译，北京，中国文联出版公司，1988年，第1版，第63页。

弗洛姆还认为，理性的发展离不开对它的运用。被异化了的现代人不可能运用理性，生活在幻觉中、远离现实也不可能运用理性，于是，"他的理性能力就会受到限制或损害"①。所以要改变现状，要使人们走出幻觉，正视现实，找回迷失的自我，使之完整。现状的改变需要人们互相理解，相互关心，让人与人之间、人与自然和世界之间充满爱，这样，人们就可以消除那些非理性的思想和行为，客观地观察、认识现实，创发性地生活，充分发挥人的创造力，为人类的明天谱写新篇章。

总之，在弗洛姆看来，富于理性是人客观认识世界、发挥自身创造力的条件，但要发展理性，就要创造理性发展的条件，就要具备爱的能力，并拥有自我意识，同时，理性的发展离不开对理性的不断运用。所有这些都需要爱作为支撑。可见，对于弗洛姆来说，归根结底，爱在人和人类的生活中至关重要，人必须掌握爱的艺术。

四、掌握爱的艺术

争取积极自由的目的就是为了既保持人的自我的独立和完整，又使自我与世界联为一体，爱才能做到这一点。有了爱，人才会积极地思考，发挥创造力，人才能够全面、客观地看问题，认识世界。爱对于人及人类的现在和未来必不可少，为此我们需要拥有爱，会爱自己、爱别人、爱世界。弗洛姆认为，要达到这一目标就需要人们掌握爱的艺术，爱是一门艺术，人们应该学习和掌握爱的艺术，否则，就会把自己置于爱的误区。

在弗洛姆看来，爱是对人类生存问题的回答。摆脱了与母体的融为一体（大自然是人类初期的母体），人的理性使他意识到自己的孤立无依和无能为力，他变得焦虑，感到孤独，并由此带来恐惧和不安全感，"人之悲莫过于孤独。所以对人来说，最迫切的需求就是用什么办法从孤独中得以解脱"②。人的生存需要迫使人们去实现脱离孤独、恐惧、不安全的愿望，运用各种办法取得与外界的某种联系，去淡化或暂时忘却孤独和恐惧，纵欲和群居就是其中的两种。纵欲导致人出现短暂的恍惚而

---

① 〔美〕埃里希·弗洛姆：《健全的社会》，欧阳谦译，北京，中国文联出版公司，1988年，第1版，第63页。

② 〔美〕埃里希·弗洛姆：《爱的艺术》，萨如菲译，北京，光明日报出版社，2006年，第1版，第16页。

暂时忘掉孤独以及孤独带来的恐惧。原始部落群居的目的之一，就是满足消除孤独感、恐惧感和不安全感这个生存的需要，"在今日的西方社会里，我们仍然可以说群居是克服孤独感的一种妙法"①。人们还使用趋同的方法实现这一目标，人们结成一个集体，"在这个集体中，人们往往为了整个集体的荣誉而不得不将自己与与众不同的个性通过节制的办法化整为零，使自己全心地与集体融为一体"②。这样，个体与所在群体取得一致，一致性使人感觉到已经免去了孤独感带来的痛苦。在弗洛姆看来，现代社会中的独裁和民主政体都是为了寻求一致性而消除孤独的方式；对平等与和谐的追求也是为了消除差别，它们同样是对一致性的追求。生活中还有很多行为和现象的起源都可以解释成人为了满足摆脱孤独、与他人建立联系这种生存的需要，甚至从人的创造性劳动中我们也可以看到这一点：艺术家的劳动就是为了把自己与物质结合在一起，使自己与周围世界的物质达成一致。弗洛姆认为，以上这些虽然都是为了满足人生存的某种需要的行为和表现，但并不是人与人之间的真正一致，因此，还不是对人类生存问题的最准确答案，"对人类生存问题最准确的答案应该是：人与人之间的协调和每一个人都能与群体融为一体所能体现出来的爱的价值。"

（一）爱的本质

弗洛姆认为，爱是一种积极的活动，它需要双方的参与，"如果用最一般的方式来表达爱的积极意义，那么我可以用一句话概而言之：爱情是一种'给予'，而不考虑'拥有'"③。所以，在弗洛姆看来，爱的本质是"给予"。"给予"不是放弃或舍弃，也不是牺牲，更不是买卖中的交换，如果这样理解的话，"给予"就不是一件令人愉快的事，它甚至是一件令人痛苦的事情。对于有创造性的人来说，"给予"是一种愉快的爱的体验，它是无限的欢乐，它是人的生命价值的体现。"'给予'是人的宽广胸怀的最好展示，人正是因为勇于'给予'，才能体验到自己

---

① 〔美〕埃里希·弗洛姆：《爱的艺术》，萨如菲译，北京，光明日报出版社，2006年，第1版，第20页。
② 〔美〕埃里希·弗洛姆：《爱的艺术》，萨如菲译，北京，光明日报出版社，2006年，第1版，第20页。
③ 〔美〕埃里希·弗洛姆：《爱的艺术》，萨如菲译，北京，光明日报出版社，2006年，第1版，第32页。

的度量、财富和活力，体验到自己生命的活力，体验到由这种活力带来的无限欢乐。他会感觉到自己展示着勃勃生机，因而心情自然会十分愉快。因为他已经理解了'给予'的真正内涵——'给予'不仅仅是一种牺牲，更重要的是因为通过'给予'，表现了他自己生命的价值及活力"①。

在弗洛姆看来，"给予"意味着财富的给予，它更意味着富于生命力的精神和情感的给予。只有愿意给予财富的人才称得上是富裕的人，所以，并不是所有拥有财富的人都是富裕的人，担心损失财富、生活在焦虑不安中的吝啬鬼永远是一个贫穷和可怜的人。"给予"并不意味着一个人必须为别人献出生命，但"他应该把他内在的有生命力的东西作为一种财富给予别人"②，这种财富包括快乐、兴趣、知识、理解、幽默、情感等，通过给予这种有生命力和活力的东西，"既丰富了他人的生命感，同时也提高了他自己本身的生命感"③。

弗洛姆认为，爱是"给予"，但它还包括其他共同的基本的积极要素：关心、责任、尊重和了解等。一方面，爱蕴含着关心，这种关心应该是全面的，而且是出自内心的。如果关心是发自内心的自觉行为，它就是一种责任感，这种责任不是从外部强加的一种必须履行的职责或者必须完成的任务。从母爱中我们可以很清楚地看到这一点，母亲对孩子无微不至地关心和呵护，母亲还把为满足孩子身体需要所做的一切当作自己的责任。另一方面，爱还需要尊重，如果没有尊重，责任感就会蜕化成对对方的支配、占有或奴役，因为只有尊重对方，才能使对方拥有自己独立的思想和自我，才不会使对方感到寄人篱下或者屈辱。而要尊重一个人，首先必须了解他，没有了解，关心、责任和尊重都会是盲目和空洞的，或者只是徒劳，甚至还会产生与良好的愿望相反的结果。只有在了解的基础上才能真正尊重对方，了解又必须从多层面的关怀出发，

---

① 〔美〕埃里希·弗洛姆：《爱的艺术》，萨如菲译，北京，光明日报出版社，2006年，第1版，第33~34页。

② 〔美〕埃里希·弗洛姆：《爱的艺术》，萨如菲译，北京，光明日报出版社，2006年，第1版，第35页。

③ 〔美〕埃里希·弗洛姆：《爱的艺术》，萨如菲译，北京，光明日报出版社，2006年，第1版，第36页。

没有关怀的了解"是虚而不实,是靠不住的"①,了解不能只停留在表面,要深入内部,进行本质上的了解。

可见,爱的本质是"给予",但它不是一般意义上的给予。爱包括关心、责任、尊重和了解等基本要素,这些要素互相联系,互相依存,彼此不可或缺。现实生活中,这种"给予"、这种爱很少见到,人们"给予"是为了"索取"或"回报",人们爱是为了"被爱"。弗洛姆对爱的本质的探讨,触及了现代人的要害,现代人所缺少的就是这种爱,但人们很少能认识到这一点,也不知道什么是真正的爱,他们很少换位思考,很少关注别人,更谈不上去关心和尊重别人,把自己内在的富于生命力的东西作为一种财富给予别人,与他人分享快乐、兴趣、知识、理解、幽默、情感等,因此,现代人不可能通过这种给予或者爱来表现自己生命的价值及活力。在"一切向钱看"、唯利是图的异化社会里,这种不求回报,以给予为本质的爱是不可能存在的。

(二)爱的具体形式

爱有其不同形式,弗洛姆把爱的具体形式分成五种,它们分别是博爱(brotherly love)、母爱(motherly love)、性爱(erotic love)、自爱(self-love)和神爱(love of God)。弗洛姆把这五种形式的爱分别作了深刻的阐释。

弗洛姆认为,爱的几种形式中,博爱是构成人类一切爱的最基本形式的爱,是对所有的人都有一种爱意的责任感,有了这种责任感,他就会关心、尊重和了解所有的人,"博爱就是对全人类的爱"②。博爱能使全人类联合起来成为一个团结的整体,因为它"凝聚了人类的联合、人类的团结一致和人类的思想的一体化"③,虽然人与人之间存在着各种差异,但博爱能让所有的人都感到彼此平等。博爱就是要对无助者、穷困人、陌生人以爱的关怀,它比爱自己的亲人更值得称道。博爱要求对他人的爱不是怀有某种目的的爱,它是不求回报的爱,"只有那些能达到不

---

① 〔美〕埃里希·弗洛姆:《爱的艺术》,萨如菲译,北京,光明日报出版社,2006年,第1版,第40页。
② 〔美〕埃里希·弗洛姆:《爱的艺术》,萨如菲译,北京,光明日报出版社,2006年,第1版,第64页。
③ 〔美〕埃里希·弗洛姆:《爱的艺术》,萨如菲译,北京,光明日报出版社,2006年,第1版,第64页。

怀任何目的、也不考虑其他利益因素而付出的爱的境界,这样的爱才叫真正的博爱"①。对亟待帮助的人产生同情是博爱的基础,对别人伸出援助之手,就是爱他人,同时也是爱自己。

母爱是无条件的爱,是对孩子的生活和需求作出的毫无条件的肯定。对孩子来说,"母亲就是温暖,就是食物,就是一切,就是他感到满足和安全的最完美的角色"②。但弗洛姆认为,母爱除了关心孩子、维护孩子的生命之外,还要培育孩子对美好未来的憧憬,"母亲要赋予孩子对未来美好生活的向往,而不仅仅是活下来的愿望"③。这就要求母亲不仅仅是把自己摆在孩子的母亲的位置,还要让自己总是表现为一个快乐的人。因为母亲的生活态度会对孩子产生潜移默化的作用,一个真正称职的母亲是让孩子"既得到乳汁又得到了蜂蜜"④。母爱是最神圣的爱,是最高形式的感情,因为母爱不仅需要在孩子的婴儿时期给予极大的付出,在孩子成长过程中的其他阶段还要付出更多的爱,而且在孩子长大成人,该独立生活的时候,母亲能够忍受这种分离,并在分离后还能一如既往地爱她的孩子。母爱之所以伟大,是因为"真正意义上的母爱,是一种只为孩子成长殚精竭虑,但对自己却没有任何报偿期待的爱"⑤。

弗洛姆指出,性爱与母爱不一样,它是建立在与异性完全彻底地实现合二为一的基础上的,性爱是两个原本分离的人由此结合在一起,母爱则体现在原来一体的两个人由此分开生活。性爱是专一的、自私的、排他的,它不可以任意包容每一个人的存在,它是"所有的爱当中最诱人的但又是最不可靠的"⑥。性爱的排他性主要表现在一个个体只和另一个个体的结合,并在此基础上要承担对双方的生活方面的义务。从这个

---

① 〔美〕埃里希·弗洛姆:《爱的艺术》,萨如菲译,北京,光明日报出版社,2006年,第1版,第66页。
② 〔美〕埃里希·弗洛姆:《爱的艺术》,萨如菲译,北京,光明日报出版社,2006年,第1版,第53页。
③ 〔美〕埃里希·弗洛姆:《爱的艺术》,萨如菲译,北京,光明日报出版社,2006年,第1版,第67页。
④ 〔美〕埃里希·弗洛姆:《爱的艺术》,萨如菲译,北京,光明日报出版社,2006年,第1版,第68页。
⑤ 〔美〕埃里希·弗洛姆:《爱的艺术》,萨如菲译,北京,光明日报出版社,2006年,第1版,第70页。
⑥ 〔美〕埃里希·弗洛姆:《爱的艺术》,萨如菲译,北京,光明日报出版社,2006年,第1版,第71页。

层面来讲，性爱不是博爱意义上的延续。弗洛姆认为，对性爱还可以从另一种角度去理解：爱情的本质是人的意志行为，其核心是用个人的生命完成对另一个人生命的承诺，因为爱情不仅是强烈感情的表露，还是一种经过慎重考虑后所作的判断和决定，它是一个无悔的承诺。可见，性爱具有排他性和承诺性。

弗洛伊德把自爱等同于自恋，自爱就是把力比多都倾注到自己身上，自恋是人格发展的最初阶段，但如果成人后又倒退到这一阶段则是一种病态。弗洛姆认为，自爱是建立在博爱的基点上的爱。自爱并不意味着自私，对自己的爱和对别人的爱并不是互相排斥的，二者不是非此即彼的关系。"我"和其他人一样都是人的存在，都包含在"人"这个范畴里，在"人"这个概念里，既包括他人又包括"我"，"我"不过是其中与他人等同的一分子，因此，在"爱"的对象中既包括他人又包括我，爱自己和爱他人并没有什么区别，即自爱和爱他人在本质上是一样的，因为一个人对自身的爱的理解与对他人的爱和理解是分不开的，同时，一个具有爱他人的能力的人也兼具爱自己的倾向。爱是不择对象的，"我"和他人都应该是"我"爱的对象，对爱的理解应该是，一个人"既会爱自己，也会爱别人；否则，他就是没有能力爱"[①]。

弗洛姆还认为，对上帝的爱，即神爱，是人类在现实中无力实现永恒的爱的一种梦幻。上帝是一个完美的代名词，人们使用这个概念，对它进行认知和判断，"表达了自己对更高的能力的感受、对真理和统一的努力的追求"[②]。

可见，不同形式的爱各具特点，但它们又相互联系，其中博爱是各种形式的爱的基本形式。

(三) 爱的实践

对爱这门艺术已从理论上作了探讨，但爱是一门实践的艺术，要深刻地领会它，更需要将它付诸实践，没有实践的爱只会是纸上谈兵。

爱作为一门实践的艺术有其相应的条件。弗洛姆认为，第一，应该有规范。这些规范就是爱的理论，任何艺术离开了规范的指导，都会一

[①] 〔美〕埃里希·弗洛姆：《爱的艺术》，萨如菲译，北京，光明日报出版社，2006年，第1版，第81页。

[②] 〔美〕埃里希·弗洛姆：《爱的艺术》，萨如菲译，北京，光明日报出版社，2006年，第1版，第95页。

事无成，但这种规范不是像其他艺术那样的对基本功的规范，而是贯穿于一个人的一生的规范，人们应该自律，时时刻刻都要自觉地接受爱的规范，因为"如果没有规范，人们的生活就会变得支离破碎，杂乱无序和没有重心"①。第二，要专心投入。掌握任何一门艺术都需要学习者全身心的投入。然而现代社会已造就了人们浮躁、涣散的生活模式，人们即时消费，即时寻乐，无所不欲，无所不为，就是不能静下心来思考。爱同样需要人的耐心、需要人的专注和投入，三心二意是不可能真正掌握爱的艺术、真正去爱的。第三，要有耐性。爱这个领域不可能速战速决，欲速则不达，没有一种平和的心态，是不可能掌握爱的艺术的。然而，心情浮躁是现代人的通病，所以对现代人来说，耐性非常难得。第四，要有兴趣。如果对这门艺术没什么兴趣，也就会缺乏较高的关注度，这样也不可能成为爱的艺术的大师。第五，要掌握与爱的艺术相关的技能。很多艺术要求一些与之相关的技能，而不是一开始就直接学习该艺术，有些技能看起来与所学艺术无关，但实际上它们之间相互联系，甚至关系密切，所以，在实践爱这门艺术的过程中还要学习一些与之相关的基础性的技能。

弗洛姆指出，要真正掌握爱这门艺术，成为爱的艺术大师，必须在自己生活的每一个阶段都规范训练，专心投入，培养耐性，并对它感兴趣，不断关注它，这样才能达到成功的目标。爱在于积极的活动。积极活动的态度对爱的艺术的实践尤为重要。这种积极的活动主要是指内心的活动，就是要充分发挥自己积极的创造性。"爱情是人认识外部世界的一项活动内容"，不去积极地关注自己所爱的对象，不去尽力发挥自己的创造能力，这种爱是索然无味的爱，它不是真正地用心在爱，而是敷衍了事地爱。

可以看出，爱的理论在弗洛姆的人学思想中占有很重要的位置，他思想中的很多其他方面都牵涉到爱。可以说，爱是他理论体系中的基石，支撑着他的人学思想，没有爱的理论，就没有弗洛姆的人学思想。在弗洛姆看来，爱与自由、创造力、理性、人格等密切相关，爱是解决诸多问题的一把万能钥匙，爱是健康人不可或缺的情感，它滋润着个体的人格，使人拥有正常的情感和健康的心理。病态的现代资本主义社会是爱

---

① 〔美〕埃里希·弗洛姆：《爱的艺术》，萨如菲译，北京，光明日报出版社，2006年，第1版，第143页。

的荒原，其中爱的模式已经没落，人们对爱存在种种误解，他们往往从经济的角度去理解和追求所谓的爱，他们的爱建立在经济和彼此利益的基础之上，是虚假、僵死、病态的爱。因此，生活在现代社会中的人是缺乏爱的畸形儿，他们需要爱的医治，现代资本主义社会亟需爱的雨露的滋润，使这片爱的荒原焕发爱的青春，显现爱的绿色。

爱是与生俱来的人类情感之一，自古以来爱就是文学作品和文学创作中最常见的主题之一，诗歌、散文、戏剧、小说等文学体裁都是爱的载体，中外文学莫不如是。美国女诗人狄金森的爱情诗歌与她的死亡诗歌同样齐名，中国的古典戏剧《西厢记》与西方经典剧目《罗密欧与朱丽叶》同是"愿天下有情人都成眷属"的代名词，中国名著《红楼梦》中的病美人形象与美国著名诗人、小说家、文学批评家爱伦·坡对年轻貌美的女性死亡的病态思念主题的唯美追求似有某种灵犀之通。当然这些大多是爱情主题的代表，爱情多是性爱。其实，文学中对于弗洛姆所说的各种爱的描述和赞美无处不在：对性爱的欲求，对自爱的珍重，对母爱的赞美，对博爱的崇尚，对神爱的尊重和敬畏，等等。不必赘言，性爱像幽灵一样，在众多文学作品中若隐若现，它或以噱头来吸引被弗洛伊德无意识理论中所说的力比多的野性所充斥的头脑，或以为争取自由的性爱而与社会丑恶的传统相抗争的面目出现，以博得读者的同情。英国女作家艾米莉·勃朗特的代表作《呼啸山庄》中的男女主人公的爱恨交织是性爱的经典表征和阐释。自爱是许多文化所推崇的，为人所熟知的《简·爱》中的女主人公的自爱为很多读者所赞许。伟大的母爱在任何时代都令人感动，不光在文学作品中是这样的，在日常生活中亦如此，中外描写母爱的诗歌、散文、小说等作品不在少数。文学作品中还不乏看到异化的母爱，比如读者比较熟悉的劳伦斯作品《儿子与情人》中母亲莫瑞尔太太对儿子保罗的"情感控制"式的母爱。莫里森《宠儿》里的母亲塞斯对女儿宠儿的母爱是无奈的、畸形的。这种爱使宠儿失去了生命，这种爱是自我惩罚的爱，虽然18年后，女儿还魂归来，母亲处于深深的内疚和自责之中，读者从作品中看到的是魔鬼行为背后深沉的母爱。如此沉重的母爱更加深刻说明了奴隶制度这只社会黑手对人性的摧残，同时令读者清醒地认识到社会更应该受到谴责和惩罚。以上两种母爱都是走向极端的母爱，与弗洛姆所期许的母爱有本质上的不同。莫瑞尔太太的畸形母爱是个体心理异化下的爱，是弗洛伊德的精神分析学说就可以充分解读的母爱，塞斯的畸形母爱则是不人道的社会造就的，不仅要从个体角度去解读，更要从社会和历史的视角去理解。在弗洛姆眼里，博爱就是爱所有人。弗洛姆理论的中心是人，所以他的博爱概念没有包括人之外的其他存在无可厚非，这是他人学理论中人类中心主义的又一体现。真正意义上的博爱不仅要爱他人，不求回报地爱全人类，而且还应该平等地去爱人类生存环境中的一切，包括动物、植物、自然，甚至宇宙，与生态和谐共处，共同发展。这不仅是博爱的更高境界，同时更是对人类本身的关怀和爱护，这种博爱的态度和行为才会使人的健康永久存在和发展成为可能。弗洛姆人论中的这种狭隘的博爱也常常见于文学作品中，如兄弟之情、姐妹之情、同志之情等等。广义的博爱就更常见，比如浪漫主义作品中对自然的亲近、热爱和歌颂，生态写作中对动物的平等态度等。神爱多见于宗教或受其影响的文学作品中，《圣经》是宣扬神爱和博爱的重要书写，众多作家、作品受其影响。

文学中对爱的书写浩若烟海，但正如弗洛姆所说，更重要的是要知晓爱的本质，懂得如何爱的艺术。

五、选择存在的生存方式

弗洛姆把人的生存方式分成两种：占有的生存方式和存在的生存方式。存在的生存方式的前提是人能够独立自主，拥有自由，具有批判的能力，"存在生存方式的诸前提是，独立自主、自由及具有批评理智"①。一个不能独立自主的人，他没有能力、勇气和权力去选择自己的生存方式，也没有这种自由，因为他的一切并不是自己说了算，而是别人怎么做他就怎么做。在这个物欲横流、全面异化的现代社会，很少有人原意去选择存在的生存方式，可以说，即使有这种愿望，人们也没有这种条件去实现这种想法，因为现实生活中，这样的想法会被看成异端，这样的人会被看成是不合潮流的人，人们会以异样的目光看着他，使他浑身不自在；他会四处碰壁，遇到重重阻力和困难，社会这个大环境会让他没有安身之地，最终不得不汇入占有的生存方式的大潮中。另外，一个思想上不能独立自主的人，他也不可能具有批判的能力。因为他没有辨别是非的能力，他只会随波逐流，他意识不到自己应该批判性地看待社

---

① 〔美〕埃里希·弗洛姆：《占有或存在———一个新型社会的心灵基础》，杨慧译，北京，国际文化出版公司，1989年，第1版，第77页。

会，批判性地生活。

选择存在的方式生存就意味着人不再以自我为中心，不再贪得无厌，而是既拥有独立的自我，充分发挥自己的创造性，又与世界联为一体，同时，富于理性，掌握了爱的艺术，能幸福快乐地生活。

弗洛姆认为，人的生存方式对人的创造力的发挥、理性的发展也至关重要。生存方式的选择既是爱的条件，也是爱的结果。一个人如果选择了占有的生存方式，他就会被物的欲望所统治，他的自我等各方面就会被异化，他的思想和行为就一定是被动的和消极的，而不是积极的、能动的，没有了积极性和能动性，他就不可能发挥自己的创造力。一个以占有为目的的人已经被这种占有的欲望冲昏了头脑，他的自我迷失了，他意识不到、也寻觅不到真正的自我，一个缺失了自我、连自身都不能正确认识的人，不可能客观地认识世界。因此，他也就丧失了理性。选择了存在的生存方式，他才会消除自私贪婪的欲望，并关注别人，他才会有与他人分享的意愿，他才有可能给予，才会甘愿牺牲自己的财物甚至生命，为别人作出贡献，在这种条件下他才会去爱，去爱别人，同时也爱自己；反过来看，只有一个懂得爱，并主动地爱别人及自己的人才不会以自我为中心，才不会始终眷恋着物的占有，他会自觉地选择存在的生存方式。

存在的生存方式是健康性格倾向的表现，是一种健康的生存方式，它意味着爱的行动，意味着创造力的发挥，意味着理性大门的开启。选择了健康的生存方式，即存在的生存方式，才有可能培育出精神和心理健康的个体，才不至于被贪婪的物欲所控制，人的本性才会得到自然的展现，人格才不至于被扭曲，人的个体性格和社会性格才有可能变得健全，人们才会积极地、创发性地去爱；选择了存在的生存方式，才会使这个社会充满爱，人与自身、人与人、人与社会之间才不会再是物与物的关系。可见，抛弃占有的生存方式，转而选择存在的生存方式也是一场心理革命，它是对现代社会中大多数人选择占有的生存方式所造就的心理和人格的革命，使现代人的不健康心理和人格变得健康起来，达到拯救自我的目的。

对自由的争取、创造力的发挥、对理性的追求、对爱的艺术的掌握、对生存方式的选择等在更大程度上都与个体联系在一起，与个体的思想观念相关，它们影响着个体的心理，决定个体性格和人格的走向，并给个体的行为以导向。因此，这些方面的革命就是对个体心理的革命。但个体构成社会，个体的生存离不开社会。只进行个体的心理革命并不能彻底地解决人的问题，还必须进行社会的变革，同时，彻底的心理革命本身就离不开社会变革，它需要健全的社会这样的大环境作为支撑。社会健全了，个体的心理革命才会是彻底的、持久的，反之亦然，"只有当工业和政治的体制、精神和哲学的倾向、性格结构以及文化活动同时发生变化，社会才能够达到健全和精神健康"①。

第二节 社会革命：构建健全的社会

在现代资本主义社会中，生产和消费异化了，政治生活中缺乏民主、理性和自由。社会生活同样惨不忍睹：机器之类的物成了世界的中心，人成了非人，对金钱的追求成了人的最高生活目标，"人已失去了他的中心地位，人成了实现经济目标的工具"②；人与人、人与自然的关系被疏远，甚至被割裂，人的生活不再有意义；人们不再具有生产性的性格倾向，而是普遍拥有接受倾向和市场倾向的性格；人丧失了自我意识，异化地趋同，但仍然没有安全的感觉；人感到不满、厌倦、忧虑甚至焦虑；人的智力发展到了极致，理性却大大退化了。所有这些都与社会相关，都"严重威胁着文明的存在，甚至人类的存在"③。因此，改变社会现状，进行社会变革成为当务之急。在弗洛姆看来，要构建健全的社会，就要从社会的经济、政治和文化等多个层面进行，因为，"只注重一个领域的变化而排除或忽视其他领域的变化，就不会产生整个的变化"④。因此，要进行全方位的社会变革，包括经济变革、政治变革和文化变革。

在弗洛姆看来，当人不再是达到他人目的的手段，而是自己生活的主人，当人成了社会的中心，一切其他活动都为人的发展服务，当人可

---

① 〔美〕埃里希·弗洛姆：《健全的社会》，欧阳谦译，北京，中国文联出版公司，1988年，第1版，第274~275页。
② 〔美〕埃里希·弗洛姆：《健全的社会》，欧阳谦译，北京，中国文联出版公司，1988年，第1版，第273页。
③ 〔美〕埃里希·弗洛姆：《健全的社会》，欧阳谦译，北京，中国文联出版公司，1988年，第1版，第274页。
④ 〔美〕埃里希·弗洛姆：《健全的社会》，欧阳谦译，北京，中国文联出版公司，1988年，第1版，第275页。

以充分展示自己的人性力量,当每个人都像关心自己的事务那样关心社会事务,当人与人之间彼此相爱,而且这种爱能推进人的创造性的发挥,刺激人的理性的发展,并且每个人都能在社会活动中表现和满足自己的内心需要的时候,这个社会就变得健全了。

一、经济变革——实行人道主义公有制

现代资本主义社会中的经济是以市场为导向的生产资料私有制,获取利润是生产资料所有者的最高宗旨和最终目标,人们的思想和生活无不被资本所奴役,他们的异化也在经济领域表现得最为明显,生产、消费、生活目的、生存方式等无一幸免,经济领域的异化还导致其他领域的异化。在这种情况下,经济变革已成必然,它是社会变革的起点。

弗洛姆认为,马克思的社会主义社会的设想建立在两个前提之上:生产资料和分配的社会化,中央集权的计划经济。所以,在经济方面,弗洛姆倡导一种公有制,一种人本主义的公有制。就是在马克思所提出的公有制原则的基础上,更关注人性化的劳动处境,使劳动成为吸引人的、有意义的事情。在这种劳动条件下,人成为他自己的主人,他知道自己劳动的目的,并能根据自己的目的和需要来控制自己的劳动,使一切活动在自己的掌握之中,使劳动成为一件有意义的、快乐的事情。为此,他甘愿为适合自己、自己所喜爱的工作充分发挥自己的创造力,并愿为它贡献一切,"我们的目标是造成一种新的劳动境遇,人在这里可以为他认为有意义的事物献出毕生精力,人在这里可以知道他在做什么,人在这里可以控制他所做的一切,人在这里感到与他人的统一而不是分离"[①]。

为了创造这样一种适合人、为人所喜爱的劳动境遇,弗洛姆提出了一些具体方案和措施。这样,劳动境遇就再度成为具体的东西,每个工人能作为一个真实具体的人,以小组的形式同其他人联系起来,这样集权和分权得到调和,"使每个人积极参与管理和负起责任,同时又形成一种必需的统一领导"[②]。

[①] 〔美〕埃里希·弗洛姆:《健全的社会》,欧阳谦译,北京,中国文联出版公司,1988年,第1版,第329页。

[②] 〔美〕埃里希·弗洛姆:《健全的社会》,欧阳谦译,北京,中国文联出版公司,1988年,第1版,第330页。

第一，工人积极参与管理和决策。要使工人成为一个主动关心和负责的参与者，就必须使工人能够左右那些关系到他的劳动境遇和整个企业的决策，使工人不再受资本的雇用，不再是命令的接受者，而是使役资本的负有责任的主体。这首先要求工人不仅很熟悉自己的工作，而且十分了解整个企业的活动，通过在领导成员和普通成员之间划分管理职责，来制定出工人参与管理和决策的原则。同时，作为第三者的消费者也可通过某种形式参与生产的决策和计划。在弗洛姆看来，共同管理和共同决策并不一定要求变更生产资料的所有权，"这里的要点不是生产资料的所有制问题，而是工人的参与管理和决策"①。共同管理和共同决策的原则意味着对所有权的严格限制。企业的所有者根据他的资本投资可以得到适当的权利，但他并不享有对资本所雇用的人的无限支配权，劳动者和企业所有者分享这种支配权。

第二，一定程度的国家直接干预和社会化。弗洛姆认为，强调共同管理，而不注重通过改变所有权来实现公有社会，并不意味着不再需要一定程度的国家直接干预和社会化。因为每个企业都想占领更多的市场份额，为此，它们使用一切手段来刺激人们的购买欲，这样就不断强化了人们的那种有害于精神健康的接受倾向，造成浪费。经济上的批量生产推动了这种浪费，带来经济损失，还产生负面的心理影响：消费者不尊重劳动和劳动成果。要通过一定程度的国家直接干预和社会化，把异化的消费变成人的消费。而且，工业化社会要减少浪费，从经济上帮助那些经济落后的国家，并与那些非工业化的国家和平相处。

第三，限制有害于大众需要的营利性资本投资。电影行业、连环漫画书刊发行业、报纸等为了追求最大利润，人为地刺激消费者的低下本能，毒害了大众的心灵。为此，应该制定相关条例，限制它们无限制的生产和宣传，或者使这些行业社会化，或者创立一些由国家出资经营的竞争性行业，以减少其毒害性。弗洛姆认为，这种限制和变革很容易做到，"在一个以人的发展为宗旨和物质需要从属于精神需要的社会里，不难找到法律和经济的手段来确保社会必要的变革"②。

---

① 〔美〕埃里希·弗洛姆：《健全的社会》，欧阳谦译，北京，中国文联出版公司，1988年，第1版，第331页。
② 〔美〕埃里希·弗洛姆：《健全的社会》，欧阳谦译，北京，中国文联出版公司，1988年，第1版，第343页。

第四，发展普遍的生产保障制度。弗洛姆认为，既要保存现行的社会保障制度，还要在此基础上把它发展成普遍的生存保证。西方工业化国家都已建立了保险制度，以确保人们在失业、生病和年老时有起码的生活费用，但这种保障还应进一步扩大，即使没有失业、生病或年老的情形，人们也可以获得维持生活的物质资料。因为"如果再也没有人为了不饿而被迫接受资方提供的工作，那么工作就会成为很有趣和吸引人，人们就会自愿接受这种工作"①。这样，人们就可以自由地接受或拒绝契约，改变以前资本所有权迫使人们接受劳动条件的状况，只有在契约双方可以自由接受或拒绝的情况下，才可能有签订契约的自由。弗洛姆认为，基本生活的保障不仅标志着劳资契约双方真正自由的开端，还扩大了日常生活中人际交往关系的自由范围。因为有了这样的基本生活保障，人们在工作中才不至于因害怕失业而不得不忍气吞声地工作，人们才有可能挑选他所喜欢的工作，每个人才有可能重新获得行动的自由。扩大保障的费用可从削减巨额的军费中获得；同时，在一个健全的社会里，每个公民都会积极投身到自己的工作中，一旦人们对工作有了兴趣，他们会大大提高生产效率，创造更多财富，增长的财富是扩大保障的费用的第二个来源；而且，适合人性的劳动境遇会降低犯罪、精神病和各种身心病症的发生率，用于制裁犯罪、治疗这些病症的费用相应减少，节约的费用是扩大保障费用的又一个来源。

弗洛姆在社会经济方面，从生产管理、消费、身心健康、社会生活保障制度和自由等方面提出了一些变革的思路和措施，其出发点是改变现在的劳动境遇，为人们提供人性化的工作环境，以带动其他方面向他预想的方向变革。弗洛姆对社会的经济变革方案和设想确实非常诱人，它们很人性化，这种公有制的确可以称得上是人本主义的公有制，但这种设想要在现实社会中真正实施，也许并不像理论上那么简单。社会之大、人数之众，并不是每个人都会按照他的设想来思维和行动。即使绝大多数人按照这个美好的愿望来思维和行动，并形成固定的思维模式和生活习惯，从意识形态的角度来看，这何尝不是又一种趋同、又一种社会性格、社会无意识的铸就呢？况且，他的这些设想中还存在不太合逻辑的地方，比如对生产资料所有权的保留这一项，就足以使其他设想成

---

① 〔美〕埃里希·弗洛姆：《健全的社会》，欧阳谦译，北京，中国文联出版公司，1988年，第1版，第345页。

为空中楼阁。

二、政治变革——呼唤全民参与的民主政治

弗洛姆的政治变革的设想,主要是指政治生活中的民主。弗洛姆认为,在一个异化的社会里,不可能有民主,相反,"我们的民主组成方式也有助于异化的普遍发展"①。民主意味着个人可以自由表达他的信念和维护他的意志。但在弗洛姆看来,异化了的现代人没有信念,只有意见和偏见;也没有真正的个人意志,只有好恶。而且,他们连这些都被强有力的宣传机器所操纵。人们对时政孤陋寡闻,把真实的世界看成了由经济数字组成的抽象世界,现实世界就如同科幻世界。政治上,他们也与整个世界疏远了。

弗洛姆认为,在这个强求一致性的时代,人们对民主的思维程式就是,民主等于大多数人的决策,"大多数人的决策就成了它具有正确性的一种论据。这显然是一种谬误"②。但事实上,并不是人数决定真理,何况在这个异化趋同的现代社会,"如果我们是基于人数的多寡来判断一种观点的重要性,那我们很可能还生活在洞穴之中"③。在所谓的民主选举中,那些政治官僚并没有为选民服务的意愿,他们只有对掌权执政的职业兴趣,为了达到掌权执政的目的,他们有时不得不在某种程度上注意选举人的意志,但这些只是表面工作,其本质目的是要获得更多选票。选举时,"选举人只是在两位争夺他的选票的候选人之间,简单地表示出他的偏爱"④。普通公民也很少能够参与决策,他们投票之后,就把自己的政治意志让给了他们的代表,而代表则"把责任感和利己主义的职业兴趣混合起来,并由此而去实现选举人的意志"⑤。选举人也只能对强有力的政治机器表示同意或者不同意,实际上,他们的政治意志也被政治

---

① 〔美〕埃里希·弗洛姆:《健全的社会》,欧阳谦译,北京,中国文联出版公司,1988年,第1版,第347页。
② 〔美〕埃里希·弗洛姆:《健全的社会》,欧阳谦译,北京,中国文联出版公司,1988年,第1版,第348页。
③ 〔美〕埃里希·弗洛姆:《健全的社会》,欧阳谦译,北京,中国文联出版公司,1988年,第1版,第349页。
④ 〔美〕埃里希·弗洛姆:《健全的社会》,欧阳谦译,北京,中国文联出版公司,1988年,第1版,第349页。
⑤ 〔美〕埃里希·弗洛姆:《健全的社会》,欧阳谦译,北京,中国文联出版公司,1988年,第1版,第349页。

机器所控制。

  为了改变这种民主现状，弗洛姆提出了自己的政治变革设想，那就是使现在的中央集权形式的民主同高度分权的民主结合在一起，把市民会议的原则引入社会政治领域。

  弗洛姆提出，具体措施是缩小现在选民的单位规模，如按照居民区或工作地点把人组织成小型团体，每个团体的人数为五百人，每个团体中尽量包括不同的社会成员，这些团体定期开会，讨论地方和国家的重要问题。通过从设立的文化机构那里获取像学生在学校里所获得的知识那样尽可能客观的事实材料，小型团体进行面对面的研究和讨论，再进行表决。这些小型团体与普通的选举代表机构和行政机构分享权力，决策不断地自下而上地产生和传递，这样每个公民就会积极而又认真负责地考虑公共问题，参与民主政治。

  在弗洛姆眼里，这种方式可以提高每个公民参与政治的积极性，民主地表达每个公民的意愿，消除那些不合理的、抽象的决策，人的政治方面的异化也就随之改观，"每个人都将回到自身，在社会的生活中发挥他的参与者的作用"[1]。弗洛姆在政治上的变革主要是为了改变现代社会中的政治现状，提高人们对政治的热情，更多地关注政治，让普通老百姓能坚持自己的个体意志，有表达自己意愿的机会，这个初衷是积极的，愿望是美好的。然而，实施起来同样会走形或者变味。因为每个人的出发点不一样，个体的兴趣也不相同，要使每个人都对政治表示高度的热情，积极参与政治这并不太现实，而且这需要耗费大量的人力、物力和财力，即使每个人都积极参与到政治中来，最底层的人的意愿逐级传递到最高层，中间要经过很多层次和过程，在这些过程中，人为的因素会使最基层的意愿变得面目全非，或者干脆如石沉大海，最终难以达到预期目的。另外，在如今生活节奏如此之快、工作压力异常沉重的现代社会，除了专业的政客，人们根本没有闲情和空余时间去经常性地参加团体的定期会议，讨论地方和国家的重要问题，除非每个人不工作或少工作，生活都有保障。但弗洛姆的这种设想应该成为实现政治民主这一目标的前进方向。

---

  [1] 〔美〕埃里希·弗洛姆：《健全的社会》，欧阳谦译，北京，中国文联出版公司，1988年，第1版，第352页。

三、文化变革——塑造健康个性、传承人类文明

关于文化方面的变革，弗洛姆主要针对的是教育。在他看来，教育的任务本来是延承人类文明的理想和准则，培育学生批判思维的能力，塑造学生为实现理想所需的性格，但"我们的教育制度，几乎没有使学生具备批判思维的能力，也没有培育出我们文明的公开理想所需要的性格特征"①。实际情况是，现代教育的目标是传授可以在工业化的文明中发挥作用的知识，塑造社会所需要的性格模式、野心和竞争。通过教育培育出来的学生没有什么合作的精神，他们只会尊重权威，却与他人和世界相隔离；他们的理论知识和实践知识相脱节，在工作岗位上表现为对所从事的工作漠不关心。现代教育方式造就出的是符合社会机器需要的、异化了的人，而不是全面发展的人。除了教育方面的改革，弗洛姆提出，还要尝试进行复兴集体艺术和仪式方面的文化变革，使人们在文化和精神上享受共同的体验。普及人道主义的宗教思想同样是文化变革的一个组成部分。

弗洛姆为文化变革提出了一些目标和措施。首先，教育任务和教育目标的变革。他认为，教育应该培养出具有批判的思维能力、具有为实现远大理想所需的性格、人性全面发展的创造性人才，而不是培养出具有符合市场要求的性格、野心和竞争性十足、讨好权威、与世界疏远、理论知识和实践知识分裂的异化人。

其次，广泛实行成人教育。所有的人都应该接受成人教育，但现实情况并非如此，多少人没有工作，没有固定的收入，没有生活来源，他们食不果腹，流离失所，更谈不上有机会接受成人教育。

第三，复兴集体艺术和仪式。集体艺术和仪式的体验是人们的文化和精神方面的共同体验，是对人的整个存在的共同认识。弗洛姆认为，现代社会只有纯粹的理智认识，没有共享的艺术体验；只有消费者的文化，没有积极的和建设性的参与社会生活的共同体验。因此，创立集体艺术和仪式，使人们享受文化和精神上的共同体验，与发展教育同等重要。弗洛姆设想，集体艺术应该从小孩的游戏开始，并在学校教育和后来的生活中一直持续下去，这样就可以通过共同的舞蹈"把现代娱乐变

---

① 〔美〕埃里希·弗洛姆：《健全的社会》，欧阳谦译，北京，中国文联出版公司，1988年，第1版，第354页。

成一种非营利性和非效用性的活动"①。但它的实施同样需要人们的积极态度和认真参与。

第四，普及人道主义宗教思想。弗洛姆认为，宗教教义大多强调人道主义宗旨，它同实现人的"生产性倾向"的理论基础具有相同目标，那就是实现人的尊严，"实现友爱、理性以及精神价值对于物质价值的优先性"②。但同时，弗洛姆反对狂热的偶像崇拜，在他看来，我们看重的应该是宗教教义的宗旨的实质，而不是宗教这个外表；"它关注的是生活的实践而并非教条的信仰"③；最终目标要以人为本，而不注重制度本身。

弗洛姆的文化变革强调塑造人性全面发展的个体，使人在文化和精神方面有着共同体验，并得到全面提升，以塑造具有创造性、富于爱心、全面发展的健康人格，构建由这类人组成的健全社会。弗洛姆认为，经济变革、政治体制变革和文化变革应该同时进行，不能把它们分离开来，否则"任何真正想改变和重建社会的努力都不可能实现"④。

马克思在分析无产阶级的历史使命以及革命理论的作用时曾说过，"批判的武器当然不能代替武器的批判，物质力量只能用物质力量来摧毁；但是理论一经掌握群众，也会变成物质力量。理论只要说服人，就能掌握群众；而理论只要彻底，就能说服人。所谓彻底，就是抓住事物的根本。但是，人的根本就是人本身"⑤。这里，马克思强调了理论与实践的关系，"批判的武器"是指革命理论，是能够用于指导革命实践的理论，这是一种精神武器；"武器的批判"指的是实际的革命行动，是革命的实践，它是一种物质武器，特指无产阶级的革命运动和斗争。马克思在这一段话中指出了物质与精神、理论与实践之间的辩证关系，揭示了精神力量转化为物质力量的辩证途径。马克思认为革命理论和革命实践都是人类解放所不可缺少的因素，物质力量对于革命起着重要作用，

---

① 〔美〕埃里希·弗洛姆：《健全的社会》，欧阳谦译，北京，中国文联出版公司，1988年，第1版，第359页。
② 〔美〕埃里希·弗洛姆：《健全的社会》，欧阳谦译，北京，中国文联出版公司，1988年，第1版，第360页。
③ 〔美〕埃里希·弗洛姆：《健全的社会》，欧阳谦译，北京，中国文联出版公司，1988年，第1版，第362页。
④ Erich Fromm, *The Sane Society*, London: New York: Routledge, 1991, p.351.
⑤ 《马克思恩格斯选集》第1卷，北京，人民出版社，1995年，第2版，第9页。

同时精神理论也不可缺少，而且正确的理论能大力促进革命的进程。比较而言，弗洛姆的理论和设想就有如"批判的武器"，不一定适用于"武器的批判"。

弗洛姆对人自我的拯救理论，是从个体的心理革命和总体的社会变革两个大的方面进行的，他对各个领域和层面的分析都比较深刻透彻，提出的措施也比较具体，有较强的针对性，这些都表现了弗洛姆以人为本的基本思想，显示了他对现代人的生活现状的忧虑，同时也体现了他对人的深切关怀之情，以及他对人所抱有的乐观主义态度。无疑，弗洛姆的人学是一种革命的理论，它是关于人本身的革命理论，但这种革命主要是心理层面的，至多也只是文化、艺术和哲学层面的，它缺少与物质武器相结合的特质，不是能够直接用于物质革命的理论，这是弗洛姆的心理革命和社会革命理论的硬伤。大多数西方马克思主义者都强调艺术的革命性和批判性，在他们的文艺美学理论中提出了现代人必须走艺术革命、艺术解放的道路。威廉斯也认为，"文艺以其文化的形式参与了对社会的改造，因此，在文艺作品面前，社会关系不仅能够被接受，也能够被创造、被改变"①。弗洛姆的心理革命和文化变革思想就是这种观点对现实中的个体和社会的变革的具体设计，他的心理革命是要塑造健康自然的自我，他的文化变革思路是塑造健康的个体人格，他设想在这个异化的社会里，用艺术的革命性和批判性来改变被异化的社会关系，这不是物质革命，更多是一种逃离或超脱物质现实，站在物质生活彼岸的幻想。虽然弗洛姆的社会革命理论涉及了经济变革、政治变革，但这些变革和他的文化变革设想一样，都不涉及社会制度本身，是在支持现行资本主义制度前提下的一种修修补补，所以整体来说它更像一种针对人的全方位的改革设想。但无论他所提出的设想和措施能否实现，毕竟他为改变现代西方社会的病态和异化的个体现状作出过全方位的努力，提出了较系统和周全的变革计划。也许这种设想只是一个美好的愿望，但为现代人提供了一个思想上的驿站、理想的栖息地、想象的空间，不管最后的结果如何，人们都会有意识或者无意识地渴望那样的生活，并努力朝那个方向奋斗。

人类为自由、为民主、为理性、为创造力、为爱等所作出的努力都

---

① 陈学明、王凤才：《西方马克思主义前沿问题二十讲》，上海，复旦大学出版社，2008年，第1版，第176页。

是对自我的救赎。生活在病态社会中的人总在幻想和设计与现实相反的美好世界，以拯救现实中受煎熬的人，这个幻想的美好世界就是乌托邦。乌托邦是人类对美好社会的憧憬。乌托邦文学是文学的一个流派类型，"乌托邦小说应该属于科幻小说大类，虽然它以哲学和社会理论作为它的起点"①。但乌托邦小说更多与政治、社会联系在一起，"乌托邦小说是科幻小说的一个社会政治亚文类，是社会科学小说，是受限于社会政治关系领域，或受限于关系人们命运的社会政治建构物的科幻小说"②。经典乌托邦文学的基本写作特点是，"以作者假设的价值标准或理想社会状态为参照，先对现实的丑恶和生活的弊病提出批评，再对社会未来的发展提出具体详细的改革方案。乌托邦小说的作者大都是思想家、政治家或哲学家，他们写作这类小说的目的不是记录生活或表现人生，而是展现自己观察生活的独特视角，阐明自己的思想和主张"③。对照这一论断，我们可以清楚地看出，弗洛姆人学的第一层次就是"对现实的丑恶和生活的弊病提出批评"，第三个层次就是"对社会未来的发展提出具体详细的改革方案"，弗洛姆人学理论体系展现他的独特视角，目的是阐明自己的思想和主张。为此，甚至可以说弗洛姆的人学理论本身就是一部乌托邦文学作品。通过探讨弗洛姆人学思想体系中的第三个层次——"自我的拯救"，我们可以从人学这一维度来研究像乌托邦文学那样，建立幻想基础之上的自我救赎主题的文学，或者用弗洛姆对救赎自我的设计来对比分析乌托邦文学或者反乌托邦文学。比如，在英国作家阿道斯·赫胥黎（Aldous Huxley，1894~1963）的被称为反乌托邦三部曲之一的《美妙的新世界》④ 中，与弗洛姆人类的救赎理论中设计的通过心理革命和社会革命的美好世界一样，对人类的灵魂和体质进行了五个方面的革命，但结果呈现给读者的是一个伦理错位、是非颠倒的世界。如果说弗洛姆人学理论的第三个层次——对人类自我的救赎所设想的是乌

---

① 〔英〕亚当·罗伯茨：《科幻小说史·序言》，马小悟译，北京，北京大学出版社，2010年，第1版，第viii页。
② 〔加拿大〕达科·苏恩文：《科幻小说面面观》，郝琳等译，合肥，安徽文艺出版社，2011年，第1版，第158页。
③ 潘一禾：《经典乌托邦小说的特点与乌托邦思想的流变》，《浙江大学学报》（人文社会科学版）2007年1月第37卷第1期，第88页。
④ 苏联叶·扎米亚京的《我们》、英国阿道司·赫胥黎的《美丽新世界》、乔治·奥维尔的《1984》被称为"反乌托邦"三部曲。

托邦的话，那么他理论的第一个层次所描绘的社会就是反乌托邦①。在《美妙的新世界》中，描述的是一个如此"美妙的新世界"：由于社会与生物控制技术的发展，一个人从生到死都受到控制，人类从基因和胎儿阶段就开始被统治，沦为垄断基因公司和政治人物手中的玩偶。因此，在这个"美妙的新世界"，正如弗洛姆人学理论的第一个层次所描述的现代西方社会及生活其中的现代人那样，人们没有了个人情感，没有了爱情——性代替了爱，也没有痛苦、激情和经历危险的感觉，而且他们失去了思考的权利，失去了创造力。

"乌托邦小说就其根本是一种讽刺文学，它的力量来自于故事中描绘的'理想'社会与大家所生活的不完美社会之间的隐含对比"②。对比的最终目的就是救赎。弗洛姆人学与乌托邦文学一样，是一种自我救赎的表征。弗洛姆人学是弗洛姆对病态社会的写实，并在充分利用他的心理学知识、继承和发展弗洛伊德及马克思的理论和方法的基础上，对西方社会的社会心理学式诊断，然后描绘出他的理想社会。

弗洛姆的人学理论与乌托邦文学高度契合。我们可以说，与文学中同类主题的作品一样，弗洛姆为拯救自我而提出的革命设想是"幻想彼岸自我的救赎"。

---

① 这里是比较笼统的说法，更确切的说法应该是"讽刺的乌托邦"。
② 〔英〕亚当·罗伯茨：《科幻小说史·序言》，马小悟译，北京，北京大学出版社，2010年，第1版，第ix页。

第五章　弗洛姆的人学思想与文学

文学是与很多其他学科紧密联系在一起的，比如历史、哲学、艺术、心理学，甚至科学和技术等。文学中有不少历史题材的作品，莎士比亚的历史剧就是一例。文学所反映的主题归根结底是哲学所要探讨的问题，我们前面提到的法国存在主义哲学家萨特的文学作品《恶心》就是这样的作品，它在文学作品里反映作者的某种哲学思想，"表面上看，《恶心》呈现的（哲学）图景完全是消极的……同时也为萨特对哲学意义的积极陈述铺平了道路，即5年后所出版的《存在与虚无》"[①]。弗洛姆的人学思想与文学存在着内在的相关性，在前面的很多章节中我们用实例论证了这一观点。在这一章中，我们从人学与文学的关系、弗洛姆人学思想与人学的关系、弗洛姆人学思想在文学研究中的具体应用三个层次系统性地探讨弗洛姆人学思想与文学的联系。

第一节　文学即人学

文学即人学。马尔库塞在《单向度的人》一书的结论部分说过，"我们这个时代的真实面孔展示在塞缪尔·贝克特的小说中；我们时代的真实历史写在罗尔夫·霍希华特的剧本《代理者》中"[②]。文学与社会、历史等因素紧密相关，而社会是由人组成的，是人的社会，历史也是人的历史，"人是宇宙的主体，一切只有与人发生关联，才能引起我们的注意，才具有意义，因此，科学、宗教、文学艺术的出发点是人，归宿也

[①] Alistair Rolls and Elizabeth Rechniewski, eds., *Sartre's Nausea*: *Text*, *Context*, *Intertext*, Amsterdam, New York, 2005, p. 111.

[②] Herbert Marcuse, *One-Dimensional Man*: *Studies in the ideology of advanced industrial society*, London and New York: Routledge, 2007, p. 251.

是人；由此而言，文学就是人学，这不仅由于文学过程离不开人的活动，还在于文学体现人的本质力量，文学服务于人的目的性，服务于人的本质和人的命运"①。这段话中虽然隐含着人类中心主义思想，但单从人、人的社会、人学、文学的联系来讲，人学与文学之间的关系密不可分。高尔基1928年在一个公开场合曾表达过"文学即人学"的观点。② 对于这个观点，在中国也有过热烈的讨论。钱谷融先生的《论"文学是人学"》一文1957年5月在《文艺月报》上发表以来，引起过持久的批判和争论，在那篇文章中，钱先生从文学的任务、作家的世界观与创作方法、评价文学作品的标准、各种创作方法之间的区别、人物的典型性与阶级性等五个方面，来阐释"文学是人学"的观点。由于历史的原因，人的本性受到压抑，文学与人的关系问题同样被歪曲。改革开放之后，"'文学是人学'再度张扬，成为新时期文艺学的一个辉煌响亮的口号"③，23年之后的1980年，在《论〈文学是人学〉一文的自我批判提纲》中，钱先生仍然坚持自己的观点，"我认为谈文学最后必然要归结到作家对人的看法，作品对人的影响上"④，可见该论题永恒的理论价值和实际指导意义。文学无论如何都离不开对人的问题的描写、探讨和揭示，文学创作、文学接受、文学批评、文学史、文学理论等与文学相关的各个领域都与人或者人的问题息息相关。文学从理论和实践的角度提出和探讨人的问题成为必然，"文学是人学"这一命题在新时期"作为一个颇富政治色彩的文学观念被重新提出……充分显示了其不断扩大的理论空间和持续发展的生命力"⑤。

从人学自身的本质和发展的角度来说，"人学需要广泛吸收与人有关的各门自然科学和社会科学的成果作为自己研究的资料和立论的根据，

---

① 朱立元主编：《法兰克福学派美学思想论稿》，上海，复旦大学出版社，1997年，第1版，第257页。
② 1928年6月12日高尔基被选为苏联"地方志学"的成员，他在庆祝会上致词时，把自己主要从事的文学工作称为"人学"。1931年7月，高尔基在《谈技艺》中，在谈到当时的苏联文学时，再次指出，"我认为这种文学是'民学'，即人学的最好的源泉。"
③ 张婷婷：《文学是人学：一个辉煌的命题——"新时期文艺学20年"的反思之一》，《文史哲》1999年第1期，第64页。
④ 钱谷融：《论〈文学是人学〉一文的自我批判提纲》，《文学研究》1980年第3期，第8页。
⑤ 张婷婷：《文学是人学：一个辉煌的命题——"新时期文艺学20年"的反思之一》，《文史哲》1999年第1期，第64页。

而与人有关的各门科学也需要人学为它们提供研究人的问题的理论指导"①。人学研究人的问题，探讨人的生存、人的需要、人的本质、人的性格、人的自由、人的发展等问题，当然这些探讨离不开人所在的社会，正是人构成了社会，人又生活在一定的社会之中，可以说，人学研究社会中人的问题。文学源于人的生活，表现人的生活，展示人的情感，研究人的灵魂，揭示人的社会。"文学史，就其最深刻的意义来说，是一种心理学，研究人的灵魂，是灵魂的历史"②。同时，从文学的审美性来看，审美就是要从人的社会生活和劳动中去发现人的价值，探寻人生的意义，即文学审美的对象是社会中的人，"文学对生活的反映具有超越生活现象，表现人的价值，追寻人生意蕴的特点"③。文学离不开人，文学是对人的关注，"人始终居于文学所表现的一切生活现象的中心"④。而人学所关注和探讨的对象就是人。所以，"文学就是人学"这一论断确实有十足的理由。

人性是文学的核心，"文学人物的一切活动必须以人性为依据"⑤。文学经典是对人性的揭示，作品没有了与人学的这种相关性，不去揭示人物的人性，它就很难称得上是优秀作品或者文学经典。"如果把'世界文学'作为参照系数，那么除了个别优秀作品，从总体上来说，20世纪中国文学对人性的挖掘显然缺乏哲学深度。深层意识的剖析远远未得到个性化的生动表现。大奸大恶总是被漫画化而流于表面。真诚的自我反省本来有希望达到某种深度，可惜也往往停留在政治、伦理层次上的检视。所谓'普遍人性'的概念实际上从未被本世纪的中国文学真正接受。与其说这是一种局限，毋宁说这是一种特色。人性的弱点总是作为民族性格中的痼疾被认识被揭露……"⑥ 可见，大凡优秀的文学作品，都能从哲学的深度来塑造人物，它们能"拷问"人物的灵魂，表现人物的深层意识，剖析"普遍人性"，对自我进行真诚的反省，而不是流于

---

① 陈志尚主编：《人学原理》，北京：北京出版社，2005年，第1版，第6页。
② 〔丹麦〕勃兰兑斯：《十九世纪文学主流》（第一分册·流亡文学），北京，人民文学出版社1980年，第1版，第2页。
③ 刘安海、孙文宪：《文学理论》，武汉，华中师范大学出版社，2003年，第1版，第36页。
④ 刘安海、孙文宪：《文学理论》，武汉，华中师范大学出版社，2003年，第1版，第36页。
⑤ 裴毅然：《文学与人性》，《文艺理论研究》，1999年第5期，第10页。
⑥ 钱理群、黄子平、陈平原：《20世纪中国文学三人谈》，北京，人民文学出版社，1988年，第1版，第12页。

表面的、浅层次的漫画式素描，或者是政治、伦理上的说教。换句话说，从哲学层面探讨对人性的认识、剖析人的性格等人学问题，决定着文学作品的思想深度。

可见，人学与文学有着多层面的联系。人学为文学创作、文学接受、文学批评等方面提供理论依据；反之，文学是对人学思想理论的实践和表征。从上述人学与文学的总体关系中我们可以推断，弗洛姆的人学思想不可避免地与文学存在着密切联系。

第二节　弗洛姆人学理论与文学活动的理论链接

人文主义学者艾伯拉姆在批判离开人的主体意识对文本进行解读的解构哲学的虚无主义倾向时曾说过，"文学从来就是人写的、写人的、为人写的"①。因此，通过从"自我的迷失"、"自我的找寻"、"自我的拯救"三个逻辑层次建构弗洛姆的人学思想，可以凸显文学作品在这三个层面对人性的揭示和表征，文学中的异化主题、社会批评意识、乌托邦描写等与之相契合，尤其是用来解读现代作品，"从现代以来直到当代，中外小说似乎越来越倾向于从心理层面，也就是从'人物的更深层存在——内心世界'来进行小说艺术的探索"②。我们还可以从心理学视角探讨弗洛姆的人学思想对文学创作和文学接受的影响，因为大凡作家的创作心理和读者的接受心理都会受到一定心理哲学理论的影响。而且我们还可以通过弗洛姆人学理论中对人与人、人与自我、人与社会、人与自然等关系的阐释，丰富和发展文学批评中生态伦理批评的理论和实践等。因此，在建构弗洛姆的人学思想体系的基础上，探讨弗洛姆的人学思想与文学的关系，不仅有利于深化弗洛姆人学思想的研究，还有利于丰富和发展文学理论，帮助拓展文学创作思路及深度，扩宽文本解读视域。反过来说，从文学角度研究人学，不仅有利于人学理论的实践，还能帮助人的发展，真正达到人学研究的目的，"文学与其他学科的沟通有

---

① 转引自盛宁：《人文困惑与反思——西方后现代主义思潮批判》，北京，三联书店，1997年，第1版，第104页。
② 姚建斌：《乌托邦文学论纲》，《文艺理论与批判》2004年第2期，第63页。

利于人的全面发展"①。

一、丰富文学批评理论

马克思主义自诞生以来,对当代世界具有深远的影响,对资本主义社会产生了摧毁性的批判。马克思主义文论在20世纪西方文学领域也占有重要地位。然而,在西方马克思主义者看来,马克思主义在一些方面需要修正和发展。比如"阶级"这个词无论是在马克思主义的经济学、哲学和社会学范畴内,还是在马克思主义文学理论中都是一个重要的概念,时至今日,它依然是一个争议不断的概念,人们在阶级的定义上并没有达成共识,一些人仅仅从经济角度去划分阶级,把它视为一种经济现象;一些人却认为阶级不仅包括经济状况,还包含文化维度。在埃里克·赖特(Eric Olin Wright)②编辑的《如果阶级是个问题,答案是什么——阶级分析的六种方法》(If Class is the Answer, What is the Question? —Six approaches to class analysis)一书中就说,"一些社会学家宣称,阶级正在消失,他们认为人们不再按照阶级来塑造稳定的身份,因此,他们也不再在阶级的基础上来确定他们政治行为的方向;而另一些人则提出,阶级在当今社会仍然是一个还得持续下去的特征,他们认为一个人一生中的经济前景总是在很大程度上取决于他们各种有经济价值的资产"③。为此,编者选择了从新马克思主义(neo-Marxist)、新韦伯主义(neo-Weberian)、新涂尔干主义(neo-Durkheimian)、布迪厄(Pierre Bourdieu's)、基于租的(rent-based)、后阶级(Post-Class)这六个视角来分析阶级的论文,对这个我们日常生活中经常碰到的既简单又复杂的概念进行阐释和定义。对于阶级这个概念的不同理解、阐释和界定,使之成为一个理论热点,并被文学研究者吸收到文学理论之中,成为他们

---

① 胡亚敏:《比较文学教程》,武汉,华中师范大学出版社,2004年,第1版,第145页。

② 埃里克·欧林·赖特(Eric Olin Wright),是美国威斯康星—麦迪逊大学社会学系教授,他对阶级的研究著述颇丰,主要相关代表著作包括:《阶级、危机和国家》(Class, Crisis and the State, 1979)、《阶级结构与收入决定》(Class Structure and Income Determination, 1979)、《阶级》(Classes, 1985)、《有关阶级的辩论》(The Debate on Classes, 1990)、《拷问不平等》(Interrogating Inequality, 1994)、《阶级说了算:阶级分析的比较研究》(Class Counts: Comparative Studies in Class Analysis, 1997)。

③ Eric Olin Wright, ed., If Class is the Answer, What is the Question? —Six approaches to class analysis. Cambridge, New York: Cambridge University Press, 2005, Introduction, p. 2.

研究文学作品和现象的一个关键词,这就极大地丰富了文学理论,对文学理论的发展起着积极的促进作用。

　　弗洛姆的人学思想就是具有这种潜力和特征的理论,可以被吸收、借鉴和应用到文学研究活动之中。虽然像其他基于马克思主义延伸发展而来的各种西方马克思主义文学理论一样,也许它还存在这样那样的局限性,"但这都并不足以否定他们在对当代发达资本主义社会文化、文学研究方面的突出贡献"①。弗洛姆本人就认识到人学与文学研究的关系,在著作中,他多次运用自己的理论阐释文学作品,或者用作品中的人物或情节来论证他的理论观点,使二者相得益彰。比如在《人性的追求》中,弗洛姆为了说明人的理性的作用,以及人的生存境遇时就说过,"由于失去了乐园,即失去了与自然的协调,人成了永恒的流浪儿(如奥德赛、伊迪博、亚伯拉罕、浮士德)"②。在阐释人的本性时,弗洛姆在《人心——人的善恶天性》中提到了诸多文学作品或母题之源——《圣经》中的人物故事,运用他人的本性理论丰富了人们对作品的解读,"非自身的原因,该隐没有得到父亲的青睐,他怒而杀死了被父亲宠爱的弟弟的故事,还有约瑟和他的兄弟们的故事等等都是猜疑和嫉妒的经典版本"③。在阐释"创发性"这一概念的含义时,他说,"歌德和易卜生以诗的形式,美妙地描述了'创发性活动'这一概念"④,并引用他们的作品作进一步解释。在说明虐待狂的共生关系时,他说,"巴尔扎克在他所著《幻灭》一书中列举了一个关于仁慈的虐待狂的典型例子。他描述了年轻人吕西安和伪装为神甫的囚犯卡洛·埃雷拉之间的相互关系"⑤,随后引用了神甫所说的一段话。在阐述逃避自由的心理机制时,弗洛姆又一次把巴尔扎克的作品作为例证,"巴尔扎克在《发明家的苦难》里

---

① 冯宪光:《西马文论是非论》,载《文学评论》2012年第3期,第14页。
② 〔美〕埃里希·弗洛姆:《人性的追求》,王建康译,上海:上海文化出版社,1989年,第33页。
③ Erich Fromm, *The Heart of Man: Its Genius for Good and Evil*, New York: Harper & Row, 1964, p.24.
④ 〔美〕埃里希·弗洛姆:《寻找自我》,陈学明译,北京,工人出版社,1988年,第1版,第119页。
⑤ 〔美〕埃里希·弗洛姆:《寻找自我》,陈学明译,北京,工人出版社,1988年,第1版,第140页。

的一段话里,深刻地描绘了逃避精神孤独的这种迫切需求……"① 在说明现代人的自利时,他写道,"对于现代人的那种对自利的荒谬理解,再也没有比易卜生在《塔尔·金特》中所描述的更为淋漓尽致的了"②。并引用作品中人物的自我描述对所提观点作进一步论证。弗洛姆在说明极权主义和权威时,他把卡夫卡的《审判》作为例子③,并引用了希腊悲剧作家索福克勒斯的作品,"在希腊悲剧作家索福克勒斯的《安提戈涅》一剧中,对这种观点作了经典表述。其中克瑞翁就父母的权威发表了如下著名演讲……"④ 还有在评述弗洛伊德的性格理论时,他曾说,"弗洛伊德所重视的这个问题亦是伟大的小说家、剧作家通常所认识到的:如巴尔扎克说过,性格的研究涉及产生人的行为的动力问题"⑤。人学就是谈论艺术的主体——人的问题,寻找迷失的自我也就是为了寻找文艺的主体,包括创作过程中的主体、作品中的主体和文艺消费中的主体。

作为融合弗洛伊德主义和马克思主义两大批判理论的弗洛姆人学思想,把现代资本主义社会和生活在其中的个体作为自己的研究对象,从心理学、社会学、经济学、哲学、文化等层面对他们进行剖析、批判和审视。弗洛姆的人学理论对西方社会和个体的现状天生具有否定性和批判性,是对现实世界的否定,正如阿多诺所说,"艺术是对现实世界的否定认识"(Art is the negative knowledge of the actual world)⑥。弗洛姆的人学思想是革命的,它不仅对现实社会进行有力的批判,还设计出较完备的心理革命和社会革命的理论体系,以拯救西方现代病态社会和异化人,他的人学理论体系富于革命性。马尔库塞在他的"形式美学"思想中宣称,艺术天生就是革命的,"艺术和异化的社会保持着距离,艺术对社会

---

① 〔美〕埃里希·弗洛姆:《逃避自由》,刘林海译,北京,国际文化出版公司,2002年,第1版,第13页。

② 〔美〕埃里希·弗洛姆:《寻找自我》,陈学明译,北京,工人出版社,1988年,第1版,第177页。

③ 〔美〕埃里希·弗洛姆:《寻找自我》,陈学明译,北京,工人出版社,1988年,第1版,第218页。

④ 〔美〕埃里希·弗洛姆:《寻找自我》,陈学明译,北京,工人出版社,1988年,第1版,第198页。

⑤ 〔美〕埃里希·弗洛姆:《在幻想锁链的彼岸——我所理解的马克思和弗洛伊德》,张燕译,长沙,湖南人民出版社,1986年,第1版,第77~78页。

⑥ Bloch, Ernst, Lukacs, Georg, Brecht, Bertolt, et al., *Aesthetics and Politics*, London: NLB, 1980, p. 160.

现实的异化孕育着革命。因为艺术的美学的形式用对普遍人性的欢呼，来对孤立的资产阶级个人作出反应；用对美好灵魂的褒奖，来对肉体的堕落作出反应；用对内心自由价值的坚持，来对外部的奴役作出反应"①。马尔库塞的这段话似乎是为弗洛姆的人学思想量身订做的，他的描述从几个层次精确地道出了弗洛姆人学思想的性质、功能和特征。因此，弗洛姆的人学思想可以很自然地被纳入到艺术理论范畴，应用于艺术中的文学领域，用以指导和发展文学相关研究，成为文学理论的一部分，就如他所综合的两位前辈——马克思和弗洛伊德的理论成为文学批评的两大流派而深深影响文学研究那样，相信弗洛姆的人学思想也会丰富文学批判理论，进而进入并影响文学研究这个阵地。

二、拓展文学创作思路及深度

文学是作家审美地认识社会生活的产物，它总是同社会生活联系在一起，比如社会思潮、学科发现或理论。弗洛伊德的精神分析学说就直接影响一些作家的创作以及文学批评和研究活动，"精神分析学说对文学的影响是相当客观的。创作方面，它直接影响了现代西方的一大批作家及意识流、新小说等创造法与流派"②。这是因为文学与心理学都是对人的描写、认识和揭示，它们都涉及人的心理，"以弗洛伊德等人为代表的精神分析学文论，则发现了'无意识'在人的心理活动中的重要地位，并由此出发，对文艺现象作出种种独特的解释，揭示出许多过去被忽视的文艺创作与接受的重要心理特征，在20世纪西方文论中发生了深远影响"③。可以想见，弗洛姆的人学思想是在继承和发展马克思和弗洛伊德的理论精华的基础上，面对西方社会实际现状发展而成的，它是研究人的系统化理论，只要我们不断关注和发掘，除了对文学理论的影响之外，它同样还会影响文学创作。因为"所谓'文学'，其实是按照文学批评所设想的形象来'建构'而'制作'出来的"④。

---

① 转引自陈学明、王凤才：《西方马克思主义前沿问题二十讲》，上海，复旦大学出版社，2008年，第1版，第175页。

② 陆扬：《精神分析文论》，济南，山东教育出版社，1998年，第1版，第6页。

③ 朱立元主编：《当代西方文艺理论》，上海，华东师范大学出版社，1997年，第1版，第2页。

④ 〔英〕拉曼·塞尔登等：《当代文学理论导读·总序》，刘象愚译，北京，北京大学出版社，2006年，第1版，第8页。

在文学创作过程中，作家面对一定的社会现象，在深刻认识其本质之后，会产生强烈的创作冲动或愿望，此后，一个重要的环节是形象思维，或称艺术思维，"它是指创作过程中物理的对象和心理的对象始终以审美的具象化的形式存在于创作主体的头脑中，作家在对其进行选择、加工、虚拟、假设、延伸、发展的同时，把自己的思想感情和审美观念渗透其中，构思出生动的艺术形象的思维过程和思维方式"①。如前所述，弗洛姆的人学思想深刻地认识病态社会和置身于其中的异化人，精准地剖析了人的生理世界、精神世界。借助这些理论，作家就能更清楚地认识社会本质，看透现代西方社会中的人，特别是人的心理，在融入自己的思想情感和审美观念的同时，对西方现代社会和人进行"选择、加工、虚拟、假设、延伸、发展"，按照弗洛姆的人学理论所勾勒的整体社会和个体本质，来"建构"和"制作"出符合现实、反映本质的文学形象。比如通过人物心理描写，能够直接深入到人物的心灵，展示人物的内心世界，表现人物丰富而复杂的思想感情，反映人物性格，使文学作品中的人物形象更具立体性，使之更为完整和真实，同时，还能反映人物所处的历史背景和社会现实。在人物心理塑造过程中，作家能够借助弗洛姆的人学理论来更好地达到这一目的。在反映现代西方社会和人的异化本质方面，卡夫卡的《变形记》、艾略特的《荒原》、萨特的《恶心》、贝克特的《等待戈多》、尤奈斯库的《犀牛》等现代西方文学经典，无不入木三分，虽然这些作家不一定或完全没有受到弗洛姆的人学思想理论的影响，但二者相互印证。可以想见，作为弗洛伊德精神分析学派的一个重要继承者和发展者，很有可能，弗洛姆会以他的人学理论影响无数后来者的文艺创作。

另外，弗洛姆的人学思想理论还能帮助我们探寻作家创作的机制，更清楚地了解文学创作这一情感和内心体验活动，同时作家本身也能从中认识到自己创作活动的本质。弗洛姆在弗洛伊德的无意识和荣格的集体无意识的基础上提出了社会无意识的概念，语言、理性逻辑和社会禁忌作为社会过滤器造就了社会无意识。文学创作就是作家内心体验的过程，是作家超越社会意识，体验和审视自身的审美过程，因此，艺术创作的逻辑与社会理性逻辑是相冲突的，"要理解艺术的创作心理，就必须

---

① 刘安海、孙文宪主编：《文学理论》，武汉，华中师范大学出版社，2003 年，第 1 版，第 206 页。

从社会意识和社会无意识在艺术状态的矛盾中去寻求,艺术的创造状态是社会无意识和社会意识相互冲突调和的过程;作家是社会无意识和社会意识冲突的综合体,在这个综合体中,社会无意识的活跃性、社会意识的压抑程度,决定着作家哪些情感和内心经验进入艺术作品"①。

三、扩宽文本解读视域

弗洛姆的人学理论从心理学和社会学层面历史地描述了病态的现实和自我迷失的现状,还较科学系统地剖析了自我,并提出救赎自我的可能性和具体措施,他的这一理论体系不仅为作家的创作活动提供了理论参照,同时也为读者对文学文本的解读增添了又一理论框架,为读者的接受活动起到了开阔视野的作用。

通过两次转移,文学研究的重点从作家转移到作品之后,落脚到了读者及其接受方面。没有读者的参与,文学活动不可能是一个完整的过程,甚至可以说是一个没有终点、被夭折了的过程。作家的创作只是生产了文本这个产品,产品如果不被流通、销售和使用,它就失去了交换价值和使用价值,很大程度上讲,文学作品的价值掌握在读者手中,在读者的消费过程中体现。读者对文学文本的阅读不仅是一种理解和消遣活动,还是一种消费和生产过程。作者生产了文本,读者生产了文本的意义,并使之得以传播和留存。

> 文学产品的价值在文学消费中才得以完成,一个完整意义上的文学生产周期并非以作家创造出一部文本为终结。一部作品,无论写得如何精彩,倘若未能出版,或印出来了却未被读者购买和阅读,那么,它就只是一部潜在的可能的作品,它的艺术价值和社会价值将无法得到实现,其认识、审美和文化等属性也不能得到体现。只有经过读者大众的消费,文学产品才成为现实的产品,文学生产才真正完成。②

---

① 朱立元主编:《法兰克福学派美学思想论稿》,上海,复旦大学出版社,1997年,第1版,第279页。

② 童庆炳主编:《文学理论教程》,北京,高等教育出版社,2004年,第2版,第311页。

在文学活动的最后一站——读者的消费（同时也是意义生产）过程中，不难想象，读者在解读作品的同时，就会自觉或不自觉地尝试剖析作品中人物的自我，回到现实中就会试图感知自我的完整性和真实性，还可能将现实中的自我与作品中人物的自我作一番比较和探究，加深对作品的理解和对自身的生存现实的认识。因此，弗洛姆丰富的人学思想在我们研究和解读文学作品时，能够启迪我们的思维、扩宽我们的研究视野，使我们在研读作品时更深入地探视人物的内心，并把它与社会和历史联系起来，因为弗洛姆的理论本身就是这样做的。我们从一个人的言行中，就会看到人物的性格特征，根据弗洛姆的社会性格和社会无意识理论，还会联想到人物或者情节的社会背景和历史背景，想到社会性格和社会无意识对人物和情节发展的无形影响、操纵和控制，不知不觉中就把研究视野扩大到社会和历史的层面，把人物的言行、内心世界、现实世界甚至历史都联系在一起，从而更深入和准确地理解作品、把握人物。反过来说，读者从对作品的解读中也能更透彻地认识社会和历史。

　　西方马克思主义理论对我国文学界有着特殊意义，"在诸多新学、新论中，西方马克思主义始终是我国文论界非常重要的理论参照之一，可以说，中国学者对诸多文论基本问题的重新界定和思考，端赖于对西方马克思主义基本理论走向的逐步了解"[1]。作为西方马克思主义理论的一部分，弗洛姆的人学思想除了上述中外文学共通的文学前景之外，针对我国的实际情况，它具有另外的理论意义和价值，特别是改革开放以来，"随着我国社会主义市场经济的发展，一场势不可挡的思想解放运动蓬勃兴起。一方面，人的发展问题、人性问题、人道主义问题以及异化问题等，都被人们重新提了出来，并引起热烈的讨论；另一方面，各种西方文艺思潮蜂拥而至，我国理论界用了不到20年的时间，就从现实主义一跃而进入了后现代主义，走完了西方理论界半个多世纪的历程"[2]。它有助于促进我国马克思主义文艺学理论的进一步发展。弗洛姆的人学思想是对马克思主义的继承和发展，通过研究弗洛姆的人学思想体系，我们能更清楚地认识到马克思主义文艺学的科学性、动态性和发展性。马克

---

[1] 马驰：《西方马克思主义与中国当代文论》，开封，河南大学出版社，2010年，第1版，第93页。

[2] 马驰：《西方马克思主义与中国当代文论》，开封，河南大学出版社，2010年，第1版，第143页。

思主义文艺学指导我们的文艺学研究,从弗洛姆的人学思想继承和发展了马克思主义人学思想这一角度来讲,研究弗洛姆的理论,其实就是发展了我国的马克思主义文艺学理论。它还有利于开拓对马克思主义文艺理论接受观念,使我们的接受观念更加多元化。马克思主义是开放的科学,是发展的科学,弗洛姆的人学思想是对马克思主义的这一特征的最好诠释。研究弗洛姆人学思想的目的就是了解它,认识它,接受它,使它为我们所用。接受弗洛姆的人学思想,就是开放性地接受马克思主义的文艺理论,就是对我们接受马克思主义文艺理论观念的开拓。而且,研究弗洛姆人学思想,还会产生许多其他方面的现实意义和价值,如从社会学的角度讲,当今我们大力提倡建立"以人为本"的和谐社会,弗洛姆的思想对创建和平世界及和谐社会的事业和美好前景具有强烈的现实启示作用和借鉴价值。从经济学和生态学的角度看,其理论对中国现阶段的某些地方过分注重经济发展而忽视环境保护的理念和行为敲响了警钟。我们可以用弗洛姆的人学思想理论来审视现实,反思自身:我们的社会是否有病态的征兆?我们的政治生活、经济生活、社会生活是否十足健全?我们都具有热爱和平的意识、为争取和平而有所付出吗?我们每个人是否渴望爱、拥有爱、真心地去爱?个体与他人、与世界的关系是和谐、融洽、自然的吗?人与人之间、人对自然界的一切事物充满了真正的爱吗?在追逐经济效益的过程中,我们的人格是否变形,我们的理性是否存在,我们的自我是否依然完整,我们的理想是否依旧崇高?作为杂家的弗洛姆的思想,由于是对人的全方位的分析和研究,它的应用前景是广阔的,它不仅对西方现代社会有实际意义,对当代中国社会的研究也有可供借鉴之处,它不止于对文学领域有理论价值和实际指导价值,其他领域的理论也都能从中得到它们需要的滋养。

第三节　弗洛姆人学理论在文学文本解读中的具体运用①

如前所述,弗洛姆的人学理论可以在理论层面促进和丰富文学活动,比如文学创作过程、生态批评等文学理论,它还可以应用于具体文学文

---

① 这一节的主体内容曾以题为"被过滤的克隆人"的论文形式发表于《外国文学研究》2014年第2期,第104~111页。

本的解读活动中。下面我们运用弗洛姆人学理论中的社会无意识和社会性格理论,对《千万别丢下我》这一科幻小说中的人物和主题进行解读,探讨弗洛姆人学理论在文学研究活动中的可操作性,并从中窥探人类、科技、文学与弗洛姆人学之间的关系。

一、不可理喻的人物

英语文学界享有盛誉的"布克奖"(Booker Prize)获得者、被誉为"英国文坛移民三雄"之一的日裔英籍作家石黑一雄(Kazuo Ishiguro,1954 ~)文风细腻而优美,作品表现出国际化的文化特质,蕴藏着极强的穿透力。为此,他的作品成为一部部"现代经典",读起来难以释怀,评起来回味无穷。2005 年 4 月,他的第六部长篇小说《千万别丢下我》①(*Never Let Me Go*)问世,当年就获得英国布克奖提名、美国全国书评家协会奖(National Book Critics Circle Award)提名,被多家英美重要媒体列为年度最佳图书②,2006 年又获得美国图书馆协会亚历克斯奖(ALA Alex Award)等奖项。

《千》的叙述者——31 岁的凯茜(Kathy H.),是一位器官捐献者(donor)的看护员(carer),她回忆式地讲述这些为人类提供重要身体器官的克隆人的故事,其中交织着友谊、爱情和命运的悲戚。所有克隆人一开始生活在黑尔舍姆(Hailsham)那样的寄宿学校度过他们童年,当他们逐渐发育成熟之后,一般会当一段时间的看护员,最后一个阶段是捐献,并被安置在不同的看护中心,由看护员来照料,直到三四次捐献之后达到生命的终点。凯茜与另外两个克隆人汤米(Tommy D.)和露丝(Ruth)的童年就在英格兰乡下的黑尔舍姆度过。那里终年与世隔绝,孩子们在那里"快乐地"生活,"自由地"成长,"创造性地"学习,但他们不太清楚自己的身份,生活中充满着诸多迷惑、未知和神秘。

《千》出版以来一直是文学热点之一,学者们分别从不同角度对该作品进行了多种解读。小说缓慢的节奏、逼真的细节,以"回忆的形式,

---

① 以下简称《千》。
② 被《时代》周刊评为 2005 年度最佳小说、1923 年以来(至 2005 年)《时代》周刊百佳英语作品;被《纽约时报》列为百部值得关注图书;被《环球邮报》、英国广播公司列入年度最佳图书。

而不是其内容,很好地诠释了石黑倒叙手法的意义"①;海明威式的简洁语言,用"一个以英国乡村私立学校为背景的具有欺骗性的简单故事,把那些掩盖在似是而非的表象下的骇人听闻的事实缓缓展示出来"②。从体裁上来看,人们一般把《千》看作科幻小说,把它与被誉为"20世纪最经典的反乌托邦作品"之一的英国作家阿道司·赫胥黎的《美丽新世界》(1932)、获得布克奖的加拿大女作家玛格丽特·阿特伍德的《女仆的故事》(1985)相提并论③,认为"《千》是对这两部经典科幻作品的追忆",如同其他许多科幻作品所描述的"未来历史"一样,《千》也毫不例外,是"对我们如何生存、我们现在是谁等问题加以评论"④。对于作品所要表达的主题更是众说纷纭,是关乎人类未来还是人类的现实生存境况?是诉说人类与科技的伦理关系还是讨伐唯科技思想?是探讨人性还是追寻人类自由?是在高速发展的现代科技时代对什么是人这个古老话题的重新阐释还是诠释其他哲学问题?有人认为作品所要表征的是人与动物的关系,《千》"描述的是后人类的未来中,兽性代表非人性的失败,以掩盖人类对死亡的恐惧"⑤,也有人认为作品阐释的是作者非人性美学,"作品《千》始终没离开什么是人性这个问题……它提出了一个伦理观点,以完全不同的方式探讨基于对非人性认知的艺术和移情"⑥。比较多的评论则关注作品中的人物,其实也就是关注科技,"评论大多模仿小说本身的风格,一步步揭示作品的中心人物——克隆人:

---

① Shameem Black, "Ishiguro's Inhuman Aesthetics", *MFS Modern Fiction Studies*, Volume 55 number 4, Winter 2009, p. 804.

② Kazuo Ishiguro, "Never Let Me Go", http://www.npr.org/templates/story/story.php?storyId=4629918 May 04, 2005 12:00 AM/August 15, 2013.

③ 除此之外,在 Shameem Black 的 "Ishiguro's inhuman aesthetics" 一文中,作者把《千》与阿道司·赫胥黎的《美丽新世界》及乔治·奥威尔的《一九八四》作比较,后两者与俄国作家扎米亚京的《我们》并称为反乌托邦代表作。Mark Jerng 在他的论文 "Giving form to life: Cloning and narrative expectations of the human", *Partial Answers* 6/2: 369–393 中,把《千》与 Ira Levin 的 *The Boys from Brazil* (1976) 以及 Kate Wilhelm 的 *Where Late the Sweet Birds Sang* (1976) 中的克隆人做比较。

④ Keith McDonald, "Days of past futures: Kazuo Ishiguro's Never Let Me Go as 'speculative memoir'", *Biography*. 30.1 (Winter 2007), p. 76.

⑤ Eluned Summers-Bremner, "'Poor creatures': Ishiguro's and Coetzee's imaginary animals", *Mosaic* (Winnipeg). 39.4 (Dec. 2006), p. 146.

⑥ Shameem Black, "Ishiguro's inhuman aesthetics", *MFS Modern Fiction Studies*, Volume 55 number 4, Winter 2009, pp. 785–807, p. 786.

'《千》中若影若现的背景是基因工程，它与技术联系在一起'①。作者本人在一次受访中说过，"撇开虚构的成分，没有克隆人的话，'这小说确实是关于人类有限生命的真实故事。我们知道，我们都走向终点，我们会对自身一点点失控，在某个阶段死去，这是可怕而悲戚的事实……我们很清楚，这就是我们生命发生的背景'"②。

同时，学者们也对作品提出了种种质疑。有人说，《千》不过是按照著名的校园小说作家安吉拉·布拉西尔（Angela Brazil）的写作原则炮制出来的噩梦般的校园故事，从语言表述、经济等角度可以看出，小说的人物、情节等都不合乎情理，甚至不可置信。③ 人们对作品人物缺乏反叛意识和性格的质疑最为突出，"他们为什么不逃跑呢"④？为什么故事中的人物甘愿接受常人看来不可理喻的悲惨命运？什么造就故事中人物的性格，进而导致他们悲惨的命运？一些学者从存在主义的自由观、福柯的权利话语理论等角度对这些问题作了分析和解答。⑤ 文学作品的魅力在于它的多重解读。在石黑所构思的科幻作品《千》中人物的身上，我们可以读出弗洛姆所提出的社会性格和社会无意识，也正是在它们的作用下，故事中的人物才会不合常理地逆来顺受，遵从人类对他们惨无人道的命运安排，他们没有想到反抗，或者以逃跑的方式改变其悲惨结局。

二、社会性格——被操纵的顺从

弗洛姆认为社会性格是同一个相对稳定的社会或文化背景下，社会中绝大多数成员所具有的性格结构的核心，它是社会化过程中形成的，它对社会起着支配和稳定的作用。《千》中克隆人就是在人类社会这个大环境中的一个相当稳定的小世界；在这个小世界中，克隆人性格的核

---

① Gabriele Griffin, "Science and the cultural imaginary: the case of Kazuo Ishiguro's *Never Let Me Go*", *Textual Practice* 23 (4), 2009, p. 645.
② "The remains of the life: Booker winner Kazuo Ishiguro talks about his new novel, a haunting fable of hope and limitations", *The Bookseller*, Jan 21, 2005, p. 26.
③ 见 Philip Hensher, "School for scandal", *The Spectator*, 26 Feb 2005, pp. 32 – 33。
④ 浦立昕:《顺服的身体，臣服的主体——评〈千万别丢下我〉》,《当代外国文学》2011年第1期，第109页。
⑤ 参见郭国良、李春:《"宿命"下的自由生存——〈永远别让我离去〉中的生存取向》，载《外国文学》2007年第3期，第4~10页；以及浦立昕:《顺服的身体，臣服的主体——评〈千万别丢下我〉》，载《当代外国文学》2011年第1期，第108~115页。

心就是顺从；这种顺从的社会性格支配着克隆人的言行、稳定着他们所在的社会。

《千》中所有克隆人有着相同的双重社会和文化背景：人类社会这个大的背景和人类为他们特制的并包含其中的科技空间。在这个科技空间里的成员遵循着相同的生活方式，踏着相似的生活节拍，等待他们的是相同的生命终点。这些是他们的基本经验，是培育属于他们的那个社会和阶级的性格特点和性格结构的土壤。他们是附属于"正常人"所组成的人类社会的科技产物，他们生存的意义和价值就在于为"正常人"提供所需要的重要身体器官，这就是他们的阶级属性，所有这些决定了他们的性格。他们的性格特点中所体现的最主要的部分就是人类社会所想要的社会性格——逆来顺受，且毫无怨言，他们生存和接受教育的目的就是培养这样的社会性格，"这群对于自己的过去一无所知的孩子，在海尔香这所学校里同时还在接受她们的监护人居心叵测的另外一种教育，以使他们将来心甘情愿地去作'捐献'"①。

《千》中克隆人是人类生产的许多产品中的一种，他们的地位和境况犹如人所圈养的动物，甚至连猪狗都不如，因为夫人、艾米丽小姐这些管理者对他们充满了厌恶和恐惧，"夫人从来都不喜欢我们，她一直害怕我们，就像人们害怕蜘蛛这些东西"②；艾米丽小姐还亲口说过，"在黑尔舍姆的日子里，我自己每天都在努力克服对你们的恐惧，有几次我透过书房窗户向下看到你们，我心生厌恶……"③。动物被人宰杀的瞬间还会嗷叫，以示反抗，但凯茜们心甘情愿，从不会有丝毫反抗之念，器官被人攫取的时候他们会吞下人类为他们准备的止痛药，因为他们的性格里只剩下顺从的社会性格，这正是被人类精心培育出来的。

根据弗洛姆的社会性格理论，生活在社会中的人，总会与他人发生某种联系，社会性格就是在这样的社会化过程中形成起来的。在《千》中，无论是在黑尔舍姆，还是在村舍或者康复中心，虽然他们很少直接与外界发生联系，但是在他们的那一个个小世界中，克隆人之间、克隆人与监护者之间的社会化过程使个体受到他人和集体的影响。在凯茜她

---

① 朱叶、赵艳丽：《无奈的哀鸣—评石黑一雄新作〈千万别弃我而去〉》，《当代外国文学》2006 年第 2 期，第 156 页。
② Kazuo Ishiguro, *Never Let Me Go*, London: Faber and Faber, Ltd., 2005, p. 268.
③ Kazuo Ishiguro, *Never Let Me Go*, London: Faber and Faber, Ltd., 2005, p. 269.

们从黑尔舍姆初来村舍时,她们就开始关注那里的"老兵"的言行方式,露丝在这方面改变得很快,"她拼命把自己变成另一个人"①,她意识到自己和汤姆在黑尔舍姆调情的方式跟这里的完全不一样,"于是她在他人面前时的行为开始发生改变"②。来到村舍后,做爱方式也在社会化过程中发生改变:凯茜注意到,在村舍做爱是更平常的事,于是"我来村舍后不久就有了几个一夜情人"③;凯茜她们还观察到,当村舍的"老兵"要去"上课"时,"他们会离开四五天,但在此期间几乎没人会提及",于是,"我们也小心翼翼,不去提及他们"④。

  人的完整性格应该是个性充分发展的性格,而培养和发展人性格中的社会性格是为了发挥其社会功能。弗洛姆认为,"在一定的社会中,社会性格的功能是引导和操纵人的能力以使这个社会继续运作"⑤。培养群体的社会性格就是为了改造人的个性,加强对他们的操控和统治,以便社会能够稳固生存和延续下去。为此,在性格生成过程中,社会尽量抑制个体性格,甚至去个性化,鼓励和发展符合社会某种需要的社会性格。《千》中,顺从的社会性格生成之后,反过来,对克隆人这个人类科技生产出来的社会起到稳定作用,因为在这个人类为之特制的世界里,他们不需要表现出什么个性,与社会性格不大一致的个体性格在他们的生活中并不起什么作用。否则,他们就被当成异类,他们的个性会在社会化过程中被磨灭得掉,只剩下被社会大多数所接受的社会性格。人类需要从克隆人身上索取的只是他们的健康器官。为此,在人类看来,健康是克隆人的唯一目标,顺从地贡献器官是其唯一责任。像其他动植物制品和工业合成产品一样,人类培育的克隆人是没有思想和个性的动物,人类培养他们的动机是满足人攫取重要器官的需要。没有个性就是合格产品,即使有性格,也只选择性地培养其中毫无反抗之意,只会顺从人类意愿的社会性格,若生成了这样的社会性格,再加上健康的器官,人类生产这些科技产品的目的就达到了,这样的产品就是优等品。科技对人类起到了"关键"作用,衰竭的人体器官随时可以得到更新。如此,

---

 ① Kazuo Ishiguro, *Never Let Me Go*, London: Faber and Faber, Ltd., 2005, p. 130.
 ② Kazuo Ishiguro, *Never Let Me Go*, London: Faber and Faber, Ltd., 2005, p. 121.
 ③ Kazuo Ishiguro, *Never Let Me Go*, London: Faber and Faber, Ltd., 2005, p. 127.
 ④ Kazuo Ishiguro, *Never Let Me Go*, London: Faber and Faber, Ltd., 2005, p. 132.
 ⑤ Erich Fromm, *Beyond the Chains of Illusion: My Encounter with Marx and Freud*, New York: Simon & Schuster, 1962, p. 79.

克隆人的世界才不会动荡，人的社会也才会长久安定。

反之，那些不符合这种社会化的性格和言行显得与社会格格不入，会受到嘲讽和排斥。于是，社会化过程客观上又强化了社会性格的生成。小说的主人公之一汤米就是这样的"另类"：他的画与众不同，"他从未哪怕尝试过创造性"①，他从来没有在其他人热衷的春季交易会上拿出过一件东西，但他却想弄清楚一些问题的真相。为此，同学们作弄他，孤立他，疏离他。高二年级跑步时，在所有男生里面，唯独他没有同伴；"几乎每天都有对他恶作剧的消息，许多都是常见的恶作剧——在他床上放怪异的东西，在他的麦片粥里放毛毛虫——但有些确实恶心：比如有人用他的牙刷刷马桶，因此牙刷毛上沾满粪便"②。在黑尔舍姆监护人中，露西小姐也是一个异类，她认为应该告诉孩子们一切真相，否则就是欺骗。这种想法给经营克隆人这个科技世界的管理者们出了个难题，因为她在有意无意中向孩子们透露过一些真相。于是，露西小姐与她所属的那个社会出现了裂痕，与她所在的社会格格不入，她也因此被各种圈子里的其他成员所鄙视和疏离，直至抛弃，"她跟我们之间有些小矛盾"③。为此，露西小姐被迫离开，她被那个由管理者控制的社会所抛弃。从更高一个层次来看，小说里的黑尔舍姆在所有培育克隆人的寄宿学校中也是这样的例外，因为这里的管理者"异想天开"，力图证明克隆人也像正常人一样拥有灵魂。因此，其最终的结局是被高层管理者无情关闭，虽然那么多人为之留恋和惋惜。可以看到，弗洛姆所说的塑造社会性格的社会化过程，无论是在小说中克隆人的世界，还是在人类世界都普遍存在。《千》中人物的社会性格就是人类的操纵下、在克隆人世界和人类世界的双重社会化作用下形成起来的。

而且，人类对克隆人社会性格的操纵，还可以从弗洛姆对经济基础、社会性格、意识形态之间关系的阐释中得到进一步解读。弗洛姆认为，社会性格是经济基础和人物思想之间的中介物，并为一定的经济基础服务。《千》中人物在经济基础方面受制于创造、经营和管理他们的人类，他们的社会性格也正是在这样的经济基础上形成的，是人类社会为达到自己的目的而造就的，当然会受人类操纵。社会性格支配着人

---

① Kazuo Ishiguro, *Never Let Me Go*, London: Faber and Faber, Ltd., 2005, p. 10.
② Kazuo Ishiguro, *Never Let Me Go*, London: Faber and Faber, Ltd., 2005, p. 15.
③ Kazuo Ishiguro, *Never Let Me Go*, London: Faber and Faber, Ltd., 2005, p. 267.

的思想，《千》中人物的思想和理想就是在他们社会性格的基础上形成的。从弗洛姆的这一理论逻辑上可以推断出，《千》中人物令人不解的性格不再那么费解，因为在他们的意识中不会留存任何反抗的想法，符合常人思维逻辑的反抗因素被弗洛姆所说的社会过滤器挡在了意识的大门之外。

三、社会无意识——被过滤掉的反抗

弗洛姆认为社会无意识是在社会实践中获得的、没能通过社会过滤器（social filter）的那一部分无意识，它是最大多数成员所共同拥有的被压抑领域；生成社会无意识的社会过滤器由三个部分组成：语言、逻辑学和社会禁忌。我们几乎没有看到《千》中克隆人对其命运的怨恨或奋起反抗的举动，因为这些本该在社会生活实践中获得的经验被社会过滤器过滤掉了，没有机会上升到他们的意识层面，而只能永远停留在他们的无意识里，成为所有成员"共享"的社会无意识。由于一些规则和标准的存在，有些东西只能而且必须被压抑在社会中每个成员的无意识里面。《千》的故事中，一些现象与传统相去甚远，比如人物的姓氏大多被单个字母所取代，有的词汇被其他词汇所代替，有的行为和想法是大家都心知肚明的禁区。从弗洛姆的社会无意识理论来审视，所有这些无非是形成社会无意识的种种手段罢了。

在《千》中，我们看到了弗洛姆所说的社会过滤器的第一个部分——语言的作用。爱丽丝·F、戈登·C、凯茜·H、雷吉·D、汤米·D等等是《千》中一些人物的姓名，由于他们身份的无根性，在这个克隆人世界的文化里，本应代表个体独特身份并在日常生活中反复被提及和使用的姓氏变成多余的了，他们的姓氏在那个被人类控制的语言系统中被毫无意义的单个字母所替代，"语言通过它的词汇、语法和句法，通过固定在其中的整体宗旨来决定哪些经验能进入我们的意识之中"[①]。所以，在使用语言过程中，语言过滤器过滤掉了那些富于个体经验和情感的元素，姓氏就是其代表。姓氏成为他们的语言系统中被忽视的对象，这种感情或经验很难成为人们意识到的感情或经验，并达到意识的层面。这种遮蔽，对于克隆人来说是被迫的，因为每个克隆人都天生没有父母，

[①] Kazuo Ishiguro, *Never Let Me Go*, London: Faber and Faber, Ltd., 2005, p. 119.

他们是真正意义上的孤儿；对监护人来说则是故意的，因为这样做能避免克隆人对自己身份本源的追问和社会身份认同的欲望，让有可能勾起这一欲望的标志成为被忽视的对象，让克隆人的这类欲望在自己的情感和经验中泯灭，最终达到人类的这一科技产物不知不觉地为人类所控制，使他们存在的全部意义和价值只是为了满足人类的非人性需求。久而久之，在克隆人世界的文化中，他们的姓氏仅存于大家的无意识之中，人为地进化成他们社会无意识的一部分。

《千》中的人物在生活中（被）使用了一些比较特别的词语。比如把器官被人类攫取的行为（obligatory organ harvesting）称作"捐献"（donation），器官被攫取者称为（donor），第四次（最后一次）捐献后，他们就会达到生命的尽头，这一结果被叫作"终结"（complete）。从这些精心选择的语词来看，似乎在那些被人类攫取器官者的语言和意识中，捐献是他们主动的、自愿的行为，他们第四次捐献后生命的终结是他们光荣使命的完成。也就是说，在克隆人的社会中，"捐献"、"终结"等用来遮蔽事物本质、欺骗性地美化这些悲惨情感和经验的词汇是允许在生活中使用的。为此，这种情感或经验就能轻而易举地进入他们的意识中。从这里我们可以看出，语言这一生成社会无意识的过滤器的过滤功能发挥得淋漓尽致。一方面，它按照管理者的意愿，把一些语言表述挡在人们的意识之外，让它们所承载的意义和文化变成社会无意识的一部分；另一方面，它又为了同样的目的，把另外一些语言表述上升为日常生活中不可分割的一部分，让人们安心地做自己的事情，自觉地承担"理所当然"的义务。

逻辑学是特定文化中指导人们思维的规律，在《千》中我们也看到它的身影。在克隆人的社会里有他们自己的逻辑和规则，"你们会了解这些的，规定啦，诸如此类的东西"①。根据这些规则，他们会作出判断，并根据这些判断去实施和修正自己的行为。比如，她们知道自己那个圈子的人都不会怀孕、生孩子，因此在性方面也就没有了顾忌，性爱在他们看来是很平常的事；探访看护员也是不合适的，"这绝对不应鼓励，去探访他的话，那是非常不听话的"②。这些都是不同的生理构造导致的不同社会文化和行为规则；在黑尔舍姆，克隆人的世界与外面的人类世界

---

① Kazuo Ishiguro, *Never Let Me Go*, London: Faber and Faber, Ltd., 2005, p. 154.
② Kazuo Ishiguro, *Never Let Me Go*, London: Faber and Faber, Ltd., 2005, p. 150.

之间隔着神秘而恐怖的树林,二者有着不同的社会和文化背景,各自遵循着自己的规则,是两个截然不同的社会,分属两个不同的文化体系,小树林是他们规则适用范畴的边界:一男生跑进树林,后来发现被绑在树上,四肢被砍掉;一名女生爬过栅栏想看看外面的世界,为此她被永远阻挡在回归的大门之外,最终死在外面。这样的传说给其他人起到了威慑作用,告诉他们,生活在这个世界的逻辑和规则:越过栅栏是错误的,而且一定会得到严厉惩罚。树林是他们的生活禁区,不可跨越,于是偷越树林这样的事成了他们最不该做、最不敢做,也最不愿提及的事。慢慢地,在这样规则的作用下,逃跑或越过树林的想法在他们的意识中被自然而然地抹去,成为生活在那个社会所有人的无意识,他们顺从地待在人类希望他们该待的地方。监护者的表情和各种反应也是这些逻辑及规则的具体表达,它们明白无误地告诉凯茜们,哪些言行是正确的、自然的、普遍的、合逻辑的,哪些则是不正确的、不合逻辑的,因而不该说,不该做。通过这些逻辑和规则,他们在日常生活中会得到条件反射般的训练,于是,言行中需要禁止的那些元素悄悄溜进他们的无意识之中,成为那里的永久居民。可见,逻辑学的社会过滤作用也在克隆人的世界里为他们社会无意识的生成作出了贡献。

社会禁忌是社会过滤器的第三个组成部分,正如弗洛姆所说,它是社会过滤器中最重要的一个组成部分,它在《千》中人物身上也的确发生了重要作用。在这个特殊的小世界中,人类对克隆人健康器官的"收割"以及因此而死亡的事实是他们谈话的禁忌。这种有意识的语言行为就是弗洛姆社会无意识中的社会禁忌,其目的是为了把对人类的这个肮脏行为的任何直接表述挡在他们意识的大门之外,让它永久停留在所有克隆人的无意识之中,构成他们社会无意识的一部分,从而掩盖人类利用科技对他者的残忍、无耻、贪婪的攫取和掠夺,同时避免他们的抗争欲望。小说中这样的禁忌不仅仅表现在词汇层面,还表现在他们日常生活的其他方面。比如传说中的克隆人原型一次又一次激发他们的兴起和好奇心,但同时又让他们不安,于是这样的话题让他们有所顾忌,"我们都意识到接近我们不想进入的领域,论辩就戛然而止"[1]。同样,谈论已经离开的人也是一种禁忌,"我现在才想明白,在村舍谈论离开的人几

---

[1] Kazuo Ishiguro, *Never Let Me Go*, London: Faber and Faber, Ltd., 2005, p.139.

乎是一种禁忌"①。

在克隆人的世界,他们的社会和文化背景为他们铸就了符合支配他们的人类意愿的社会过滤器,语言、逻辑学和社会禁忌这三重关卡把他们的某些情感、思想和经验挡在意识的大门之外,成为他们无意识中共同拥有的那一部分。这样,社会无意识就因社会过滤器的作用在克隆人世界的成员中形成了。

过滤器在生产社会无意识的同时,导致人们对很多事实的不知情,进而忽视。遮蔽真相是这三重过滤器的共同特点。遮蔽成为整个故事的突出特征,也是小说的特色之一。对真相的有意掩盖和回避正是凯茜她们那个人造科技世界的真实写照,它不仅是作者的有意为之,更是人类所控制的那个社会的故意所为。故事中,叙述者凯茜从即将结束她十多年的看护工作开始回忆,作者没有明确告诉读者小说中主人公的身份,一系列疑惑在读者心中闪现:他们是谁?他们捐献什么?为何捐献?何为"完结"?作品中人物作为器官供体,他们的器官供给谁?露西小姐为何离开?夫人神秘身份的谜底是什么?她为何要收藏孩子们的作品?延缓捐献的传说是否真实存在?永远也不能从凯茜记忆中抹去的黑尔舍姆为何关闭?整部小说中设置的诸多悬念与作者所惯用的倒叙手法相得益彰,它们不仅增强了故事的吸引力,让读者在阅读时带着这些疑问为作品中的人物牵肠挂肚,等待着叙述者将谜底一层层揭开,而且客观上起到了契合故事中的种种遮蔽,从而形成人物社会性格和社会无意识的作用,并最终导致命运悲剧的产生。克隆人捐献一两次就死掉的事是管理者们极力掩盖的事,为此,他们想尽办法,"'我敢说这种事比他们告诉我们的要多很多,'露西说,'这就是他们为什么总在我们捐献的间隔期不停地把我们从一个地方挪到另一个地方的原因'"②。孩提时,凯茜们学习艺术,创作作品,换取"代币",购买自己心仪的东西,她们心中都有所期待,"现在回想起来,我能够理解为何那个时候交易会对我们如此重要",因为"在黑尔舍姆,多数情况下,你被人如何看待,如何被人喜欢、被人尊重,取决于你的'创造性'的多少"③;她们的作品不定时地被夫人取走收藏在她的"画廊",孩子们以此为荣;他们展示自

---

① Kazuo Ishiguro, *Never Let Me Go*, London: Faber and Faber, Ltd., 2005, p. 150.
② Kazuo Ishiguro, *Never Let Me Go*, London: Faber and Faber, Ltd., 2005, p. 226.
③ Kazuo Ishiguro, *Never Let Me Go*, London: Faber and Faber, Ltd., 2005, p. 16.

己的作品，是为了表明相互间真正地相爱，相信有一天"正常人们"能证实这一点，并赐给她们推迟捐献的机会……然而，所有这些不过都是谣言，当她们获得真相之际，也是她们临近生命终点之时，她们整个生命都在真相的遮蔽中度过：他们"快乐"，是因为学习不是人类为他们制定的目标；他们"自由"，是因为老师们心里很清楚孩子们作为人类科技产品的唯一价值是什么，其他目标、理想都无关紧要；他们争先恐后地展示自己的"创造性"，是因为他们被选作用来证明克隆人是否拥有灵魂的实验对象。所谓"快乐"、"自由"、"创造性"无非是人类在遮蔽真相的同时为他们营造的海市蜃楼，美丽谎言的背后是人类为他们设置好的生命程序的起点，以及等待他们的悲惨命运的终点，凯西所讲故事里的克隆人的一生都在沿着人类为他们铺就的轨道，完成着科技为他们编写好的规定动作。故事至此，读者心头已然塞满了同情、怜悯、悲叹，但仍有一串串的疑问……正如加拿大约克大学黛博拉·布雷茨曼（Deborah Britzman）所言，阅读《千》使"我们失去了自己的位置，似乎书在阅读我们，翻开我们的一页又一页"①。

《千》中克隆人从生到死都没意识到与"正常人"相比，他们生活和命运的不公正，都没想到任何形式的反抗，也没有利用任何机会逃离那个世界，摆脱他们凄惨的命运，这一情节似乎很不合理，甚至荒谬。从弗洛姆的社会性格和社会无意识理论看来，这样的构思合情合理，因为他们的性格已经被创造他们的人类所操纵，塑造成了只会满足人类需要的社会性格，他们的意识里只有顺从；他们的反抗被社会过滤器驱赶到他们的无意识之中，成为他们的社会无意识，他们只会毫无怨言地执行人类为他们"设计"的程序。因此，在我们看来不可理喻的那些行为在他们眼里是很正常的，他们不会逃离人类为他们所构建的科技空间，也不会为自己命运的不公而呐喊，更不会有任何反抗行为。弗洛姆人学思想体系中的社会性格和社会无意识理论让我们了解到现实人类世界社会性格和社会无意识对作为个体的人的生活和命运的影响和控制，而且这种影响和控制已经延伸并渗透到了人类社会的方方面面，包括《千》中那样的人类科技产品——克隆人的世界。《千》中人物的社会性格是人类利用现代科技造就的，其悲惨命运是人类强加给他们的社会无意识

---

① Deborah P. Britzman, "On being a slow reader: psychoanalytic reading problems in Ishiguro's *Never let me go*", *Changing English*, Vol. 13, No. 3, December 2006, p. 307.

产物。

四、文学中的科技与人学

科学和技术①是人类智慧的表现，它与人类的发展密切相关，反映了人类对世界的认知水平和对自然及世界的改造能力，科技能极大地促进人类社会的发展，提升人类的认知能力，提高人类的生活质量。因此，对科技与人的问题的研究，是人学不可分割的组成部分。在这里，这个问题又与文学紧密联系在一起。

从旧石器时代人类把天然物用作工具开始，人类科技从石器时代发展到了今天以信息科技、空间科技、生物科技、医学科技等多种分支为代表的现代科技时代，人类历史和日常生活的方方面面都刻上了科技的烙印。文学作为人类的精神食粮、文化的重要标志和表现形式，科技的发展制约着文学的生产方式、传播媒介，甚至文学产品的种类和内容，文学活动在任何阶段都离不开科技的发展。但科技是一把双刃剑，它还会给人带来灾难，甚至毁灭人类。在现代人与科技空间的交集中，是人控制了科技还是科技控制了人？人在不断发展科技的过程中，是人在利用科技还是科技在利用人、毁灭人？在《千》中，作者把时间设置在刚刚过去的20世纪90年代末期，人物设置为现实中颇具争议的生物基因工程的产物——克隆人。从小说时空和人物上来看，这是一个基于现实，从某种程度来现实多于想象的科技世界，从多个提及克隆羊多利的对现实科技的评论中也可以看出这一点。② 不难想象，这种精心的背景设置更容易让读者感到故事与自身的密切关系，不觉中对作品中人物的凄惨命运表示深深的同情，"令人心碎、震撼人心又令人恐惧而可信"③，同时思考自身生命的价值和意义，追问人性，并反思人类，反省人类与

---

① 较为准确的区分，科学和技术是两个不相同的概念，科学是人对客观世界的认识，尤其是客观事实和规律的认知所形成的知识体系，表现为知识形态，比如自然科学、社会科学、应用科学；技术是带有目的性的知识和规则体系，是一种操作性知识体系，与科学相比，它具有目的性、实践性、工具性。然而，科学和技术是辩证统一的整体，二者相互联系，共同发展，很难明确分割。为此，本文采用科技这个合二为一的传统表述。（参见张子文主编：《科学技术概论》，浙江大学出版社，2010年，第210~212页。）

② 见 Gabriele Griffin, "Science and the cultural imaginary: the case of Kazuo Ishiguro's *Never Let Me Go*", *Textual Practice* 23 (4), 2009, pp. 645–663; 以及王理行：《我们如何定义人类》，《中国图书评论》2007年第3期，第117~118页。

③ 王理行：《我们如何定义人类》，《中国图书评论》2007年第3期，第117~118页。

科技的关系，忧心人类和科技的未来。《千》中的捐献者们是科技创造的产品，抑或他们的生活轨迹和命运就是人类未来的写照？我们为瞬息万变的科技喝彩，又为那些捐献者叹息的同时，是否想到我们本身就是捐献者，是为不断发展的科技作出牺牲的试验品？"如今身体不再是灵魂的贮藏室，科技建构了我们的经验，因而也建构我们自身"①。在科技永无止境发展的征途中，我们是否该作片刻停留，参透科技的本质，回顾其替代神话的历程，以预想科技的未来，修正人类科技思想的轨道，揭示人类唯科技思想的片面性，为人类的未来作出不一样的抉择？当代生态文学的兴起让人们清晰地认识到科技对环境的负面影响，使人们开始更客观而全面地对待科技的历史作用。诸多文学作品中体现着人类对科技的复杂心情，文学作品在阐释人与科技辩证关系的同时，触及人的内心和灵魂深处。在科技越来越主导人们日常生活的今天，文学仍然不可避免地会体现出与其时代相一致的科技世界，把自然、人类、科技、文学、人学之间的相互关系一次次呈现在我们面前，使之成为我们重新审视和探讨的重要现实话题。文学活动就是这样影响人类对科技的认识和态度，甚至走向，并在此过程中不自觉地表征着人学话题。

从前面的论述中可以看出，在理论层面，我们可以从文学作品、文学创作和文学接受、文学批评等层面厘清弗洛姆人学思想与文学的相关性，在实践层面我们可以运用弗洛姆人学理论来解读具体文学文本；从另一个角度看，文学研究活动反过来可以印证弗洛姆人学理论中提出的一些观点。弗洛姆人学思想在文学研究活动中富于创造性和生产性，文学研究能促进弗洛姆人学的研究和发展，弗洛姆人学思想与文学研究具有共生性和互补性。

---

① Alex Goody, *Technology, Literature and Culture*, MA USA: Polity Press, 2011, p. 161.

第六章　弗洛姆人学思想述评

人类自诞生以来，从未中断对自身生存和发展的探索，他们不断寻找人类生存的途径，不断探寻提高人类生存质量的方式。不同民族，在不同时期、不同领域，对不同对象，通过不同途径，都试图探索和研究人的问题，弗洛姆的人学思想就是这绵延无穷的探索过程中的一个分子，是这万千探索结果中的一种。弗洛姆的人学思想是对弗洛伊德主义和马克思主义的融合，他的理论比弗洛伊德的理论更具科学性，他对现实社会敏锐的洞察力又使他的理论更接近现实，具有强烈的批判性。但与马克思主义思想体系的完整性、科学性相比，弗洛姆的人学思想暴露出较强的心理学色彩和人道主义性质。它继承了马克思主义，却是对马克思主义一定发展阶段的过分甚至片面强调。然而，弗洛姆的人学思想富于自己的特色，值得我们去研究、阐释和评述，特别是在当今中国，我们强调以人为本，努力构建和谐社会，研究弗洛姆的人学思想为我们提供一定借鉴意义。

有人认为弗洛姆的理论是一个大杂烩，"弗洛姆的思想是一个大拼盘"①。但是，只要拼得合理，拼得有特色，拼得让人信服，只要问题提得深刻、准确，只要它具有一定的可行性，只要它对我们人类生存和发展有所裨益，是拼盘还是大杂烩又有何妨？这何尝不是他理论的特色？在我看来，对弗洛姆的理论有这种印象至少有以下几个方面的原因。

首先，弗洛姆关心的是最为复杂的人的问题。为此，他的理论体系论被称作人学思想，它涉及与人相关的方方面面，比如，个体的人、人与他人、人与世界、人与社会等，其中每一个方面都无法穷尽。其次，弗洛姆的研究方法和研究角度就是一种综合。他综合了弗洛伊德的心理

---

① 张伟：《弗洛姆思想研究》，重庆，重庆出版社，1996年，第1版，第173页。

学、生物学和马克思的社会学及历史观,从心理学、生物学、社会学和历史的角度,仔细考察作为个体的人以及由人构成的社会的过去,批判性地审视人的现在,并乐观地设想人的未来。再次,弗洛姆本人就是一个杂家。他学习或研究过宗教、历史、法律、社会学、心理学和哲学,他的理论涉及心理学、精神病学、哲学、社会学、伦理学等诸多学科和领域。另外,他的理论来源比较复杂。除了深受弗洛伊德主义和马克思主义的影响之外,他的理论资源还包括家庭成员所笃信的犹太教思想、巴霍芬的母权制思想、法兰克福学派的社会批判思想、东方的佛教、西方的存在主义思想等。而且,他的人生经历也异常丰富。经历了两次世界大战,感受到了法西斯和纳粹统治,亲历了世界范围的经济危机和经济大萧条,还走过了美苏两个超级大国对峙的冷战时期;他曾辗转几大洲,足迹遍及多个国家,执教于多所大学,目睹了资本主义制度下人的生存和生活状况。

一些人认为弗洛姆的设想只不过是美好的乌托邦。确实,如上一章所述,弗洛姆的设想带有乌托邦性质,但乌托邦往往就是我们的梦想甚至理想之源,是我们努力的目标。可见,要评述弗洛姆的理论是一个比较棘手的问题。本章主要从辩证的理论特色及弗洛姆对人类未来所持的态度两个方面来评述弗洛姆的人学思想。

第一节 辩证法的广泛实践[①]

弗洛姆通过熟读弗洛伊德的著作,潜心研习弗洛伊德的精神分析学的精髓,感觉到了弗洛伊德理论的局限性,特别是弗洛伊德理论中对无意识、力比多等个体心理因素的过分倚重,认为那是割裂了社会和历史的抽象的人性论,因此批判和发展弗洛伊德主义成了他的首要目标。在当时的社会背景下,弗洛姆开始关注马克思主义。在他的理论体系中时常可以看到马克思主义的影子,辩证法思想是弗洛姆理论的特色之一。

对生命的思考在弗洛姆的人学思想体系中占据重要的位置,从前面的理论论述中,我们可以清晰地看到辩证的思维方式——二元对立。《逃

---

① 本节的主体内容曾以题为"生命中的二元对立"的论文形式公开发表于 2005 "文学批评与文化批判"国际学术研讨会论文集,见胡亚敏主编:《文学批评与文化批判》,武汉,华中师范大学出版社,2007 年,第 1 版,第 234~243 页。

避自由》、《爱的艺术》、《生命之爱》、《恶的本性》等作品中都可以找到弗洛姆对自由、爱和人格的独特的理解和辩证的二元对立式的划分,"在某种意义上本书(指《恶的本性》——笔者注)是《爱的艺术》的姊妹篇。那本书的主要论题是人的爱的能力,而本书的主要论题是人的破坏能力、自恋及乱伦固恋"①。这种辩证的思维,一方面是弗洛姆对马克思主义的辩证方法在自己理论中的运用,另一方面是对弗洛伊德的精神分析学说的批判和超越,同时也是弗洛姆试图综合弗洛伊德的精神分析学说和马克思主义的结果,实现了他将二者互相补充和互相修正的目标,"达到了一种综合"②。

一、积极的自由与消极的自由

人具有向往自由的天性,"人的生存与自由从一开始就是不可分的"③,自由是生命中不可缺少的部分,人类从未间断为争取自由的斗争。自由是弗洛姆人学思想体系中一个很重要的概念。弗洛姆在《逃避自由》中通过概述人类追求自由的历史,认为人获得的自由越多,他就越"个人化"。这种个体化的日益发展也意味着个人与自然、与社会逐渐割裂联系。因此,在自由和束缚之间存在着看似不可避免的交替循环,独立和自由意味着孤独与恐惧。人类的自由愈发展,人类就愈加别无选择,"或者通过自发性的爱和创造性的工作来使自己与世界联结起来,或者通过那些会破坏他的自由和他个人自我完整性的与世界的连接方式来寻求某种安全"④。这就是弗洛姆所说的自由的悖论:一方面,人类对自由的不断追求使个体化日益发展,使自我力量不断增长,即人获得越来越多的自由;另一方面,个体化的过程使人与世界、他人及社会的联络变得越来越少,使人变得越来越孤独,缺乏安全感。于是,人类又设法加强与外界的联系。这时有两种选择,要么放弃个人独立的愿望,使自

---

① 〔美〕埃里希·弗洛姆:《恶的本性·前言》,薛冬译,北京,中国妇女出版社,1989年,第1版,第1页。
② 〔美〕埃里希·弗洛姆:《在幻想锁链的彼岸——我所理解的马克思和弗洛伊德》,张燕译,长沙,湖南人民出版社,1986年,第1版,第8页。
③ 〔美〕黄颂杰主编:《弗洛姆著作精选——人性·社会·拯救》,上海,上海人民出版社,1989年,第1版,第76页。
④ 〔美〕黄颂杰主编:《弗洛姆著作精选——人性·社会·拯救》,上海,上海人民出版社,1989年,第1版,第69页。

己完全隐没在外界中以克服孤独感和无力量感,这样做的手段就是屈从;要么"在人与自然之间建立自发性的关系,通过这种关系,在不否定个人独立性的前提下,把个人与世界连接起来"①。因此,弗洛姆竭力寻找第二种选择中的积极的自由状态,使自由的发展过程不是一种恶性循环,使人做到既自由又不孤独,这就是积极的自由;否则就是消极的自由,消极的自由"会使人成为一种孤独的存在物,使人与世界的关系日益疏远和变得不可信,使人的自我削弱不断地遭到威胁"②。弗洛姆认为,积极的自由在于全部的、总体的个人的自发性活动。

自发性的活动能克服人的孤独感和恐惧感,同时又能保持自我的完整性,使人与世界、他人、自然和自身重新结合起来。在弗洛姆看来,这种自发性的最重要成分便是爱,这种爱是自发地肯定他人,在维护个人的自我的基础上,使自己与他人合为一体的爱,而非自身消融在另外一个人之中,或者以占有另外一个人为目的的爱,这是一种主动的爱。积极的自由也就是作为自我的实现,去充分地肯定人的个性,把爱当作一门艺术,去学习爱的艺术,实践主动的爱,"自发自动地去生活",这就是生命的意义。

因此,弗洛姆对自由的理解首先来自个体的心理,看它在保持自我完整性的同时,是否能克服人的孤独感和恐惧感。即不屈从于他人,同时还要看是否与世界、他人、自然和他自身重新结合起来。这种理念的前一部分来自心理学,它继承了弗洛伊德的精神分析学思想,后一部分则吸收了马克思的自由观。马克思的自由观是建立在他科学的人的本质理论基础之上。人的现实本质"是一切社会关系的总和",因此"只有在共同体中,个人才能获得全面发展其才能的手段;也就是说,只有在共同体中才可能有个人自由"③。与社会、他人和世界割裂一切社会关系的孤立个人,表面上看绝对自由,但实际上是绝对的不自由。因此,马克思认为自由作为一个整体,它包括政治自由、理性自由、劳动自由等。自由是主体在认识活动和实践活动中追求和表现出的一种状态、一种境

---

① 〔美〕黄颂杰主编:《弗洛姆著作精选——人性·社会·拯救》,上海,上海人民出版社,1989年,第1版,第74页。
② 〔美〕黄颂杰主编:《弗洛姆著作精选——人性·社会·拯救》,上海,上海人民出版社,1989年,第1版,第99页。
③ 《马克思恩格斯选集》第1卷,北京,人民出版社,1995年,第2版,第119页。

界，自由活动是自觉的、自为的、自主的活动。相比较而言，弗洛姆的自由观超越了心理学范畴，涉及社会学和历史学范畴，具有辩证性，但把主动的爱看成积极自由的最重要成分、获得积极自由的重要途径，又使他的自由理论在一定程度上回到了心理学的层面，而不像马克思那样能够用辩证的、历史的、社会的眼光科学地看待自由的问题。

二、主动的爱与被动的爱

爱是弗洛姆的人论体系中的核心概念之一。在《爱的艺术》、《逃避自由》、《寻找自我》、《健全的社会》等著作中，弗洛姆对爱的根源、爱的本质、爱的作用、爱的组成要素和各种表现形式以及爱的实践等有关爱的一系列理论问题进行过阐释，形成他关于爱的理论。在《爱的艺术》中，弗洛姆把爱看作一种艺术，人们通过规范的训练能达到爱的艺术，他还认为爱是对人类生存问题的回答，爱的本质是"给予"，爱包括博爱、母爱、性爱、自爱、神爱等形式，但他又把爱分成主动的爱和被动的爱。

主动的爱和被动的爱，这种二元对立是如何划分的呢？弗洛姆从生活中的共生性结合推演和解释这种划分。共生性结合主要分为被动和主动两种形式。屈从，即医学临床上称作的"受虐癖"是被动形式特征的表现，就是自觉地把自己摆在任人摆布的位置，甘愿成为对方的附庸，从而使自己摆脱孤独感和被分离感。与受虐癖相对的共生性结合的另一种形式是"施虐癖"。这种人以积极的支配者的形态出现，通过把另一个人变成自己重要的一部分来摆脱自己的孤独感和恐惧感。"受虐癖"与"施虐癖"一样需要依附于对方。因此，二者互相牵制，离开对方都会感到孤独，但他们的结合是以失去人的尊严为代价的结合，双方没有了独立性和自主性。与共生性结合相对的是成熟的爱，这种爱是在保留自己应有的人格尊严和独立的个性条件下的结合，具有主观能动性。①这样的爱是主动的爱，是一种创造性的爱。只有思想成熟的人才能创造性地发挥自己的能力，才能理性地面对现实，才能创造性地爱。与主动的爱相对的是被动的爱，被动的爱是消极的，没有创造力的，是不包含理性、缺乏尊重和理解、没有责任感的爱。在当代西方社会里，社会

---

① 参见〔美〕埃里希·弗洛姆：《爱的艺术》，萨如菲译，北京，光明日报出版社，2006年，第1版，第28~30页。

被异化，人的思想被异化，人类的爱自然也被异化，人们疏远自己，疏远他人，疏远自然，他们把爱作为给自己躲避孤独的避风港，"把彼此的自私误作为爱情和信赖的砝码"①，或者把爱看作是相互性满足的产物，这是被动的爱在当代西方社会中的具体表现，是爱在西方社会走向没落的"正常"形式。

  至此，我们可以看出，爱的理论在弗洛姆、弗洛伊德和马克思那里的差别。在弗洛伊德那里，爱就是性，就是无意识中力比多的宣泄。在弗洛伊德看来，爱的本质是非理性的现象，"爱是一种受本能强迫的行为"，是"一种完成一次远离童年爱的对象的情的转移"②。弗洛姆不仅从日常生活中的共生性结合问题出发，从心理学的角度论述了"受虐癖"和"施虐癖"的根源和机制，从而引出他的有关主动的爱和被动的爱的区别、它们的本质和内涵，而且根据爱的不同对象详细地分析和论述了爱的各种具体形式。这种论述大大超越了弗洛伊德对爱的认识。当然，弗洛姆对爱的这种更高层次的认识，离不开他对马克思有关爱的表述的继承，弗洛姆只不过阐释和发展了马克思的爱的理论，并根据它对弗洛伊德的相关理论进行超越和批判。请看弗洛姆在《爱的艺术》中对马克思《1844年经济学哲学手稿》的引述："马克思已经十分精辟地阐述过上述的思想。他曾说：'如果我们设定人就是人，而人同世界的关系是一种充满人性的关系为先决条件的话，那么你只能用爱换取爱……如果你爱上了别人，但没有唤起他人的爱，或者说，如果你的爱作为一种爱情不能使对方产生爱情，如果作为一个正在爱的人——你不能把自己变成一个被人爱的人，那么你所付出的爱是无力的，是不幸的'"③。同时，弗洛姆用他的爱的理论对爱走向没落的当代西方社会作出了有力的批判。弗洛姆还深入地阐述了爱的实践问题。在他看来，爱是一门艺术，它要求人们拥有这方面的知识并付出努力，他号召人们要学会爱，懂得爱的艺术，每个人通过自己主动的行动、自己的实践把爱变成一种个人的体验。

---

  ① 〔美〕埃里希·弗洛姆：《爱的艺术》，萨如菲译，北京，光明日报出版社，2006年，第1版，第117页。
  ② 〔美〕埃里希·弗洛姆：《爱的艺术》，萨如菲译，北京，光明日报出版社，2006年，第1版，第119页。
  ③ 〔美〕埃里希·弗洛姆：《爱的艺术》，萨如菲译，北京，光明日报出版社，2006年，第1版，第36页。

三、主动的人格与被动的人格

《生命之爱》是弗洛姆的后期作品,这本书收录了弗洛姆生命的最后十年写作的反思性文章,这些文章是"对他作品的一个很有意义的交代"①,作者在论述其理论时多处运用二元对立。因此,读者从《生命之爱》中基本上可以看出这位勤于阅读、思考和写作的新精神分析的理论家富有感染力的思想,从这些总结和反思性的文章和对话中,读者可以更进一步了解弗洛姆一生的思想轨迹。

在《生命之爱》中,弗洛姆首先谈到了消费与人格。在弗洛姆看来,消费主义是一个心理学或精神病理学上的问题,因为它同人格紧密地联系在一起。人们在日常生活中要吃、要喝、要用,因此要购物、要消费。这些看似正常的消费当中有些是消费中的消费,是一种因不由自主的贪欲引起的消费,如贪吃者身不由己地不停地吃东西,如果不吃,他们会有气无力、内心空虚、意志消沉,在他们眼里,吃就是拥有,对于他们来说,表面看吃是为了满足一种饥饿感,但从心理学的角度看,吃是为了解脱潜在的压抑或焦虑,证明他们本身的存在,否则他们会感到自己无足轻重。因此,他们不断地去吃,去消费,虽然有时并没有胃口,但对于他们来说,吃东西能从心理和精神上充实和解脱自己。这样,吃东西成了安慰人的不安、消除人的沮丧感的药物,但食物比治疗人的心理焦虑的镇静剂之类的药物要好吃得多,功能上也比药物隐蔽得多,所以这些人越来越贪吃。那些不是为了买东西而不停地买东西的人的心理根源也大致如此,这些人具有一种被动的人格。被动就是静止,什么也不做,没有目标,看不到成果和显著的成就,贪吃的人用吃来模糊和掩盖这种被动。与被动的人格相对的是主动的人格,"任何确定了目标并要求有活力的行为"被称为是主动的。

在被动人格和主动人格的理论中,弗洛姆把看似最普通不过、在常人眼里最正常不过的消费与焦虑、人格等心理学问题联系在一起,这与弗洛伊德的人格理论大相径庭。我们知道,弗洛伊德从心理学的角度对人格作了很透彻的分析,弗洛伊德在无意识理论的基础上把人格分为本我、自我和超我三部分,即三重人格理论。弗洛伊德主要是从意识、无

---

① 〔美〕埃里希·弗洛姆:《生命之爱·前言》,王大鹏译,北京,国际文化出版公司,2001年,第1版,第1页。

意识的角度,即心理学角度阐述其人格理论。

马克思也是从三个方面阐述人格理论的。在马克思那里,人格分为道德人格、心理人格和法律人格。道德人格主要是指人的道德品质,相当于人的品格,属于伦理学范畴;心理人格是指个人所具有的心理特征的总和,相当于人的个性,它包括人的性格、气质、能力等,属于心理学范畴;法律人格是指人的一种权利,即人格权,属于法学范畴。①

可以看出,弗洛姆、弗洛伊德和马克思对人格的理解和表述角度很不相同。弗洛伊德完全是从心理学的角度来研究人格这一概念,虽然他的人格结构中也含有道德或法律的内容,但其理论是从无意识这一基石出发而推理演绎出来的,是纯粹有关个体的概念,是一种微观研究,弗洛伊德所说的人格主要是生物学或生理学意义上的人格。马克思所阐述的人格是一种历史中的社会人的人格,因此,马克思的人格理论是社会的、历史的、全面的、科学的,是一种宏观意义上的人格理论,它既是自然人的人格,也是历史的社会人的人格。弗洛姆又一次从日常生活细节入手来阐述人学理论,他从消费方式推演出一个人的人格,他的人格理论带有社会性和历史性。弗洛姆的人格划分是以二元对立的形式出现,看似严密,无懈可击,但他的人格划分就像弗洛伊德三重人格理论中的自我,一方面是为了满足本我——弗洛伊德的心理学意义上的人格理论的需要,另一方面又为了兼顾马克思的社会的、历史的、全面的、科学的人格理论。可以说,弗洛姆对人格的二元对立形式的划分,其目的是试图用马克思宏观层面上的概念内涵去补充弗洛伊德微观概念上的人格意义。不管怎么说,这种理论与我们的生活和社会更接近,就像他的许多用晓畅的语言来解释深奥的生物学和心理学术语和理论的书籍一样,给人亲近和耳目一新的感觉。这对弗洛姆理论的广泛传播起着至关重要的作用,在某种程度上来说,这正是他所希望的融合弗洛伊德主义和马克思主义的结果。

四、个体与社会

个体和社会的关系是二元对立的,但更是相互统一、相互转化、融为一体的关系,二者独立存在又相互依存。从个体与社会这个二元对立

---

① 参见袁贵仁:《马克思的人学思想》,北京,北京师范大学出版社,1996年,第1版,第125页。

的辩证思维角度建构自己的理论无疑是弗洛姆人学思想特色的主线，因为弗洛姆的整个思想就是在综合弗洛伊德强调个体心理的研究和马克思历史、社会学方法论的基础上形成的，他的理论就是运用历史和现实、社会和个体、宏观和微观相结合的辩证思维方式发展而来的对现代社会的批判理论。个体与社会这对辩证的对立组合在弗洛姆的人学理论中的大量运用，极大提升了弗洛姆人学理论的哲理性、完整性，使他的理论更富说服力和活力。

在弗洛姆人学理论体系的第一个层次中，弗洛姆从人的欲望、本性、情感、人格等微观角度诉说了现代资本主义社会中的个体自我迷失后的心理困境，同时从社会这个宏观角度向人们展示社会生产、日常消费、政治生活、社会关系等领域的病态。社会是由个体的人构成的，人是社会中的单个分子，社会的大环境会对个体的人产生重大影响，从人参与的生产活动，到产品的流通，以及人们的政治生活环境、社会关系等领域，社会中人的所有社会活动都是异化的，呈现出病态。同时，个体的贪婪、被压抑着的本性在社会力量的作用和影响下使个体的情感也偏离常规，人格扭曲，个体的异化又反过来强化社会的病态。个体和社会相互作用，恶性循环，成为一个病态的整体。

弗洛姆人学理论的第二个层次剖析现代人迷失自我的生理机制和生成机制时，个体与社会的二元对立多次显现。人的需要分成生物需要和社会需要，生物需要就是动物需要、本能需要，它是生命体存续的前提，但人的需要并不止于此，人不同于一般动物，还有心理和精神上的需要，这些需要与个体的本能需要不一样，它们是在社会活动中与他者发生联系的过程和活动中产生或取得的，它们建立在本能的个体需要的基础之上，二者相互影响；自我意识的需要本身就指向个体与社会的辩证关系，归属于一个社会群体中的人需要意识到自己是一个独立的个体，没有这种自我意识，个体的精神就是不健全的。个体需要社会，需要成为某一群体中的一员，群体中的成员身份代表着相应的地位及其他好处。为此，个体得保持与这个社会群体中其他所有成员的一致性，尊重并服从这个社会群体中的规则和要求，这个过程意味着潜在的趋同危险。因此，拥有与他人平等的社会地位的同时，个体还必须保持作为个体本身的自我意识，否则就会异化地趋同，社会群体地位得到了，却丢失了个体的自我。在现代社会里，人们异化地趋同，所以不可能拥有自我意识和真正的自我。社会群体意识和独立自我的意识是作为社会中的完整、健康个体的必不可少的两个方面，二者缺一不可。弗洛姆认为创造与毁灭是满足人超越需要的两种途径，二者在一定的条件下相互替代，相互转换。在弗洛姆的性格理论中，个体与社会的辩证关系进一步显现，个体性格是社会中的个人作为个体的独特性格，它与人的生物特性密切相关。弗洛姆的个体性格理论继承了弗洛伊德的心理学理论，但弗洛姆的社会性格则是他自己的创新，是他综合弗洛伊德的心理学理论与马克思的社会学方法的结果。弗洛姆的社会性格理论是他批判现代资本主义社会的有力武器，在弗洛姆人学思想体系中占有重要地位。弗洛姆把意识分为个体无意识和社会无意识，前者是对弗洛伊德相关理论的沿用，后者则是他个人理论特色的体现，是他理论上的创举。无论是个体性格与社会性格，还是个人无意识与社会无意识之间都是辩证统一的关系。它们是截然不同的，但都统一于人这个个体之中。弗洛姆的社会无意识理论跟他的社会性格理论是他批判理论中的双胞胎急先锋，为他的人学理论体系的建构立下了汗马功劳，它们的作用和地位有如弗洛伊德理论中的无意识理论。

在弗洛姆人学理论的第三个层次中，弗洛姆从个体和社会两个层面找到救赎人类的出路：从个体的角度进行心理革命；从社会的层面进行经济、政治和文化变革，以构建健全的社会和具有完整独立自我的个体。心理革命就是要为自由而奋斗，崇尚理性，发挥创造性，掌握爱的艺术，选择存在的生活方式；社会革命在经济方面实行人道主义公有制，政治方面呼唤全民参与的民主政治，文化方面要塑造健康个性，以传承人类文明。个体心理革命是为了塑造精神健康的自我个体，社会革命是为了创建健全的社会，以适于拥有健康、完整自我的个体的存续。弗洛姆救赎理论中的个体与社会两个方面的革命密不可分，必须双管齐下，缺一不可，个体的革命与社会的革命相辅相成，互相促进，只有两个层面的革命都成为现实，人的自我救赎才能成为可能。

对比弗洛姆人学理论中的三个层次，我们可以看出，第一个层次是现象表征，揭示了现代资本主义社会中社会和人的病态，第三个层次是解决问题途径的设想，设想救赎人自我的方法。这两个层次，一首一尾遥相呼应，它们都从两个大的方面——个体与社会，即微观与宏观两个层面进行论证。比较而言，二者宏观地体现了个体与社会的辩证关系。

在他人学理论的第二个层次——剖析原因这一寻找自我的层面上，弗洛姆充分发挥了他心理学理论上的专业优势，从多个侧面微观地对个体心理和社会进行辩证的剖析。在这一部分，弗洛姆犹如拿着外科医生的手术刀，游刃有余地解剖着社会和个体，在二者深层的心理学世界遨游，在此过程中创新性地提出了社会性格和社会无意识理论。这是他对弗洛伊德和马克思的学说和理论方法的继承和发展的结晶，并由此创建了他独具特色、勇于创新、富于哲理、令人信服的人学思想理论。

通过前面对弗洛姆理论的人学建构，我们可以看到，弗洛姆理论中二元对立的辩证思想，其实还在其他很多地方表现出来。如，人的生存境遇分成生存两歧和历史两歧，前者是无法根除的，后者是非必然的，是可以避免的；超越的需要的途径有创造与毁灭，目标与献身的需要分为理性的与非理性的；人的生存方式分成占有与存在两种生存方式，个体性格分成创发性和非创发性两类，权威分成公开的权威和匿名的权威等。而且，他的理论还把历史与现实作了较好的结合。

古希腊学者把揭露和克服对方论点中的矛盾而求得真理的方法称作辩证法。辩证法是关于普遍联系和发展的方法，是用矛盾的观点研究问题的方法。弗洛姆理论中二元对立的辩证方法的运用，首先是对马克思主义辩证法的继承和实际应用。马克思主义唯物辩证法，"把辩证法与唯物主义结合起来，达到了对现实世界的最科学的认识"[①]。弗洛姆则使用这种方法来深刻地剖析现实社会和现实社会中的人。其次，它是对现实世界的科学认识，是对现实生活的真实写照。所谓"二元对立"就是一对矛盾中的两个方面，在现实生活中，不管是物质的还是精神的，处处都充满了矛盾，没有矛盾，就不会有事物的存在，也没有事物的发展，一切事物都是在矛盾的不断斗争过程中成长发展起来的。再次，二元对立的辩证方法是弗洛姆人学思想体系的需要。辩证法认为，客观事物是相互制约、普遍联系和不断发展的，发展表现为从量变到质变，又从质变到新的量变。弗洛姆人学思想中的许多概念正是由这种相互制约、相互联系的矛盾双方建构起来的。如弗洛姆认为在创发性和非创发性的性格中，一个人往往不是单纯地具有某种性格倾向，而是其中一种占据主导和统治地位，其他则处于相对的被主导和被统治地位，双方在一定条

---

① 李爱莉等主编：《马克思主义原理学习手册》，北京，知识出版社，1991 年，第 1 版，第 57 页。

件下可以互相转化。

从这些辩证的矛盾中我们看到弗洛姆的人学思想中闪耀着真理的光辉，看到弗洛姆对马克思主义的继承和发展，看到弗洛姆人学思想对弗洛伊德主义的继承和超越，看到他的人学思想中的合理性、前瞻性和指导性，同时又可以发现其理论的不足之处。

第二节　悲观现实里的乐观情怀

弗洛伊德对人和人性的态度是悲观的，因为弗洛伊德采取生物学的研究方法来研究人，把人看成孤立的、静止的、充满生物本能和欲望的个体。在他看来，人的无意识比人的意识更真实、更直接、更富生命力，人的意识被他的无意识所控制，而无意识的内容主要是人的生物本能和性的欲望，人的生物本能是自私的、贪婪的，人的力比多是不道德的、非理性的，人被邪恶的力比多所控制，人的本质是恶，人的本性是好逸恶劳、纵欲无度。当人的无意识里的各种不道德的冲动在现实中得不到满足时，人的精神病就会随之而来。人的发展和成长过程也就是人的性本能的成长过程，人的性本能的正常发展标志着健康人格的形成。弗洛伊德还认为，破坏性是人固有的天性，只是他们的指向有所不同，一些人的破坏性指向他人，另一些人的则指向自身。因此，弗洛伊德认为，人的一切行为的动机都是人的本能和欲望驱使的，人的所作所为都是为了满足本能和欲望，人的行为背后大都隐藏着不可告人的目的。故此，弗洛伊德通过对个体的分析，更多地看到了人阴暗的和消极的一面，并把人性归结为恶，把无处不在的性本能看成是人的本质，认为人的世界处处充满对性的压抑，对性的压抑导致人的精神病症的产生，就连人类文明也是对人的性的压抑的结果。弗洛伊德没有看到人的社会性、人的理性，看不到人性中的善，没有看到人的主动性和创造性，更看不到人的未来，他对人及人的现在和未来表现出悲观和绝望。

马克思则比弗洛伊德理性得多，他的理论超越个体的生物性，他从社会和历史的角度研究人，把人置于社会和历史中来研究，他对资本主义社会进行无情批判，但对人类的全面发展却充满信心。他认为，消灭私有制，消灭资本主义制度，建立共产主义，人类就会得到彻底解放和全面发展。

弗洛姆走的是中间路线，他综合了弗洛伊德和马克思的研究方法和研究视角分析人的问题，他像马克思那样深刻地批判社会现实，认为现实社会是病态的，社会没有真正的民主，缺乏理性和自由，人与人、人与社会和自然的关系被异化，社会中的人也全面异化了，他们自私贪婪，他们的本性被压抑，人格被扭曲，丧去了个体的完整性，因此，自我迷失。可见，在弗洛姆的眼中，社会几乎一无是处，他所描述的现实令人悲观，但他毕生致力于对现实中人的研究，从没中断对人的关心，人的现在和未来始终是他思虑的对象，他一生研究的最终目的就是从病态社会中拯救已被异化的人，在他所描述的令人悲观的现实背后，是他对人的期待，是他对人所一直拥有的乐观情怀，"毁灭的阴影确实在增长；疯狂的喧嚣声在逐渐变大。我们可以实现与我们人类那些伟大导师的梦想相吻合的人性情景"①。他对人的未来充满信心，因为他坚信人的本性是善，人天生具有创发和爱的潜力，他渴望人性中善的张扬，渴望人的能动性和创造力的充分发挥，渴望人的爱的潜力的全面爆发，这些从他的理论中构建的健全社会和健康个体的蓝图中可见一斑。

一、人的善的本性

人性问题是人学的基本问题，它是任何人学思想体系所不能回避的问题。如前所述，弗洛伊德、马克思、弗洛姆就是西方现代社会中从不同角度分析人性的代表。

弗洛姆认为，弗洛伊德所说的人性中所具有的破坏性并不是人的天性，或者说不是人的最根本的潜能，至多是人的"第二潜能"，这种潜能不是本质，而是可能性。因此，人的本质并非是恶的，而是善的，只是在缺乏成长与发展的适当条件时，他才会变成恶的，如当生命的实现遭到失败时，或者缺乏善的存在时。人的破坏性是人的生命本能的变态转化，它是人的生命推进力受阻的个人和社会所培育出来的"畸形儿"，"假如生命的向上发展趋势，即生本能受到阻碍，那这一受阻的力量便会发生变化，变为一种对生命的破坏力量"②。人所表现出来的恶是一种潜

---

① 〔美〕埃里希·弗洛姆：《健全的社会》，欧阳谦译，北京，中国文联出版公司，1988年，第1版，第373页。

② 〔美〕埃里希·弗洛姆：《占有或存在——一个新型社会的心灵基础》，杨慧译，北京，国际文化出版公司，1989年，第1版，第282页。

在性的表现,换句话说,它不是一定就会必然在人身上显现,正如并不是每一颗种子都会发芽,都会长成参天大树一样,当条件不合适时,它不仅不能发芽,反而会腐烂变质。弗洛姆把人增强生命的潜能看作人的"第一潜能",因为它在合适的条件下就会现实化,而附着于第一潜能的"第二潜能"——人的破坏性只会在获得与生存的需要相反的条件时才会现实化。也就是说,第一潜能在正常条件下就可以得到实现,而第二潜能只在反常、病态的条件下才会实现,这时才会看到人所表现的"恶"。所以在弗洛姆看来,恶不是人的本质,或者说,人所表现出来的恶是非本质的恶,"恶自身不能独立生存,它是缺少善、生命的实现遭到失败的产物"①。

与恶相对的善是人的生产性、创发性和爱的潜能。弗洛姆认为,正常人自身天生具有发展、成长和创造的趋向,这就是善,善是人的本性,"人从本质上说是善的,他所具有的破坏性,并不是其本性的一个不可分割的组成部分"②。但如果善的趋向遭到逆转或停顿,就说明他精神上出现了问题,这就是有病的标志。也就是说,精神健康是人的本性的追求,它不是外部世界的力量强制人去追求的目标。因此,人的生产性、创发性的善具有一种发自内心的强大力量,有了这种行为的内驱力,人就随之有了运用它的需求,使之外化、现实化,人只要有了正常的生活环境,如与他人和世界保持一定的联系,同时维护自己的独立性,就会拥有这种善的发展条件,就能正常运用自身的力量,就能满足人生产性的需要。

若在某一社会中,绝大多数的人都没有实现善的条件,未能发挥这种发自内心的力量,这样的社会就面临着社会性缺陷。现代资本主义社会就是如此,人们生活在其中却还浑然不觉,个人和许许多多其他人一样,"分享"着这种社会缺陷,他们还没有感觉到这种缺陷带给他们的威胁,他们自以为已经融入了整个社会,已经获得了安全。其实由于条件的缺失,他们的善的本性远没有得到发展,他们的生产性、创发性受到了压抑。

从弗洛姆对梦的分析理论中,我们也可以看到弗洛姆对人善的本性

---

① 〔美〕埃里希·弗洛姆:《占有或存在——一个新型社会的心灵基础》,杨慧译,北京,国际文化出版公司,1989年,第1版,第284页。
② 〔美〕埃里希·弗洛姆:《占有或存在——一个新型社会的心灵基础》,杨慧译,北京,国际文化出版公司,1989年,第1版,第274页。

的认识。在弗洛姆看来，梦并不是完全像弗洛伊德所认为的那样，是对人的无意识的本能欲望的满足，梦还是人的善的本性的表现。弗洛伊德从恋母情结中看到的是恋母仇父，是乱伦，是人的一种动物性本能的表现；而弗洛姆从中看到的却是儿子对父权的反抗，它"表现了人类要求独立、自由与爱的天性"①。

弗洛姆看到了令人失望的社会，看到了因生存境遇而被异化的人，但他更看出了人性中的善的本质，他希望人善的本性被人们所崇尚，并在现实生活中得以呈现。他认为人的善的本性不应该被人的异化现实所掩盖，正如同人性中的善不该被中世纪的"原罪说"所遮蔽那样，人的异化、人性的分裂、人的需要等问题所呈现的人的"恶"，都可以通过爱等途径来克服或者弱化。关键在于现代人是否能够认识自我，找寻自我，是否能选择正确的道路，发挥人善的本性，坚信理性、创造力和爱的力量，"大量的事实似乎表明，人正在选择机器人制度，那就是说，人将选择疯狂和灭亡。但是，这些事实不足以摧毁我们对人的理性、善良意志和健全所抱的信心。只要我们能够考虑其他的抉择，我们就不会被毁灭"②。

二、人的创发性、爱的能力与人的无限潜能

从人的善的本性中，弗洛姆看到了人的创发性、爱的能力和人的无限潜能。这些都是人性中希望的火种，弗洛姆期待它们的燎燃。

创发性就是创造性，弗洛姆认为，正常人都有创发性，"创发性是每个人都具备的一种态度，除非他在心理或情感上不正常"③。创发性就是人实现人的潜力，使用人的力量，人的潜能就是创发性地使用人的力量的能力。"一个人可以通过行为和了解创发性地同世界发生关系，人创造事物，并且正是在创造过程中对事物施展其力量"④。如人运用理性的力

---

① 王元明：《弗洛姆人道主义精神分析学》，台北，远流出版事业公司，1990年，第1版，第88页。
② 〔美〕埃里希·弗洛姆：《健全的社会》，欧阳谦译，北京，中国文联出版公司，1988年，第1版，第373页。
③ 〔美〕埃里希·弗洛姆：《寻找自我》，陈学明译，北京，工人出版社，1988年，第1版，第109页。
④ 〔美〕埃里希·弗洛姆：《寻找自我》，陈学明译，北京，工人出版社，1988年，第1版，第125页。

量，透过事物的表面看到事物的本质，用爱的力量，突破与他人的隔阂，用想象力预见未来，"他能够运用其想象力预见尚未出现的事物、制定计划、开始创造"①。可见，人人都具有创发性，都有创造的能力。从人所具有的创发性中，弗洛姆看到了希望：人通过创发性的活动，就可以把自己的情感和智力等潜力发挥出来，人的爱的力量发挥出来了，人的异化就可以得到改观，现代社会所缺失的就是爱。所以，只要人的创发性得以发挥，社会就有了充满爱的可能，人就会有光明的未来。爱是全人类普遍期许的。弗洛姆爱的理论凸显了他对全人类的期望。

在弗洛姆看来，人有两种途径可以解决人生存中的固有矛盾，以达到新的和谐：第一种是回归，即人回归到动物的状态，这样就可以变得与自然融为一体，就如人还未从自然中挣脱出来，还没有意识和理性，还如其他动物一样完全依赖自然的恩赐和哺乳来生存的时候那样。但人终归已经进化成了人，脱离了自然的束缚，超越了自然界的其他动物，具有意识和理性的能力，人不可能再回归到动物的状态。第二种是全面而充分地发挥人的爱的能力，使人摆脱与自然的分离后所带来的孤独和恐惧，但同时又可以保持自我的独立和完整，实现真正的新的和谐。现实社会中，人们为了获得所谓的"安全"，放弃了自我的完整性，与他者构成依赖与被依赖、施虐和受虐的关系，真正的爱已不复存在，"因为它们已经被现实中许多虚假做作的爱的形式所取代"②。因此，要发挥人的爱的能力，"倘若没有爱，没有独立性，整个人类的生活就行将毁灭"③。为此，弗洛姆在他的人学理论中极力倡导人爱的能力的发挥。

弗洛姆认为，人的本性中具有爱的能力。爱和理性一样，都是理解的两种不同形式，只是爱是情感的力量，理性是思维的力量。爱是消除与他人的隔阂、了解和理解他人的途径和力量。"爱的力量使他能突破把他与他人隔绝开来的那道屏障，从而可以理解他人"④。弗洛姆又认为，虽然每个人都有爱的能力，但是爱的实现却不是那么容易的事情，因为

---

① 〔美〕埃里希·弗洛姆：《寻找自我》，陈学明译，北京，工人出版社，1988年，第1版，第113页。

② Erich Fromm, *The Art of Loving*, New York: Harper & Row, Pub., 1956, p. 83.

③ 〔美〕埃里希·弗洛姆：《人心——人的善恶天性·译者的话》，范瑞平等译，福州，福建人民出版社，1988年，第1版，第5页。

④ 〔美〕埃里希·弗洛姆：《寻找自我》，陈学明译，北京，工人出版社，1988年，第1版，第125页。

真正的爱根植于创发性之中。创发性的爱都包含关怀、责任、尊重和知识，都渴望他人的成长和发展。

在弗洛姆眼里，人具有无限的潜能，只是由于条件的限制而不能得以充分发挥出来。首先是因为人的生命的短暂，致使人的潜能不能完全实现。"虽然每个人都赋有人类所具有的所有潜力，但由于其生命是短暂的，所以即使在最有利的环境下也不可完全实现这些潜力。只有在个人的生命与整个人类的生命一样长的情况下，他才能参与整个人类历史的发展过程"①。很显然，这是不可能的。其次是不利的环境，它制约着人潜能的完全实现。因此，弗洛姆在不断探索和寻找如何使实现人的无限潜能的不利环境变成最有利的环境，这就要对现代社会进行变革。

弗洛姆坚信人拥有爱的能力、创造性和人所有的其他一切潜能。弗洛姆始终相信人能实现这些能力，他也期待着这些能力的充分实践，但在现实社会中缺失它们发挥的条件。为此，需要为这些能力和潜力的实现创造条件。弗洛姆对现实社会和现代人的剖析就是为了寻找阻碍人潜力发挥的原因，同时也在探索能实现人的各种潜能的条件和途径。这些探索就是为了拯救自我，为了人的全面发展。

三、自我的拯救和人的全面发展

现代社会中，自我不完整或者迷失了，人的善的本性找不到正常实现的条件，人的创造力和其他增强人的生命力和实现正常成长和发展的潜能遭到阻碍，相反，现实环境只会促成人性中恶的潜能的滋生和发展，当代西方社会中爱的模式已经没落，"没有哪个客观地了解了西方社会生活现状的人会否认，诸如友爱、母爱和性爱等爱的形式在西方社会已经堪称'罕见现象'"②。为此，弗洛姆看到了拯救人的自我的必要性和急迫性，不仅如此，他还希望人能够得到全面发展。

弗洛姆对人的拯救从两个层面进行：个体的心理革命和社会的变革。看得出来，前者是对弗洛伊德的心理分析学说的继承和发展，后者则是受马克思主义的从社会层面实现彻底革命的理论的启发。虽然弗洛姆的这种社会变革相对于马克思主义的相关理论来说要肤浅得多，然而，我

---

① 〔美〕埃里希·弗洛姆：《寻找自我》，陈学明译，北京，工人出版社，1988年，第1版，第55页。
② Erich Fromm, *The Art of Loving*, New York: Harper & Row, Pub., 1956, p. 83.

们仍然能够从中看到弗洛姆的心中对人所充满的期待和乐观情怀。

弗洛姆的心理革命途径包括对自由的争取、创造力的发挥、对理性的追求、对爱的艺术的掌握、对生存方式的选择等。这些途径相互联系，相互影响，有的互为条件，有的互为结果。如，创造力的发挥是创发性爱的条件，同时爱的能力的发挥又能促进人创造力的充分展现；理性和爱都是理解和了解人和世界的途径；争取自由是人的目标，自由是充分发展人性的条件；有了其他条件，人就已经选择了存在的生存方式。同时，如果人选择了存在的生存方式，人的其他目标也更容易实现。进行心理革命就是要在现代病态社会中拯救被异化的、迷失了的自我，使自我保持其完整性，同时又要与他人和世界保持和谐的关系，与世界融为一体。

弗洛姆设想的社会变革有经济变革、政治变革和文化变革。经济变革是为了改变人们的劳动境遇，为人们提供人性化的工作环境。弗洛姆的经济变革设想主要是从生产和管理、社会保障制度、国家干预和社会化等方面进行。进行政治变革是为了实现真正的民主，使更多的人对政治活动感兴趣，参与到政治生活中来，充分表达个人的意愿和思想。进行文化变革是为了延续和继承人类文明的理想和准则，培育人们批判性思维的能力，塑造为实现社会的共同理想所需性格的个体。弗洛姆的文化变革主要是针对教育、艺术和人道主义宗教思想的普及等方面。因此，社会变革是为了从生产劳动、政治生活、意识形态等方面来改变现状。实行社会变革的设想与心理革命的构想都是为了拯救异化的人和病态的社会，其目的是塑造精神健康的自我、创造适于人们生活和人的本性的自然健康发展的环境，最终实现人的真正自由、人的全面解放和发展。

只有对人怀有深切的关怀、对人满怀期待和希望，才会极力去构想救治病态的人的方案。弗洛姆耗费心血设计拯救自我的途径、期待人的全面发展的美好愿望都表现出他对人所不能割舍的乐观情怀。

弗洛姆对现实社会进行了无情的批判，对病态的社会和异化的个体做了深刻的分析，从他的著作中人们无不看到那令人悲观的社会现实，从他的作品中人们似乎可以看到他那能看透世界，忧虑、悲愤甚至绝望的双眼，"我们却处在毁灭一切文明，或者说，被机器化的危险之中"[1]。从表面上看，弗洛姆好像对现实社会已万念俱灰，就如他在《健全的社

---

[1] Erich Fromm, *The Sane Society*, London: New York: Routledge, 1991, p. 363.

会》的结论中提到的那样,"十九世纪的问题是上帝死了,二十世纪的问题是人死了"①。事实上并非如此,我们从他对病态的社会现实的彻底揭示中,从他执著地关注人的问题的理论体系中,读出的并不是他对现实的悲观态度,而是他从人类的本性和潜能中看到了绝望中的希望,否则,他不会历毕生精力去探讨人和人的社会。从他对人善的本性的分析、爱的能力的阐述以及对爱的作用的极力推崇和对爱的体验的无限追求中,从他探寻人的创发性和无限潜能的发挥途径中,从他寻找拯救自我和人的全面发展的道路中,我们无不察觉到,弗洛姆是在为现代人开出起死回生的药方,其目的是塑造精神和人格健康的个体,构建健全的社会,以拯救自我,拯救人类,拯救人类社会,设想并最终创造出人类美好的明天,"只要我们能够在一起磋商和制订计划,我们就还有希望"②。确实,"20世纪的特征是社会带来异化和其他各种社会问题,但弗洛姆对人类找寻到解决这一社会问题的潜能满怀乐观"③。可见,在他所描绘的令人悲观和绝望的现实背后,是他那颗对人类的现在和未来承担责任的无私奉献的赤子之心,是他那满怀希望的乐观情怀。在这一方面,也可以说他是对马克思的继承。马克思作为一个哲学家、思想家、社会学家、经济学家、革命家,他从经济学、社会学的角度对资本主义社会进行无情批判和揭露,但他并不是为批判而批判,其最终目的是实现人的真正解放和人的全面发展,使人最终获得真正的自由和真正的幸福。弗洛姆从马克思的著作中读出了马克思对人类的光明未来的信念,他也从对人和社会的全面剖析中看到了拯救人的自我的可能和希望,他对此抱有信心,对人的最终解放和发展充满乐观,"历史总是朝着人的自我实现这个方向前进的;不管任何特定的社会能产生什么样的罪恶,社会总是人的自我创造和发展的条件。一个'善的社会'也就是善者们的社会,即全面发展的、健全的并富有创造性的个人的社会"④。

---

① 〔美〕埃里希·弗洛姆:《健全的社会》,欧阳谦译,北京,中国文联出版公司,1988年,第1版,第370页。

② 〔美〕埃里希·弗洛姆:《健全的社会》,欧阳谦译,北京,中国文联出版公司,1988年,第1版,第373页。

③ Wozniak F John, "Alienation and Crime: Lessons from Erich Fromm", in *Erich Fromm and Critical Criminology: Beyond the Punitive Society*, ed. Kevin Anderson and Richard Quinney, Urbana: University of Illinois Press, 2000, p. 53.

④ 〔美〕埃里希·弗洛姆:《在幻想锁链的彼岸——我所理解的马克思和弗洛伊德》,张燕译,长沙,湖南人民出版社,1986年,第1版,第38页。

结 语

弗洛姆的人学思想从心理学和社会学的角度，对人的本性等问题作了深刻细致的分析，他的分析既有别于弗洛伊德对人的纯心理学性和生物性的剖析，又有别于马克思强调人的社会性，对人所作的社会性和历史性的分析。他的分析是这二者的综合，是对这二者的继承和发展，这是他理论的特色。同时，弗洛姆关注现实，并通过对人的生存境遇、生存需要等的分析，找出社会和个体的病因所在，而且在此基础上提出自己的"救治良方"。但他这种救治也主要是从人的心理层面来进行的。正如他在《在幻想锁链的彼岸——我所理解的马克思和弗洛伊德》中对弗洛伊德的精神分析学说所给出的批判性评价那样[①]，他自己的人学思想体系也没能脱离其社会心理学本质，如同弗洛伊德的心理学术语一样，仍然无法解决严肃的政治问题，面对复杂的历史、政治和社会问题，我们还得依靠马克思主义。但弗洛姆对人性的剖析丰富了从哲学、文学艺术等层面对人的问题的研究，他对现实社会中人的关注又为他的思想体系添加了不少现实性和可行性。因此，弗洛姆的人学思想有其积极的一面，对人类自身的研究作出了一定的贡献。

第一，对弗洛伊德主义的批判和超越。首先是研究对象的超越。弗洛伊德的研究对象主要是作为一个封闭系统的人的个体，"弗洛伊德把人视为自我保护驱动力和性驱动力驱使的封闭体系"[②]，他的研究对象主要是人的生物和生理需要、人的心理因素、人的精神疾病的原因及治疗途径等。虽然他有时涉及家庭这个比个体更大一点的范畴，但其目的和重

---

① 参见〔美〕埃里希·弗洛姆：《在幻想锁链的彼岸——我所理解的马克思和弗洛伊德》，张燕译，长沙，湖南人民出版社，1986年，第1版，第143~148页。
② 王为理、王守昌：《论弗洛姆人本主义的意义及理论局限》，《福建论坛》（文史哲版）1996年第4期，第18页。

心还是落在个体身上,是为了说明家庭中的个体的心理因素与家庭的关系,以便弄清造成人的精神疾病的原因,并找到治疗的方法。弗洛姆则在马克思主义的社会学和历史视角的影响下,研究人存在的社会状况、人的生存境遇,并研究在社会背景下的个体。弗洛姆的研究对象比弗洛伊德的更宽阔,因此,从研究对象来说是对弗洛伊德的超越。其次是研究方法的超越。弗洛伊德的研究对象决定了他的生物学和心理学的研究方法。弗洛姆的研究方法明显不只是生物学和心理学的,还包括社会学的和历史的,他的研究方法带有辩证性、社会性和历史性。再次是研究结论的超越。弗洛伊德从人的心理结构中的无意识出发,把人所有行为和思想的动机归结为对人本能和欲望的满足,因此,在弗洛伊德看来,本能和欲望是人的本质。弗洛姆则反对弗洛伊德的这一结论,他通过运用社会学和历史的方法进行研究,认为人的存在和人的精神病态与人的生存环境,即人的生存矛盾有本质联系,他的结论弱化了弗洛伊德所唯一看重的人的生物因素——力比多的重要性和主导性,弗洛姆把人的生存矛盾看成人的本质。

第二,对马克思主义的继承和发展。从弗洛姆的研究对象、研究方法以及研究结论,我们可以清楚看到,弗洛姆的人学思想继承了马克思主义的社会学的研究视角,在他的理论体系中创造性地提出了社会性格和社会无意识的概念,从某种程度上说,这是对马克思主义的继承和发展。如同弗洛姆的研究强调社会性那样,弗洛姆的研究同时也很注重历史性。在他的理论中,很容易看到他从历史的角度来进行推理和阐释,并得出具有历史性的观点和结论。同时,弗洛姆的人学思想有很强的辩证思想。注重历史性和辩证性同样是对马克思主义的研究方法的借鉴和继承。马克思主义更多地从社会学、历史学和经济学的角度关注人和社会,强调人的劳动条件和物质条件的发展,而弗洛姆更多的是从社会学和历史学的角度来关注人的心理和精神状态,强调人的精神健康的重要性。弗洛姆研究人的目标之一就是要把人从异化状态中拯救出来,使人的自然本性得到健康发展,使人能获得真正的自由和全面解放,这一目标与马克思主义的最终目标大体上是一致的,可以看作是对马克思主义的继承,但弗洛姆更多的是从精神层面来看人的自由和解放,从物质的层面相对要少一些,他更提倡人的自然本性的培育和发展。他认为,社会发展到今天的地步,对人的物质方面需求的满足已不是最迫切和主要的问题。

第三，主张人本主义，倡导人的个性的发展，丰富了对人性问题的研究。从弗洛姆的人学思想体系可以看出，在社会变革中的经济变革方面，他主张人道主义的公有制，经济变革的目的也就是改善人们的劳动和生存条件；他主张发展普遍的保障制度就是为了使人有选择工作的自由，使人的个性能自由发展；他还主张文化改革中教育任务和目标的改革，以充分发挥儿童个性的自然成长。可见，弗洛姆的人学思想极力提倡个性的自由发展，具有浓厚的人本主义特征；同时，弗洛姆的人学思想是对弗洛伊德和马克思的人学思想的综合，具有较高的理论和社会价值，它丰富了对人的问题的研究方法和思路。

第四，注重现实性，深化了对资本主义社会的认识，强化了对人类的现实和未来的关注。弗洛姆的人学思想不是对人的问题的抽象研究，他注重现实，他受到法兰克福学派和美国的社会文化学派的影响，对现代资本主义社会进行了深刻的剖析，并提出改变人的现状的途径。因此，他的思想具有较强的现实性和实践性。

第五，从心理学的角度分析和宣扬和平的理念，为人类描绘了美好的明天。弗洛姆关心人的问题，他关注现实社会，注重现实问题，从他丰富的人生经历中看到了威胁人类文明甚至人类生存的和平问题。他从心理学的角度分析了人类穷兵黩武、肆意践踏人的生存权力、剥夺人的自由以及极权主义思想的心理机制，同时大力宣扬和平的理念，极力维护世界和平。

第六，与文学活动的互通。文学的功能之一就是认知，"小说帮助我们了解自身以及我们的存在状态"①。弗洛姆人学思想从社会学、心理学的角度帮助我们深刻而全面地了解我们自身，以及我们的存在状态，并在此基础上提出了颇具文学特征的救赎，虽然用马克思主义观点来看，那只是一种乌托邦式的幻想，有如文学的救赎功能一样，是在幻想彼岸的救赎，但弗洛姆的人学与文学在很多方面是互通的，它带给文学创作和文学研究活动较大潜力的附加值。

弗洛姆的人学思想确实有许多地方闪耀着真理的光辉，对我们研究人类社会的生存和发展作出了应有的贡献，值得我们从理论上对其作进

---

① 〔美〕罗伯特·斯科尔斯等：《科幻文学的批评与建构》，王逢振等译，合肥，安徽文艺出版社，2011年，第1版，第8页。

一步的研究，从实践上作一些尝试性的应用。但他的思想体系中所表现出来的局限也不可忽视。

第一，本质上的心理学性。虽然弗洛姆的人学思想是对弗洛伊德的学说和马克思主义的综合，在一些方面是对弗洛伊德的思想和观点的超越，在另一些方面是对马克思主义的继承，但我们还是感受到他人学思想本质上的心理学性，因为不管他是从个体角度还是从社会角度来阐述他的理论和观点，他最终的落脚点是个体心理体验和感受。例如，在弗洛姆看来异化就是一种心理体验，爱这一解决异化问题的重要途径也是一种情感，属于心理学范畴。因此，他的理论大多从人的情感、感受、心理体验等主观性很强的角度来构建，具有明显的心理学性质。正如赖希和马尔库塞的理论一样，在某种意义上说它们是"精神分析学朝'社会心理学'方向发展的产物"①。

第二，理论上的矛盾性。理论上的矛盾性首先表现在对理性的强调与所采取的非理性的态度和方法上。一方面，弗洛姆非常强调理性的作用和重要性，理性和爱一样，是了解和理解他人的方式，是消除人与人、人与世界之间的隔阂，保持人与外界的联系的途径；另一方面，他的理论又具有强烈的主观色彩，处处渗透着情感和体验的气息，体现了很浓烈的非理性主义倾向。其次表现在异化的不可消除性和试图克服异化的悖论之中。按照弗洛姆的观点，人的本质在于人两歧的生存境遇，这种生存的两歧是无法改变的，而异化的根源又在于人的本性，即生存的两歧，那么人的异化是无法根除的，既然人的异化无法根除，那么，彻底解放人的美好愿望、获得人的真正自由的设想、全面发展人的构想等都无法从根本上得以实现。另外，弗洛姆的理论有时出现逻辑上的循环性。总体来讲弗洛姆的理论体系推理严密，富有逻辑性，但仔细推敲会发现在极个别的地方有逻辑循环等逻辑推理不严密的现象。例如，在经济变革的设想中，弗洛姆提出，要制定限制有害于大众需要的营利性资本投资的措施，要创立一些由国家出资经营的竞争性行业，有了竞争就很难保证现实状况不再重演，因为这种现状很大程度上是由竞争导致的。制定和实施这些措施的目的同时也是为了"以人的发展为宗旨和物质需要

---

① 俞吾金、陈学明：《国外马克思主义哲学流派新编》，见《西方马克思主义卷》（上册），上海，复旦大学出版社，2002年，第1版，第267页。

从属于精神需要"①。但他又认为,这种限制和变革很容易做到,因为,"在一个以人的发展为宗旨和物质需要从属于精神需要的社会里,不难找到法律和经济的手段来确保社会必要的变革"②。可见,这一宗旨的实现是以这一宗旨已经实现的社会为条件的。

第三,革命构想的不彻底性和乌托邦性质。从以上对弗洛姆理论局限性的分析我们可以清楚地看到这一缺陷。弗洛姆希望进行心理革命,以拯救自我,并塑造完整和健康的自我,他还设想进行社会变革以构建健全的社会。弗洛姆的心理革命和社会变革虽然从逻辑上来讲似乎比较严密,其革命和变革的设想是双管齐下,从个体和社会两个层面同时进行,二者相辅相成,互相依存。然而,他的构想表现出了不彻底性,不能从根本上改变人和社会的现状。一方面,其理论较强的主观性和非理性色彩从本质上决定了它自身的不彻底性;另一方面,其设想中的变革并未触及人的生存问题中最重要的生产关系问题。例如,他认为经济变革并不一定要变更生产资料的所有权,也就是说,他的社会革命可以是资本主义私有制条件下的变革。我们知道,只要有私有制存在,就不可能消除剥削和奴役,就不可能消除异化。法兰克福学派是新马克思主义③的重要组成部分,弗洛姆作为法兰克福学派的成员之一,"其研究方向和学科方向也从经典马克思主义所关注的经济政治领域转向哲学文化领域,颠倒了马克思自身的发展轨道"④。但弗洛姆的革命设想比阿多诺的音乐救赎和马尔库塞、本雅明强调的艺术革命道路要丰富得多,也更具实践价值。

弗洛姆的理论中所表现出的矛盾性使其理论具有难以付诸实践的理想性;同时,弗洛姆的有些理论在现实社会很难实现,如经济变革措施中发展普遍的生产保障制度就具有强烈的乌托邦色彩,政治变革中实行民主的措施虽然看似具体,可行性强,但也只能是空中楼阁。这一点可

---

① 〔美〕埃里希·弗洛姆:《健全的社会》,欧阳谦译,北京,中国文联出版公司,1988年,第1版,第343页。
② 〔美〕埃里希·弗洛姆:《健全的社会》,欧阳谦译,北京,中国文联出版公司,1988年,第1版,第343页。
③ 即人们常说的西方马克思主义,但也有学者称之为"新马克思主义"。参见周穗明等:《20世纪西方新马克思主义发展史·绪论》,北京,学习出版社,2004,第1版,第6页。
④ 周穗明等:《20世纪西方新马克思主义发展史·绪论》,北京,学习出版社,2004,第1版,第7页。

以说是西方马克思主义相关理论的共同特征，甚至现代、后现代的理论也基本上都从文化层面来设想人的解放问题，与马克思主义的革命理论相比，它们或多或少地存在着类似的缺陷。

对现实社会的批判在西方可以说是一种传统，但马克思对现实社会的批判最为彻底，其批判理论从根本上动摇了资本主义社会的基石，触及了控制一切（包括政权和意识形态）的经济，以及对经济起决定作用的私有制，让人们看到了隐藏在现象背后的很多本质的东西。而无论是弗洛伊德的心理学批判，或者派生于它的各流派的批判，还是在马克思主义这一体系上派生出来的西方马克思主义（从早期卢卡奇、科尔施到20世纪70年代开始重新焕发理论青春的葛兰西，以及法兰克福学派和它的追随者们）的社会批判在深度和广度上都有所不及，他们都是在认可资本主义私有制的前提下对现实社会的非本质的质疑和修正。弗洛伊德的理论基石是无意识，因此它从人的无意识心理出发批判现实。无意识更多地与人的生物本性联系在一起，而与社会现实以及受现实社会影响的意识相去甚远。决定现实社会走向的更多的是理性作用下的意识，而非梦境中才显现其作用的无意识。因此，弗洛伊德的学说更多的是在人们饭后茶余作为谈资或无意识的发泄来质疑社会，让人们的无意识得到某种程度的满足，然后重新回到现实体制中，接受它对个体意识的控制和无意识的压抑。同理，受弗洛伊德思想重大影响的德勒兹（Gilles Deleuze, 1925~1995）、瓜塔里（Félix-Guattari, 1930~1992）虽然对弗洛伊德的俄底浦斯和精神分裂症作了解构，把物质生产和欲望从社会压抑力量中解放出来，但"在其理论的根基处，人们看到的，还是弗洛伊德的无意识"[①]。另一个重要批判理论流派法兰克福学派从霍克海默和阿多诺开始，则对西方现代主义社会里的文化工业、技术理性意识形态、人格心理，甚至美学等作了一轮又一轮的批判。鲍德里亚循着这种批判轨迹，把现代西方社会定义为一个消费的社会，无论他如何"深刻"地批判现实社会，他永远还是停留在马克思关于资本主义社会的使用价值、交换价值这一理论点上，他只是在二者上面派生了一个符号—交换价值，然后对这个定义为消费社会的符号进行极力讨伐，所有这些批判就如孙悟空永远也跳不出如来佛的手掌心一样，它们只会在如来佛那不同的指

---

① 陆扬：《精神分析文论》，济南，山东教育出版社，1998年，第1版，第224页。

头之间蹦蹦跳跳、敲敲打打。

在弗洛姆的人学体系中,由于时代和历史的变化,有些方面需要重新审视,比如在进入生态美学时代,弗洛姆理论中所包含的人类中心主义部分是否应该给予修正?在科技飞速发展、网络日新月异的时代,人与人、人与社会的关系与弗洛姆所论述的是否有所变化?人性在当今又有什么新的特征?社会的病态在网络时代如何体现?弗洛姆人学在网络时代与文学的关系更值得我们去探讨:弗洛姆人学与科技、文学之间如何互动?弗洛姆人学与不断发展的网络文学如何对接?网络文学所展示的人类灵魂在后现代美学时代更趋平面化、浅表化、即时化还是更加深入?人的自我迷失表征与网络有何联系?自我救赎是否要研究网络并把它作为一个有效的途径或者一种辅助的方法?正如有些学者所言:"国外就有人将网络比作一种人类的子宫、母体。这样的程度越来越深了,我们到底有没有能力控制这个过程呢?或者说,我们有没有必要控制这样一个过程呢?这都是一个问题。我个人的感觉是,我的大脑、我的思维习惯和思维能力正在慢慢起变化,记忆力在下降(很多东西不需要记了,网络就是我的记忆),说白了,我的大脑在退化!这无论如何不是一件好事。人在网络中越来越丧失自我、丧失主体性,人把自己交给了网络,它替我们思考和安排一切,人的肌体在萎缩,大脑也在萎缩,最后会不会变成机器的奴隶"[①]?!

[①] 严锋、宋炳辉:《关于网络的超文本、交互性与人性的对话》,《南方文坛》2002年第2期,第24页。

主要参考文献

一、中文著作及译作

1. 《马克思恩格斯全集》第1卷，中共中央马克思恩格斯列宁斯大林著作编译局编译，北京，人民出版社，1956年，第1版。

2. 《马克思恩格斯全集》第3卷，中共中央马克思恩格斯列宁斯大林著作编译局编译，北京，人民出版社，1960年，第1版。

3. 《马克思恩格斯全集》第42卷，中共中央马克思恩格斯列宁斯大林著作编译局编译，北京，人民出版社，1979年，第1版。

4. 《马克思恩格斯全集》第46卷（下），中共中央马克思恩格斯列宁斯大林著作编译局编译，北京，人民出版社，1980年，第1版。

5. 《马克思恩格斯选集》第1卷，中共中央马克思恩格斯列宁斯大林著作编译局编译，北京，人民出版社，1995年，第2版。

6. 《马克思恩格斯选集》第2卷，中共中央马克思恩格斯列宁斯大林著作编译局编译，北京，人民出版社，1995年，第2版。

7. 《马克思恩格斯选集》第4卷，中共中央马克思恩格斯列宁斯大林著作编译局编译，北京，人民出版社，1995年，第2版。

8. 〔德〕马克思：《1844年经济学哲学手稿》，中共中央马克思恩格斯列宁斯大林著作编译局译，北京，人民出版社，2000年，第3版。

9. 〔美〕埃里希·弗洛姆：《爱的艺术》，萨如菲译，北京，光明日报出版社，2006年，第1版。

10. 〔美〕埃里希·弗洛姆：《被遗忘的语言——梦、童话和神话分析导论》，郭乙瑶、宋晓萍译，北京，国际文化出版公司，2001年，第1版。

11. 〔美〕埃里希·弗洛姆：《恶的本性》，薛冬译，北京，中国妇女出版社，1989年，第1版。

12. 〔美〕埃里希·弗洛姆：《弗洛姆文集》，冯川等译，北京，改革出版社，1997年，第1版。

13. 〔美〕埃里希·弗洛姆：《弗洛姆著作精选——人性·社会·拯救》，黄颂杰主编，上海，上海人民出版社，1989年，第1版。

14. 〔美〕埃里希·弗洛姆：《弗洛伊德的贡献与局限》，申荷永译，长沙，湖南人民出版社，1986年，第1版。

15. 〔美〕埃里希·弗洛姆：《健全的社会》，欧阳谦译，北京，中国文联出版公司，1988年，第1版。

16. 〔美〕埃里希·弗洛姆：《精神分析的危机——论弗洛伊德、马克思和社会心理学》，许俊达、许俊农译，北京，国际文化出版公司，1988年，第1版。

17. 〔美〕埃里希·弗洛姆、〔日〕铃木大拙、〔美〕马蒂诺：《禅宗与精神分析》，王雷泉、冯川译，贵阳，贵州人民出版社，1998年，第1版。

18. 〔美〕埃里希·弗洛姆：《马克思关于人的概念》，见《西方学者论〈一八四四年经济学—哲学手稿〉》，复旦大学哲学系现代西方哲学研究室编译，上海，复旦大学出版社，1983年，第1版。

19. 〔美〕埃里希·弗洛姆：《人心——人的善恶天性》，范瑞平等译，福州，福建人民出版社，1988年，第1版。

20. 〔美〕埃里希·弗洛姆：《人性的追求》，王建康译，上海，上海文化出版社，1989年，第1版。

21. 〔美〕埃里希·弗洛姆：《生命之爱》，王大鹏译，北京，国际文化出司，2001年，第1版。

22. 〔美〕埃里希·弗洛姆：《逃避自由》，刘林海译，北京，国际文化出版公司，2002年，第1版。

23. 〔美〕埃里希·弗洛姆：《寻找自我》，陈学明译，北京，工人出版社，1988年，第1版。

24. 〔美〕埃里希·弗洛姆：《在幻想锁链的彼岸——我所理解的马克思和弗洛伊德》，张燕译，长沙，湖南人民出版社，1986年，第1版。

25. 〔美〕埃里希·弗洛姆：《占有或存在——一个新型社会的心灵基础》，杨慧译，北京，国际文化出版公司，1989年，第1版。

26. 〔美〕艾伦·金斯伯格：《金斯伯格诗选》，文楚安译，成都，四川文艺出版社，2000 年，第 1 版。

27. 〔丹麦〕勃兰兑斯：《十九世纪文学主流·第一分册·流亡文学》，北京，人民文学出版社，1980 年，第 1 版。

28. 陈士部：《法兰克福学派批判理论的历史演进》，合肥，安徽大学出版社，2010 年，第 1 版。

29. 陈秀容：《弗洛姆的人本主义：其渊源内容和影响》，台北，唐山出版社，1992 年，第 1 版。

30. 陈秀容：《弗洛姆的政治思想》，台北，三民书局，1992 年，第 1 版。

31. 陈学明：《弗洛伊德的马克思主义》，沈阳，辽宁人民出版社，1989 年，第 1 版。

32. 陈学明、王凤才：《西方马克思主义前沿问题二十讲》，上海，复旦大学出版社，2008 年，第 1 版。

33. 陈志尚主编：《人学原理》，北京，北京出版社，2005 年，第 1 版。

34. 〔加拿大〕达科·苏恩文：《科幻小说面面观》，郝琳等译，合肥，安徽文艺出版社，2011 年，第 1 版。

35. 〔美〕段义孚：《逃避主义》，周尚意、张春梅译，石家庄，河北教育出版社，2005 年，第 1 版。

36. 傅永军：《法兰克福学派的现代性理论》，北京，社会科学文献出版社，2007 年，第 1 版。

37. 郭晓君：《我国人学研究的回顾与前瞻》，《人学与现代化——全国首届人学研讨会论文集》，南宁，广西人民出版社，1998 年，第 1 版。

38. 郭永玉：《孤立无援的现代人——弗洛姆的人本精神分析》，武汉，湖北教育出版社，1999 年，第 1 版。

39. 〔美〕赫伯特·马尔库塞：《单向度的人——发达工业社会意识形态研究》，刘继译，上海，上海译文出版社，2006 年，第 1 版。

40. 胡亚敏：《比较文学教程》，武汉，华中师范大学出版社，2004 年，第 1 版。

41. 黄见德：《西方哲学东渐史》（上册），北京，人民出版社，2006 年，第 1 版。

42. 〔美〕J. D. 塞林格：《麦田里的守望者》，施咸荣译，南京，译林出版社，2000 年，第 1 版。

43. 〔英〕拉曼·塞尔登等：《当代文学理论导读》，刘象愚译，北京，北京大学出版社，2006 年，第 1 版。

44. 〔英〕莱士列·斯蒂文森编著：《人学的世界》，李燕、赵健杰译，北京，中国人民大学出版社，1992 年，第 1 版。

45. 李爱莉等主编：《马克思主义原理学习手册》，北京，知识出版社，1991 年，第 1 版。

46. 李惠斌、薛晓源主编：《西方马克思主义研究前沿报告》，上海，华东师范大学出版社，2007 年，第 1 版。

47. 李明：《后马克思主义意识形态理论研究》，北京，人民出版社，2011 年，第 1 版。

48. 李中华主编：《中国人学思想史》，北京，北京出版社，2005 年，第 1 版。

49. 刘安海、孙文宪主编：《文学理论》，武汉，华中师范大学出版社，2003 年，第 1 版。

50. 刘象愚、杨恒达、曾艳兵主编：《从现代主义到后现代主义》，北京，高等教育出版社，2003 年，第 1 版。

51. 陆梅林辑注：《马克思恩格斯论文学与艺术》（上册），北京，人民文学出版社，1982 年，第 1 版。

52. 鲁枢元：《生态文艺学》，西安，陕西人民教育出版社，2000 年，第 1 版。

53. 陆扬：《精神分析文论》，济南，山东教育出版社，1998 年，第 1 版。

54. 陆扬主编：《文化研究概论》，上海，复旦大学出版社，2008 年，第 1 版。

55. 〔美〕罗伯特·斯科尔斯等：《科幻文学的批评与建构》，王逢振等译，合肥，安徽文艺出版社，2011 年，第 1 版。

56. 马驰：《西方马克思主义与中国当代文论》，开封，河南大学出版社，2010 年，第 1 版。

57. 马汉广：《西方后现代文学与文化研究》，哈尔滨，黑龙江大学出版社，2007 年，第 1 版。

58.〔德〕马克斯·霍克海默、西奥多·阿道尔诺:《启蒙辩证法:哲学片段》,渠敬东、曹卫东译,上海,上海世纪出版集团,2006年,第1版。

59.欧力同、张伟:《法兰克福学派研究》,重庆,重庆出版社,1990年,第1版。

60.潘于旭:《从"物化"到"异质性"——西方马克思主义哲学逻辑转向的历史分析》,杭州,浙江大学出版社,2009年,第1版。

61.彭冰冰:《西方马克思主义意识形态批判的历史逻辑与现实意义研究》,北京,中国社会科学出版社,2012年,第1版。

62.彭彩云:《西方现代主义文学专题研究》,长沙,湖南大学出版社,2006年,第1版。

63.钱理群、黄子平、陈平原:《20世纪中国文学三人谈》,北京,人民文学出版社,1988年,第1版。

64.〔法〕让·鲍德里亚:《符号政治经济学批判》,夏莹译,南京,南京大学出版社,2009年,第1版。

65.〔法〕让·鲍德里亚:《消费社会》,刘成富、全志刚译,南京,南京大学出版社,2000年,第1版。

66.沈德灿:《精神分析心理学》,杭州,浙江教育出版社,2005年,第1版。

67.沈志明、艾珉主编:《萨特文集》(第一卷),北京,人民文学出版社,2005年,第1版。

68.盛宁:《人文困惑与反思——西方后现代主义思潮批判》,北京,三联书店,1997年,第1版。

69.盛宁:《现代主义·现代派·现代话语——对"现代主义"的再审视》,北京,北京大学出版社,2011年,第1版。

70.宋寅展、苏成全主编:《二十世纪西方文学作品选》,武汉,华中师范大学出版社,1992年,第1版。

71.孙伯鍨、张一兵主编:《走进马克思》,南京,江苏人民出版社,2001年,第1版。

72.孙鼎国、李中华主编:《人学大辞典》,石家庄,河北人民出版社,1995年,第1版。

73.谭培文:《马克思主义人学在中国》,北京,人民出版社,2011

年，第 1 版。

74. 童庆炳主编，《文学理论教程》，北京，高等教育出版社，2004 年，第 2 版。

75. 王凤才：《批判与重建——法兰克福学派文明论》，北京，社会科学文献出版社，2004 年，第 1 版。

76. 王诺：《欧美生态批评：生态文学研究概论》，上海，学林出版社，2008 年，第 1 版。

77. 王前：《中西文化比较概论》，北京，中国人民大学出版社，2005 年，第 1 版。

78. 王晓升等：《西方马克思主义意识形态理论》，北京，社会科学文献出版社，2009 年，第 1 版。

79. 王元明：《弗洛姆人道主义精神分析学》，台北，远流出版事业公司，1990 年，第 1 版。

80. 吴光远、李慧编：《弗洛姆——有爱才有幸福》，北京，新世界出版社，2006 年，第 1 版。

81. 〔奥〕西格蒙德·弗洛伊德：《弗洛伊德心理哲学》，杨韶刚等译，北京，九州出版社，2007 年，第 1 版。

82. 〔奥〕西格蒙德·弗洛伊德：《性学三论与论潜意识》，《弗洛伊德文集》（第三卷），车文博主编，长春，长春出版社，2006 年，第 1 版。

83. 夏光武：《美国生态文学》，上海，学林出版社，2009 年，第 1 版。

84. 〔英〕亚当·罗伯茨：《科幻小说史》，马小悟译，北京，北京大学出版社，2010 年，第 1 版。

85. 杨小滨：《否定的美学——法兰克福学派的文艺理论和文化批评》，上海，上海三联书店，1999 年，第 1 版。

86. 叶晓璐：《法兰克福学派的意识形态批判及其存在论视域》，上海，上海人民出版社，2009 年，第 1 版。

87. 衣俊卿、尹树广、王国又等：《20 世纪的文化批判——西方马克思主义的深层解读》，北京，中央编译出版社，2003 年，第 1 版。

88. 易晓明等：《西方现代主义小说导论》，开封，河南大学出版社，2009 年，第 1 版。

89. 俞吾金、陈学明：《国外马克思主义哲学流派新编·西方马克思主义卷》（上册），上海，复旦大学出版社，2002年，第1版。

90. 俞吾金：《意识形态论》，北京，人民出版社，2009年，第1版（修订版）。

91. 袁贵仁、韩庆祥：《论人的全面发展》，南宁，广西人民出版社，2003年，第1版。

92. 袁贵仁：《马克思的人学思想》，北京，北京师范大学出版社，1996年，第1版。

93. 袁洪亮：《中国近代人学思想史》，北京，人民出版社，2006年，第1版。

94. 袁可嘉等选编：《外国现代派作品选》（第二册上），上海，上海文艺出版社，1980年，第1版。

95. 曾艳兵：《西方后现代主义文学研究》，北京，中国社会科学出版社，2006年，第1版。

96. 张伟：《弗洛姆思想研究》，重庆，重庆出版社，1996年，第1版。

97. 张艳梅、蒋学杰、吴景明：《生态批评》，北京，人民出版社，2007年，第1版。

98. 张一兵：《回到马克思——经济学语境中的哲学话语》，南京，江苏人民出版社，1999年，第1版。

99. 张一兵：《马克思历史辩证法的主体向度》，南京，南京大学出版社，2002年，第1版。

100. 赵敦华主编：《西方人学观念史》，北京，北京出版社，2005年，第1版。

101. 郑克鲁编选：《外国文学作品选》，上海，复旦大学出版社，2008年，第2版。

102. 郑克鲁、董衡巽主编：《新编外国现代派作品选·第二编》，上海，上海世纪出版股份有限公司，2008年，第1版。

103. 周穗明等：《20世纪西方新马克思主义发展史》，北京，学习出版社，2004年，第1版。

104. 朱立元主编：《当代西方文艺理论》，上海，华东师范大学出版社，1997年，第1版。

105. 朱立元主编：《法兰克福学派美学思想论稿》，上海，复旦大学出版社，1997 年，第 1 版。

二、中文论文

106. 曹玉文：《弗洛姆的动态社会性格理论》，《北京大学学报》（哲社版）1996 年第 3 期。

107. 楚光玉：《人学探要》，《渤海大学学报》（哲学社会科学版）2006 年第 1 期。

108. 董武清：《人学的对象和性质研究》，《哲学动态》1995 年第 4 期。

109. 都本伟：《论弗洛姆的社会哲学思想》，《国外社会科学》1995 年第 7 期。

110. 冯宪光：《西马文论是非论》，《文学评论》2012 年第 3 期。

111. 韩庆祥：《关于人学研究中的几个基本问题》，《哲学动态》1995 年第 12 期。

112. 胡为雄：《中国人学研究一瞥》，《哲学动态》1997 年第 9 期。

113. 黄楠森：《人学的对象和基本内容》，《高校社会科学》1990 年第 5 期。

114. 李文阁：《现代人学的困境与出路》，《社会科学战线》2000 年第 5 期。

115. 潘一禾：《经典乌托邦小说的特点与乌托邦思想的流变》，《浙江大学学报》（人文社会科学版）2007 年第 1 期。

116. 裴毅然：《文学与人性》，《文艺理论研究》1999 年第 5 期。

117. 浦立昕：《顺服的身体，臣服的主体——评〈千万别丢下我〉》，《当代外国文学》2011 年第 1 期。

118. 钱谷融：《论〈文学是人学〉一文的自我批判提纲》，《文学研究》1980 年第 3 期。

119. 王理行：《我们如何定义人类》，《中国图书评论》2007 年第 3 期。

120. 王为理、王守昌：《论弗洛姆人本主义的意义及理论局限》，《福建论坛》（文史哲版）1996 年第 4 期。

121. 王元明：《论弗洛姆对现代西方社会的批判》，《天津师范大学学报》（社会科学版）2006 年第 3 期。

122. 吴秀明、陈力君：《从〈狼图腾〉看当代生态文学的发展》，《文艺研究》2009 年第 4 期。

123. 薛蓉：《弗罗姆与马克思的批判理论》（博士学位论文），广州，中山大学，2005。

124. 严锋、宋炳辉：《关于网络的超文本、交互性与人性的对话》，《南方文坛》2002 年第 2 期。

125. 杨廷久：《西方传统人学理论的内在发展逻辑及其特征》，《北京师范大学学报》（社会科学版）1993 年第 5 期。

126. 姚大志：《对工业文明的批判：精神分析与法兰克福学派》，《吉林大学社会科学学报》1996 年第 2 期。

127. 姚建斌：《乌托邦文学论纲》，《文艺理论与批判》2004 年第 2 期。

128. 曾繁仁：《人类中心主义的退场与生态美学的兴起》，《文学评论》2012 年第 2 期。

129. 张婷婷：《文学是人学：一个辉煌的命题——"新时期文艺学 20 年"的反思之一》，《文史哲》1999 年第 1 期。

130. 朱叶、赵艳丽：《无奈的哀鸣——评石黑一雄新作〈千万别弃我而去〉》，《当代外国文学》2006 年第 2 期。

三、英文著作及论文

131. Anderson, K., Richard Quinney, eds., 2000: *Erich Fromm and Critical Criminology: Beyond the Punitive Society*, Urbana: University of Illinois Press.

132. Baudrillard, J., 1998: *The Consumer Society: Myths and Structures*, London: Sage Publications.

133. Baym, N., Francis Murphy, Ronald Gottesman, et al. eds., 1985: *The Norton Anthology of American Literature* (2nd ed., Vol. 1), New York: W. W. Norton and Company, Inc.

134. Black, S., 2009: "Ishiguro's Inhuman Aesthetics", *MFS Modern Fiction Studies* 55 (4), Winter, pp. 785–807.

135. Bloch, E., Georg Lukacs, Bertolt Brecht, et al., 1980: *Aesthetics*

and Politics, London: NLB.

136. Britzman, D. P., 2006: "On being a slow reader: psychoanalytic reading problems in Ishiguro's *Never let me go*", *Changing English*, 13 (3), pp. 307~318.

137. Burston, D., 1991: *The Legacy of Erich Fromm*, Cambridge, Massachusetts, London, England: Harvard University Press.

138. Cohen, A., 1990: *Love and Hope: Fromm and Education*, New York: Gordon and Breach.

139. Fromm, E., 2010: *Beyond Freud: From Individual to Social Psychoanalysis*, ed. Rainer Funk, New York: American Mental Health Foundation Inc.

140. Fromm, E., 1962: *Beyond the Chains of Illusion: My Encounter with Marx and Freud*, New York: Simon & Schuster.

141. Fromm, E., 1997: *Love, Sexuality and Matriarchy: About Gender*, ed. Rainer Funk, New York: Fromm International Publishing Corporation.

142. Fromm, E., 1947: *Man For Himself: An Inquiry into the Psychology of Ethics*, New York: Holt, Rinehart and Winston.

143. Fromm, E., 1961: *Marx's Concept of Man*, New York: Frederick Ungar Publishing Co.

144. Fromm, E., 1961: *May Man Prevail?: An Inquiry into the Facts and Fictions of Foreign Policy*, New York: Doubleday & Co.

145. Fromm, E., 1973: *The Anatomy of Human Destructiveness*, New York: Holt, Rinehart and Winston.

146. Fromm, E., 1956: *The Art of Loving*, New York: Harper & Row, Pub.

147. Fromm, E., 1970: *The Crisis of Psychoanalysis: Essays on Freud, Marx and Social Psychology*, New York: Holt, Rinehart and Winston, Inc.

148. Fromm, E., 2004: *The Dogma of Christ*. New York: Routledge Classics.

149. Fromm, E., 1942: *The Fear of Freedom*, London: Routledge.

150. Fromm, E., 1964: *The Heart of Man: Its Genius for Good and Evil*, New York: Harper & Row.

151. Fromm, E., 1968: *The Revolution of Hope: Toward a Humanized Technology*, New York: Harper & Row, Publishers, Inc.

152. Fromm, E., 1991: *The Sane Society*, London: New York: Routledge.

153. Fromm, E., 1988: *To Have or To Be?*, New York: Bantam Doubleday Dell Publishing.

154. Funk, R., 1982: *Erich Fromm: The Courage to Be Human*, New York: The Continuum Publishing Company.

155. Goody, A., 2011: *Technology, Literature and Culture*, MA USA: Polity Press.

156. Griffin, G., 2009: "Science and the cultural imaginary: the case of Kazuo Ishiguro's *Never Let Me Go*", *Textual Practice*, 23 (4), pp. 645–663.

157. Hammond, G. B., 1965: *Man in Estrangement: A Comparison of the Thought of Paul Tillich and Erich Fromm*, Nashville: Vanderbilt University Press.

158. Hausdorff, D., 1972: *Twayne's United States Authors Series: Erich Fromm*, ed. Sylvia E. Bowman, New York: Twayne Publishers, Inc.

159. Jay, M., 1976: *The Dialectical Imagination—A History of the Frankfurt School and the Institute of Social Research* 1923–1950, London: Heinemann Educational Books Ltd.

160. Landis, B., 1971: and Edward S. Tauber. *In the Name of Life—Essays in Honor of Erich Fromm*, New York, Chicago, San Francisco: Holt, Rinehart and Winston.

161. Lukacs, G., 1971: *History and Class Consciousness—Studies in Marxist Dialectics*, trans. Rodney Livingstone. Great Britain: The Merlin Press Ltd.

162. Marcuse, H., 2007: *One-Dimensional Man: Studies in the Ideology of Advanced Industrial Society*, London and New York: Routledge.

163. McDonald, K., 2007: "Days of past futures: Kazuo Ishiguro's *Never Let Me Go* as 'speculative memoir'", *Biography*, 30 (1), pp. 74–83.

164. Rolls, A and Elizabeth Rechniewski, eds., 2005: *Sartre's Nausea: Text, Context, Intertext*, Amsterdam, New York: Rodopi.

165. Salinger, J. D. , 1978: *The Catcher in the Rye*, New York: Bantam Books.

166. Salzman, J, ed. , 1993: *New Essays on The Catcher in the Rye*, New York: Cambridge University Press.

167. Summers-Bremner, E. , 2006: " 'Poor creatures': Ishiguro's and Coetzee's imaginary animals", *Mosaic* (Winnipeg), 39 (4): pp. 145 – 160.

168. Tyson, L. , 1999: *Critical Theory Today—A User-Friendly Guide*, New York and London: Gafland Publishing Inc.

169. Wilde, L. , 2004: *Erich Fromm and the Quest for Solidarity*, New York: Palgrave Macmillan.

170. Wolfenstein, E. V. , 1993: *Psychoanalytic-Marxism: Groundwork*. New York: The Guilford Press.

171. Wright, E. O. ed. , 2005: *If Class is the Answer, What is the Question? —Six approaches to class analysis*, Cambridge: Cambridge University Press.

附录　弗洛姆大事年表

1900年3月23日　出生于德国法兰克福（Frankfurt am Main, Germany）。

1914年　第一次世界大战爆发，弗洛姆开始质疑民族主义的合理性。

1916年　开始跟随犹太教大师诺贝尔学习犹太教法典，直至1921年。

1918年　中学毕业，进入法兰克福大学学习法律。

1919年　转入海德堡大学（the University of Heidelberg），学习心理学、哲学和社会学。

1922年　获得博士学位。

1923年　担任一家犹太人报纸的编辑。

1924年　结识弗里达·赖希曼（Frieda Reichmann, 1889~1957），与她合作，为海德堡的犹太病人开设疗养院。

1926年　与弗里达·赖希曼结婚（1940年离婚）。

1925~1927年　跟随维腾贝格和朗达尔博士从事心理分析的训练。

1928~1931年　在柏林心理分析研究所（Berlin Psychoanalytic Institute）接受训练，1931年毕业后成为柏林心理分析研究所的成员，并在柏林开始心理分析。期间，与弗里达·赖希曼等成立法兰克福心理分析研究所，每两周去那里授课　次。

1928~1938年　成为法兰克福社会研究所（the Institute for Social Research at the University of Frankfurt，后迁到纽约哥伦比亚大学）成员，并在此授课。

1932年　染上结核病，在瑞士达沃斯（Davos）进行康复。

1933年　希特勒和纳粹掌权，社会研究所迁到日内瓦；其父去世。

1934 年　移居美国。

1935 年　与沙利文和汤普森一起作心理分析。

1934～1938 年　在纽约国际社会研究所工作。

1938 年　再次患结核病，并于瑞士康复。

1939 年　离开社会研究所。

1940～1941 年　哥伦比亚大学客座讲师。

1941 年《逃避自由》（*Escape from Freedom*）出版①；与弗里达·赖希曼离婚。

1941～1950 年　于本宁顿学院（Bennington College，Vermont）任教。

1944 年　与亨尼·古兰德（1952 年去世）结婚。

1947 年　《寻找自我》（*Man for Himself*）出版。

1949 年　耶鲁大学客座教授。

1950 年　《心理分析与宗教》（*Psychoanalysis and Religion*）出版。

1951 年　《被遗忘的语言——梦、童话和神话分析导论》（*The Forgotten Language：An Introduction to the Understanding of Dreams，Fairy Tales，and Myths*）出版。

1953 年　与安妮丝·弗里曼（1985 年去世）结婚。

1955 年　《健全的社会》（*The Sane Society*）出版。

1956 年　《爱的艺术》（*The Art of Loving*）出版。

1957～1961 年　密西根州立大学教授。

1959 年　《西格蒙德·弗洛伊德的使命——他的人格和影响分析》（*Sigmund Freud's Mission：An Analysis of His Personality and Influence*）出版；其母去世。

1960 年　《让人得胜吧——一个社会主义的宣言和纲领》（*Let Man Prevail—A Socialist Manifesto and Program*）出版。

1960 年　与铃木大拙等（D. T. Suzuki and R. De Martino）合编的《禅宗与心理分析》（*Zen Buddhism and Psychoanalysis*）出版。

1961 年　《人性会占优势吗？：外交政策的事实与虚构》（*May Man Prevail？：An Inquiry into the Facts and Fictions of Foreign Policy*）出版。

1962 年　纽约大学教授，《马克思关于人的概念》（*Marx's Concept of*

---

① 这是在美国出版时的书名，英国出版的书名为 *The Fear of Freedom*。

Man)、《在幻想锁链的彼岸——我所理解的马克思和弗洛伊德》(*Beyond the Chains of Illusion: My Encounter with Marx and Freud*) 出版。

1963 年 《基督教义与关于宗教、心理学和文化的其他论文》(*The Dogma of Christ and Other Essays on Religion, Psychology and Culture*) 出版。

1964 年 《人心——人的善恶天性》(*The Heart of Man: Its Genius for Good and Evil*) 出版。

1965 年 编辑出版《社会主义的人道主义》(*Socialist Humanism: An International Symposium*)。

1966 年 《像上帝一样生存》(*You Shall Be as Gods: A Radical Interpretation of the Old Testament and its Traditions*) 出版。

1968 年 《希望的革命——通向人性化的技术》(*The Revolution of Hope: Toward a Humanized Technology*) 出版。

1968 年 合编的《人的本性》(*The Nature of Man*) 出版。

1970 年 合著的《一个墨西哥村庄的社会性格》(*Social Character in a Mexican Village*) 及《心理分析的危机——关于弗洛伊德、马克思和社会心理学的论文集》(*The Crisis of Psychoanalysis: Essays on Freud, Marx, and Social Psychology*) 出版。

1973 年 《人类破坏性的剖析》(*The Anatomy of Human Destructiveness*) 出版。

1974 年 离开墨西哥，定居瑞士提契诺州（Ticino）。

1976 年 《占有还是存在》(*To Have or to Be*) 出版。

1980 年 《弗洛伊德的贡献与局限》(*Greatness and Limitations of Freud's Thought*) 出版。

1980 年 弗洛姆因心脏病死于瑞士洛迦诺（Locarno）。

1981 年 《论不服从及其他论文》(*On Disobedience and Other Essays*) 出版。

1984 年 《魏玛德国的工人阶级——心理学和社会学研究》(*The Working Class in Weimar Germany: A Psychological and Sociological Study*) 出版。

1986 年 《生命之爱》(*For the Love of Life*) 出版。

后　记

　　本书是在我博士论文的基础上进行大幅修改而成。从当时博士论文的写作到如今本书的出版差不多6年过去了，回想起读博期间在桂子山的求学、工作之余对本书的多次修改，到本书的最终出版，感慨良多，其中虽不乏艰辛和努力后的些许喜悦，但更多的是感激。

　　博士毕业时的论文，题目原本是"弗洛姆人学思想研究"，但毕业后我一直没有停止对该论文的思考。几年来的不断阅读和积累让我总感觉到弗洛姆人学思想与文学的某种深层联系，并萌发了把弗洛姆人学思想，特别是弗洛姆提出的社会无意识和社会性格理论用于文学研究的冲动。于是，调整研究方向，不断收集相关资料，反复修改书稿，最终成了现在的样子，并得到认可。

　　中英文书名不仅是对弗洛姆名作《在幻想锁链的彼岸》（Beyond the Chains of Illusion）的借用和模仿，同时也是对弗洛姆人学理论与文学的一种高度概括性类比。英文题目"Salvation beyond Illusion"有意保留了含义上的歧义性：它可以理解为有如幻想般的救赎，亦可理解为对与幻想相反的现实的救赎。因为在弗洛姆看来，他的理论是对西方现代社会现实中人的救赎，在作者看来更大程度上是一种幻想式的救赎（imagined salvation）。

　　本书的顺利出版首先要衷心感谢导师胡亚敏教授。胡老师在比较文学、叙事学、西方马克思主义等方面的研究都颇有建树，出版了一些经典学术论著和被全国诸多高校选用的教材。胡老师不愧为全国教学名师，恩师那开阔的学术视野、严谨的治学态度、随和率真的品性一直是我心中的典范。不会忘记在我博士论文写作过程中恩师的悉心指导和细致评阅，不会忘记在我论文修改期间，恩师提出的中肯意见和建议，不会忘记工作中恩师对我的无私帮助，不会忘记生活上恩师对我从不间断的关注。

还要感谢华中师范大学文学院比较文学和世界文学专业的导师聂珍钊教授。聂老师在外国文学、诗歌理论及文学伦理学等方面的研究造诣很深。他谦逊的为人、儒雅的学者风范、不断进取的学术态度、无私奉献的学术精神，以及对后辈的不断提携和帮助，让我们每一个熟悉他的人都印象深刻。

博士论文答辩时，令人敬重的华中师范大学王忠祥教授、中国社会科学院陈众议教授对论文的修改都提出了很宝贵的意见，在此表示诚挚的谢意。求学过程中，李定清、李恒田、胡涛、郭琳等同窗也给予了很多帮助，在此一并感谢。

本书的出版与中央编译出版社领导和编辑们的努力是分不开的，在此特别感谢贾宇琰编辑以及她的同事们。

作为国家社科基金后期资助项目的最终研究成果，本书的出版还要感谢该项目的资助，以及那些不知名的评阅人。

最后，还要感谢家人的支持。求学、论文写作及书籍修改花费了很多精力，对家庭的愧疚不时萦绕在我心头，希望本书的出版对家人是一种心理上的补偿。

方幸福
2014 年 3 月于武汉

图书在版编目(CIP)数据

幻想彼岸的救赎：弗洛姆人学思想与文学／方幸福著.
—北京：中央编译出版社，2014.6
ISBN 978－7－5117－2218－8

Ⅰ.①幻⋯

Ⅱ.①方⋯

Ⅲ.①弗洛姆,E.(1900~1980)－人学－思想评论②弗洛姆,E.(1900~1980)－文学研究

Ⅳ.①B712.5②I712.065

中国版本图书馆 CIP 数据核字(2014)第 139983 号

幻想彼岸的救赎：弗洛姆人学思想与文学

| 出 版 人：刘明清
| 出版统筹：贾宇琰
| 责任编辑：贾宇琰
| 责任印制：尹　珺
| 出版发行：中央编译出版社
| 地　　址：北京西城区车公庄大街乙5号鸿儒大厦B座(100044)
| 电　　话：(010)52612345(总编室)　　(010)52612375(编辑室)
| 　　　　　(010)52612316(发行部)　　(010)52612317(网络销售)
| 　　　　　(010)52612346(馆配部)　　(010)66509618(读者服务部)
| 传　　真：(010)66515838
| 经　　销：全国新华书店
| 印　　刷：北京中兴印刷有限公司
| 开　　本：787 毫米×1092 毫米　1/16
| 字　　数：282 千字
| 印　　张：17.5
| 版　　次：2014 年 6 月第 1 版第 1 次印刷
| 定　　价：68.00 元

| 网　　址：www.cctphome.com　　邮　箱：cctp@cctphome.com
| 新浪微博：@中央编译出版社　　　微　信：中央编译出版社(ID：cctphome)
| 淘宝店铺：中央编译出版社直销店(http://shop108367160.taobao.com)

本社常年法律顾问：北京市吴栾赵阎律师事务所律师　　闫军　　梁勤
凡有印装质量问题，本社负责调换，电话：(010)66509618